校企合作经济管理精品教材
互联网+教育改革新理念教材

智慧物流技术

主　编　刘志华　王　斌　廖冬梅
副主编　敦　蕾　钟　洁　仲　昇
涂淑丽　杨文俊　赵红梅

中国商业出版社

图书在版编目（CIP）数据

智慧物流技术 / 刘志华，王斌，廖冬梅主编 . 北京 : 中国商业出版社， 2024. 7. -- ISBN 978-7-5208-3032-4

Ⅰ. F252.1-39

中国国家版本馆 CIP 数据核字第 20241JR807 号

责任编辑：黄世嘉

中国商业出版社出版发行

（www.zgsycb.com 100053 北京广安门内报国寺1号）

总编室：010-63180647 编辑室：010-63033100

发行部：010-83120835/8286

新华书店经销

北京宝莲鸿图科技有限公司印刷

*

787毫米×1092毫米 16开 16.5印张 376千字

2024年7月第1版 2024年7月第1次印刷

定价：49.80元

* * * *

（如有印装质量问题可更换）

PREFACE 前言

党的二十大报告提出，“加快建设制造强国、质量强国、航天强国、交通强国、网络强国、数字中国”，要从供应链大国走向供应链强国，要建设韧性安全的国家供应链体系，要建设适配双循环的供应链物流体系。2022 年 12 月 15 日，国务院《“十四五”现代物流发展规划》明确提出，到 2025 年，要基本建成供需适配、内外联通、安全高效、智慧绿色的现代物流体系。智慧物流已经成为现代物流发展的一个重要方向。

本书着眼于应用型人才培养，将理论知识与实践案例相结合，引导学生学习和掌握现代物流技术的理论和应用。

本书共 12 个章节，第 1 章为智慧物流技术概述，第 2 章为信息技术基础，第 3 章至第 11 章主要介绍广泛应用于物流中的智慧信息技术，包括条码技术、射频识别技术、卫星定位技术、地理信息系统技术、物流信息系统、物联网基础、大数据技术、区块链技术和人工智能技术，第 12 章为目前常见的智慧物流技术应用。

本书由刘志华、王斌、廖冬梅担任主编；敦蕾、钟洁、仲昇、涂淑丽、杨文俊、赵红梅担任副主编。具体编写分工如下：刘志华负责编写第三章、第四章、第五章；王斌负责编写第一章、第二章；廖冬梅负责编写第六章、第七章；第八章、第九章、第十章由敦蕾、钟洁、仲昇共同编写；第十一章、第十二章由涂淑丽、杨文俊、赵红梅共同编写。全书由刘志华总纂并统稿。

这本书可作为物流管理、物流工程以及相关专业本科生的教材，也可以作为物流从业人员的培训教材。

智慧物流涉及的信息技术有很多，而且许多技术属于交叉学科的研究内容，由于时间仓促，同时由于作者的水平有限，错误与不妥之处在所难免，敬请广大读者批评指正。

作者

2024 年 5 月

CONTENTS

目录

第1章　智慧物流概述

引导案例

亚马逊增加打包机器人

近年来，亚马逊公司开始在少数几个仓库中增加打包机器人。打包机器人能浏览从传送带上下来的商品，并在随后几秒的时间里将其打包装入定制的盒子中，其每小时可打包 600 ~ 700 个包裹，是人类打包速度的 4 ~ 5 倍。

亚马逊目前还只是在少部分仓库采用了这一技术，但据消息人士称，亚马逊正考虑将这一技术应用到另外十多个仓库中。一个打包机器人可以替代每个仓库中至少 24 名相关的员工，目前亚马逊每个仓库的员工超过了 2000 名。这意味着亚马逊在美国的 55 个物流中心将削减 1300 多个岗位，预计将在两年内收回成本。

作为一家电子商务的巨头，亚马逊的物流中心是该公司最重要的运作引擎，在这些巨大的仓库中，工人们在把每一份订单送到买家的手中之前，都会对其进行追踪、打包、分类和检验。

这种打包机器人叫作 CartonWrap，由意大利 CMC Srl 公司提供。据介绍，CMC CartonWrap 是一个自动纸箱包装系统，可以满足电商和其他使用大量不同大小盒子的公司的打包需求。亚马逊并不是唯一一家测试 CMC 包装技术的公司，京东、沃尔玛也使用了这种机器人。

2018 年 2 月，亚马逊正在研发的一款智能快递机器人被曝光。该机器人支持自动驾驶功能，能够从某个地方出发，带着要运送的包裹，将它自动送到正确的地方。

2019 年 1 月，亚马逊与法国仓库机器人公司 Balyo 达成投资协议，亚马逊在未来 7 年内可以持有后者近三分之一的股份。该协议旨在促进这家法国公司无人驾驶叉车技术的出售。

2019 年 4 月 11 日，亚马逊宣布收购机器人初创企业 Canvas Technology。Canvas Technology 是一家仓库机器人公司，主要研发能够改善货仓内存货管理效能的智能管理系统，并已造出了可在仓库周围移动货物的智能推车。

亚马逊还在 2019 年推出一款集云服务、大数据、智能语音、物联网、AI 以及 5G 技术为一体的多功能机器人。这一机器人问世后，成为该网络巨头在开发创新智能设备领域超越竞争对手的秘密武器。

近几年，亚马逊更是投入巨资进行研发，成为智慧物流的领导者。

（资料来源：搜狐网，https://www.sohu.com/a/317157984_649545.）

案例解析

智慧物流技术为物流发展带来了巨大的改变，物流行业从原先的劳动密集型行业发展成了科技密集型行业，现代信息技术功不可没。智慧物流是现代信息技术发展到一定阶段的必然产物，是多项现代信息技术的聚合应用。

案例主要知识点

智能设备、智慧物流。

学习导航

◈ 掌握智慧物流的基本概念和特点。

教学建议

◈ 备课要点：信息与物流信息的定义与特征、智慧物流的概念与特征、智慧物流的架构、我国智慧物流的发展现状。

◈ 教授方法：案例、讲授、实证、启发式。

◈ 扩展知识领域：智慧物流是如何提高物流效率的。

1.1 信息与物流信息

人类已经进入了信息时代。信息时代的典型特征就是信息的广泛应用。在信息社会中，“信息”这个词出现的频率非常高，人们接触到的信息可以用信息轰炸来形容。人们可以通过互联网获得和传递信息，也可以通过电视机、收音机、手机等了解信息，还可以通过各种手机 App 发布信息，等等。现实生活中的每一个时刻、每一个角落，都产生着信息。

1.1.1 信息的概念

信息本身是一个抽象的概念。在学术领域，不同的学者对信息有着不同的定义。如被称为“控制论之父”的诺伯特·维纳[1]（Norbert Wiener）认为，“信息是人与外界相互作用的过程中所交换的内容的表述”“信息就是信息，它既不是物质，也不是能量”，说明信息本身是事物中所包含的意义，反映事物的特征、变化和内在联系，是用以进行交换的，它不是实体，但又确实存在，必须通过承载它的媒体（信息载体）才能表现出来。被称为“信息论之父”的克劳德·艾尔伍德·香农[2]（Claude Elwood Shannon）认为，“信息是用以消除随机不确定性的东西”，越想要彻底消除事物的不确定性，需要的信息量就越大，通常我们所

[1] 诺伯特·维纳，1894 年 11 月 26 日—1964 年 3 月 18 日，男，美国应用数学家，控制论的创始人。

[2] 克劳德·艾尔伍德·香农，1916 年 4 月 30 日—2001 年 2 月 24 日，男，美国数学家，信息论的创始人，提出了信息熵的概念，为信息论和数字通信奠定了基础。

说的“一个谎言需要用无数个谎言来覆盖”就是这个意思。1978年诺贝尔经济学奖获得者赫伯特·亚历山大·西蒙[1]（Herbert Alexander Simon）认为，“信息是影响人改变对于决策方案的期待或评价的外界刺激”，说明信息对于人的决策有着很重要的影响作用。

数据是人们用来反映客观事物、对客观事实的记录。对客观事实的记录可以是文字记录，也可以是声音、图形等其他记录形式。从本质上说，数据是信息的表现形式和载体。

信息是现实世界中各种事物的特征、形态及不同事物间的联系等在人脑里的抽象反映，是一种被加工为特定形式的数据。信息对接收者来说是有意义的，而且对当前和将来的决策具有明显的或实际的价值。

本书认为，信息是被加工过的、对接收信息者有意义的、具有影响行动和决策能力的数据。

1.1.2 信息的主要特征

信息具有以下特征。

（1）客观性

信息是客观存在的。任何一件事实的发生都会产生信息，这些信息不会因为人们需要或者不需要而不产生。信息是对客观事实的反映，它必须真实地反映客观事实，不符合事实的信息是虚假的，虚假的信息是没有意义的。真实地反映客观事实的信息才是正确、准确的信息。

（2）价值性

信息本身是有价值的。研究的问题不同，影响因素也不同，研究所需要的信息也不同。对于信息的适用者来说，它是有价值的，可以通过利用该信息获取利益。反之，对于不需要该信息的人来说，这个信息是没有价值的。

（3）时间性

信息本身具有时间性。在一定的时期内，利用某个（些）信息能产生效益，过了这个时期，该信息就不会产生效益。信息的加工处理需要一段时间，会造成信息的相对滞后。因此，提高信息处理的速度可以提高信息的机会收益。

（4）共享性

信息是可被共享的。信息与实物不同，信息不具有排他性，它可在同一时间为多人所掌握，为多人共享而共同受益，但信息本身并无损失，这为信息的开发应用提供了可能性。信息的共享是现代企业管理的重要基础。企业各部门通过内部网络可以进行信息的共享，保证了信息的统一性和决策的一致性。

（5）传输性

信息是可传输的。信息可在信息发送者和接收者之间进行传输。有效可靠的信息传输可以产生更大的价值。利用现代信息技术，信息可以更快、更便利地在世界范围内传输。

---

[1] 赫伯特·亚历山大·西蒙，1916年6月15日—2001年2月9日，男，美国计算机科学家、心理学家，美国国家科学院院士，中国科学院外籍院士，诺贝尔经济学奖获得者。

信息的传输性与共享性可能会造成信息的扩散，而信息的扩散则会造成信息的失密，造成信息的贬值。

如何保证信息传输的可靠性，是现代信息技术的一项重要课题。

（6）加工性

信息是经过加工后的数据，同时信息也可根据需要进行进一步的加工。加工后的信息可以信息或者数据的形式保存或储存到存储设备中，等到适当的时间使用。

（7）不对称性

由于受各种原因的限制（如专业知识、获得途径等），在市场中交易的双方所掌握的信息是不相等的，不同的组织掌握信息的程度各有不同，这就形成了信息的不对称性。某一组织掌握的信息越充分，对其决策越有利。随着现代信息技术的发展和应用，信息的透明度会越来越高，这种信息不对称性的表现将是很短暂的。

1.1.3 物流信息

（1）物流信息的定义

物流信息是在物流活动中各个物流环节所产生的信息。物流信息通常是随着生产、消费的物流活动而产生的，与物流全流程中的运输、储存、装卸、包装等各种职能有机结合在一起，是确保物流活动顺利进行所不可缺少的。

从狭义范围来看，物流信息是指由物流活动（如运输、储存、包装、装卸、流通加工等）直接产生、与物流活动直接有关的信息。从广义范围来看，物流信息不仅指与物流活动有关的信息，而且包含与其他流通活动有关的信息，如商品交易信息、市场信息等。

（2）物流信息的特点

物流信息除具有信息的客观性、价值性、适用性、共享性、传输性、加工性、不对称性等一般特点外，还具有以下特点。

①物流信息量大、种类多、分布广，信息的产生、加工、传播和应用在时间、空间上不一致，方式也不相同，物流信息的收集、分类、筛选、统计、研究等工作的难度加大。

②物流信息动态性强、实施性高，信息价值衰减速度快、时效性强。

③物流信息趋于标准化。

物流信息的传送连接着物流活动的各个环节，并指导各环节的工作，起着桥梁和纽带的作用。物流信息可以帮助企业对物流活动各环节进行有效的计划、协调与控制，以达到系统整体优化的目标。有效地利用物流信息有助于提高物流企业科学管理和决策的水平。

（3）物流信息的分类

①按信息在物流活动中所起的作用不同，物流信息可分为订货信息、库存信息、采购指示信息（生产指示信息）、发货信息和物流管理信息。不同形式的信息在物流活动中发挥着不同的作用。

②按信息的作用层次不同，物流信息可分为基础信息、作业信息和决策支持信息。基础信息是指物流活动的基础，作为最初的信息源，基础信息包括物品基本信息、货位基本信息等。作业信息是指物流作业过程中发生的信息，信息的波动性大，具有动态性，如库存信息、

到货信息等。决策支持信息是指能对物流计划、决策、战略具有影响或有关的统计信息和宏观信息，如科技、产品、法律等方面的信息。

③按信息加工程度的不同，物流信息可分为原始信息和加工信息。原始信息是指未经过任何加工处理的信息，是信息工作的基础，也是最具权威性的凭证性信息。加工信息是指对原始信息进行各种方式和各个层次处理后得到的信息，这种信息通过对原始信息的提炼、简化和综合，利用各种分析工具在大量数据中发现潜在的、有用的信息和知识。

④按信息产生和作用所涉及的功能领域不同，物流信息可分为仓储信息、运输信息、加工信息、包装信息、装卸信息等。对于某个功能领域还可以进一步进行细化，例如仓储信息可分成入库信息、出库信息、库存信息、搬运信息等。

（4）物流信息的作用

物流信息在物流活动中具有十分重要的作用，通过对物流信息的收集、传递、存储、处理、输出等，可为决策提供依据，对整个物流活动起到指挥、协调、支持和保障作用。物流信息的主要作用有以下几点。

①沟通联系

物流活动通过各种指令、计划、文件、数据、报表、凭证、广告、商情等物流信息，建立起各种纵向和横向的联系，并沟通生产厂、批发商、零售商、物流服务商和消费者，满足各方的需要。因此，物流信息是沟通物流活动各环节之间的桥梁。

②引导和协调

物流信息以物资、货币及物流当事人的行为等作为信息载体进入物流供应链，同时反馈的信息也随着信息载体反馈给供应链中的各个环节，依靠物流信息及其反馈可以引导供应链结构的变动和物流布局的优化，协调物资结构，使供需之间趋于平衡；协调人、财、物等物流资源的配置，促进物流资源的整合和合理使用等。

③管理控制

通过移动通信、计算机信息网、电子数据交换（Electronic data interchange，EDI）、全球定位系统（Global Positioning System，GPS）等技术实现物流活动的电子化，如货物实时跟踪、车辆实时跟踪、库存自动补货等，用信息化代替传统的手工作业，实现物流运行、服务质量和成本等的管理控制。

④辅助决策分析

物流信息是制订决策方案的重要基础和关键依据。物流信息可以协助物流管理者鉴别、评估经过比较物流战略和策略后的可选方案，在物流信息的帮助下，能够对车辆调度、库存管理、设施选址、资源选择、流程设计以及有关作业比较和收益分析等作出的科学决策。

⑤支持战略计划

作为决策分析的延伸，物流战略计划涉及物流活动的长期发展方向和经营方针的制定，如企业战略联盟的形成、以利润为基础的顾客服务分析以及能力和机会的开发和提炼。作为一种更加抽象、松散的决策，物流战略计划是对物流信息进一步提炼和开发的结果。

⑥价值增值

物流信息本身具有价值，并具有增值的特征。一方面，物流信息是影响物流的重要因素，它把物流的各个要素以及有关因素有机地组合并联结起来，以形成现实的生产力，并创造出更高的社会生产力。另一方面，在社会化大生产条件下，生产过程日益复杂，企业只有有效地利用物流信息，才能使生产力中的劳动者、劳动手段和劳动对象得到最佳结合，产生放大效应，使经济效益出现增值。

⑦优化物流系统

依靠准确、实时的物流信息，切合物流系统实际，可以对各个物流环节进行优化，确定其采取的办法、措施，如选用合适的设备、设计最合理路线、决定最佳库存储备等。

1.1.4 物流信息技术与物流信息系统

（1）物流信息技术

物流信息技术是指运用于物流活动各环节中的信息技术。根据物流的功能和特点，物流信息技术主要包括信息分类编码技术、条码技术、射频识别技术、电子数据交换技术、传输技术、空间信息技术等。

（2）物流信息系统

物流信息系统是指由人员、计算机硬件、软件、网络通信设备及其他办公设备组成的人机交互系统，其主要功能是进行物流信息的收集、存储、传输、加工整理、维护和输出，为物流管理者和其他组织管理人员提供战略、战术及运作决策的支持，以达到组织的战略竞优，提高物流运作的效率与效益。

1.2 智慧物流基本概念

物流是在空间、时间变化中的商品等物质资料的动态状态。因此，很大程度上物流管理是对商品、资料的空间信息和属性信息的管理。现代信息技术应用于物流的结果就产生了智慧物流。

1.2.1 智慧物流概念的起源

智慧物流的概念源于“智慧地球”。2008 年 11 月，IBM 公司提出了“智慧地球”的概念，建立一个面向未来的具有先进、互联和智能三大特征的供应链，通过感应器、射频识别（Radio Frequency Identification，RFID）标签、全球定位系统（Global Positioning System，GPS）和其他设备及系统生成实时信息的智慧供应链，将物联网、传感网与现有的互联网整合起来，通过以精细、动态、科学的管理，实现物流的自动化、可视化、可控化、智能化、网络化，从而提高资源利用率和生产力水平，创造更丰富社会价值的综合内涵。2009 年 1 月，时任美国总统奥巴马公开肯定了 IBM“智慧地球”的思路，并提出将“智慧地球”作为美国国家战略，认为 IT 产业下一阶段的任务是把新一代 IT 技术充分运用在各行各业之中。具体地说，就是把感应器嵌入和装备到电网、铁路、桥梁、隧道、公路、建筑、供水系统、大坝、油气管道等各种物体中，并且被普遍连接，形成所谓物联网，然后将物联网与现有的互联网整合起来，实现人类社会与物理系统的整合。在这个整合的网络当中，存在能力超级强大的中心计算机群，能够对整合网络内的人员、机器、设备和基础设施实施实时的管理和控制。在此基础上，人类可以更加精细和动态的方式管理生产和生活，达到“智慧”状态，提高资源利用率和生产力水平，改善人与自然间的关系。

2009 年 8 月 7 日，我国政府提出“感知中国”的理念，物联网被正式列为国家五大新兴战略性产业之一。同年，国务院《物流业调整和振兴规划》提出，积极推进企业物流管理信息化，促进信息技术的广泛应用；积极开发和利用全球导航卫星系统（Global Navigation Satellite System，GNSS）、地理信息系统（Geographic Information System，GIS）、道路交通信息通信系统（Vehicle Information and Communication System，VICS）、不停车自动交费系统（Electronic Toll Collection，ETC）、智能交通系统（Intelligent Transportation System，ITS）等运输领域新技术，加强物流信息系统安全体系研究。在物流行业内部，很多先进的现代物流系统已经具备了信息化、网络化、集成化、智能化、柔性化、敏捷化、可视化、自动化等高技术特征；很多物流系统和网络也采用了最新的红外、激光、无线、编码、认址、自动识别、定位、无接触供电、光纤、数据库、传感器、射频识别、卫星定位等高新技术，这种集光、机、电、信息等技术于一体的新技术在物流系统的集成应用就是物联网技术在物流业应用的体现。

智慧物流概念的提出，顺应历史潮流，也符合现代物流业发展的自动化、网络化、可视化、实时化、跟踪与智能控制的发展趋势，对企业、整个物流行业乃至整个国民经济的发展具有重要的意义。智慧物流时代已经到来，并且还在继续发展，随着信息技术的不断进步和应用的不断成熟，智慧物流将更加完善。

1.2.2 智慧物流概念及特征

（1）智慧物流的概念

①智慧

智慧这个词本身并没有十分统一的定义，通常情况下，智慧是指生命体所具有的、基于生理和心理器官的一种高级创造思维能力，包含对自然与人文的感知、记忆、理解、分析、判断、升华等各种能力。智慧是由智力系统、知识系统、方法与技能系统、非智力系统、观念与思想系统、审美与评价系统等多个子系统构成的复杂体系孕育出的一种能力。

②智慧物流

智慧物流是指通过智能软硬件、物联网、大数据等智慧化技术手段，实现物流各环节精细化、动态化、可视化管理，提高物流系统智能化分析决策和自动化操作执行能力，提升物流运作效率的现代化物流模式。

（2）智慧物流的特征

①智能化

智能化是物流发展的必然趋势，是智慧物流的典型特征，它贯穿物流活动的全过程，随着人工智能技术、自动化技术、信息技术的发展，其智能化的程度将不断提高。它不仅限于库存水平的确定、运输道路的选择、自动跟踪的控制、自动分拣的运行、物流配送中心的管理等问题，随着时代的发展，也将不断地被赋予新的内容。

②柔性化

未来是为实现“以顾客为中心”理念而在生产领域提出的，即根据消费者需求的变化来灵活调节生产工艺。物流的发展也是如此，必须按照客户的需要提供高度可靠的、特殊的、额外的服务，“以顾客为中心”服务的内容将不断增多，服务的重要性也将越来越大，如果没有智慧物流系统柔性化的目的是不可能达到的。

③一体化

智慧物流活动既包括企业内部生产过程中的全部物流活动，也包括企业与企业、企业与个人之间的全部物流活动等。智慧物流的一体化是指智慧物流活动的整体化和系统化，它是以智慧物流管理为核心，将物流过程中运输、存储、包装、装卸等诸环节集合成一体化系统，以最低的成本向客户提供最满意的物流服务。

④社会化

《2016—2020 年中国智慧物流行业深度调研及投资前景预测报告》指出，随着物流设施的国际化、物流技术的全球化和物流服务的全面化，物流活动并不仅仅局限于一个企业、一个地区或一个国家。为实现货物在国际间的流动和交换，以促进区域经济的发展和世界资源优化配置，一个社会化的智慧物流体系正在逐渐形成。构建智慧物流体系对于降低商品流通成本将起到决定性的作用，并成为智能型社会发展的基础。

1.2.3 智慧物流的功能

（1）感知功能

智慧物流依靠海量物流数据而存在，感知功能为智慧物流提供了数据基础。感知功能是指运用各种先进技术获取运输、仓储、包装、装卸搬运、流通加工、配送、信息服务等环节的大量信息，实现实时数据收集，使物流关联各方能准确掌握货物、车辆和仓库等信息，初步实现感知智慧。

（2）规整功能

规整功能是把感知之后采集的信息通过网络传输到数据中心，进行数据归档，建立强大的数据库，对数据进行分门别类，使各类数据按要求进行规整，以实现数据的联系性、开放性及动态性，并通过对数据和流程的标准化，推进跨网络的系统整合，实现规整智慧。

（3）智能分析功能

智能分析功能是运用智能的模拟器模型等手段分析物流问题。根据问题提出假设，并在实践过程中不断验证问题，发现新问题，做到理论实践相结合。在运行中，系统会自行调用原有经验数据，随时发现物流作业活动中的漏洞或者薄弱环节，从而实现发现智慧。

（4）优化决策功能

优化决策功能是指系统可以结合特定需要，根据不同的情况评估成本、时间、质量、服务、碳排放和其他标准，评估基于概率的风险，进行预测分析，协同制定决策，提出最合理有效的解决方案，使作出的决策更加准确、科学，从而实现创新智慧。

（5）系统支持功能

系统支持功能是指智慧物流并不是各个环节各自独立、毫不相关的物流系统，而是每个环节都能相互联系、互通有无、共享数据、优化资源配置的系统，从而为物流各个环节提供最强大的系统支持，使得各环节协作、协调、协同。

（6）自动修正功能

自动修正功能是指在前面各个功能的基础上，按照最有效的解决方案，系统自动遵循最快捷、有效的路线运行，在发现问题后自动修正，并且备份在案，方便日后查询。

（7）及时反馈功能

及时反馈功能是指智慧物流系统正常运行的保障。物流系统是一个实时更新的系统，反馈是实现系统修正、系统完善必不可少的环节，反馈贯穿智慧物流系统的每一个环节，为物流相关作业者了解物流运行情况，及时解决系统问题提供强大的保障。

1.2.4 智慧物流的意义

（1）降低物流成本，提高企业利润

智慧物流能大大降低制造业、物流业等各行业的成本，提高企业的利润，生产商、批发商、零售商三方通过智慧物流相互协作，信息共享，物流企业便能更节省成本。其关键技术诸如物体标识及标识追踪、无线定位等新型信息技术应用，能够有效实现物流的智能调度管理，整合物流核心业务流程，加强物流管理的合理化，降低物流消耗，从而降低物流成本，减少流通费用，提高企业利润。

（2）加速物流产业的发展，成为物流业的信息技术支撑

智慧物流的建设将加速当地物流产业的发展，集仓储、运输、配送、信息服务等多功能于一体，打破行业限制，协调部门利益，实现集约化高效经营，优化社会物流资源配置。同时，物流企业整合在一起，将过去分散于多处的物流资源进行集中处理，发挥整体优势和规模优势，实现传统物流企业的现代化、专业化和互补性。此外，这些企业还可以共享基础设施、配套服务和信息，降低运营成本和费用支出，获得规模效益。

（3）为企业生产、采购和销售系统的智能融合打基础

随着 RFID 技术与传感器网络的普及，物与物的互联互通，将给企业的物流系统、生产系统、采购系统与销售系统的智能融合打下基础，而网络的融合必将产生智慧生产与智慧供应链的融合，企业物流完全智慧地融入企业经营之中，打破工序、流程界限，打造智慧企业。

（4）使消费者节约成本，轻松、放心购物

智慧物流通过提供货物源头自助查询和跟踪等多种服务，尤其是对食品类货物的源头查询，能够让消费者买得放心，吃得放心，在增加消费者的购买信心的同时促进消费，最终对整体市场产生良性影响。

（5）提高政府部门工作效率

智慧物流可全方位、全程监管食品的生产、运输、销售，大大节省了相关政府部门的工作压力，同时使监管更彻底、更透明。通过计算机和网络的应用，大大提高政府部门的工作效率。

（6）促进当地经济进一步发展，提升综合竞争力

智慧物流集多种服务功能于一体，体现了现代经济运作特点的需求，即强调信息流与物质流快速、高效、通畅地运转，从而降低社会成本，提高生产效率，整合社会资源。

1.2.5 智慧物流技术的架构

智慧物流技术是智慧物流发展的基础，为智慧物流发展注入了强大动力，包括三个基本要点：一是如何部署更加广泛、及时、准确的信息采集技术；二是如何把这些信息实现互联互通，既满足专用的要求，也能实现开放和共享；三是如何管理、加工、应用这些信息，解决各类现实问题。

智慧物流是基于物联网技术在物流业的应用而提出的。物联网技术架构一般分为感知层、网络层和应用层三个层次。感知层负责信息的采集和初步处理；网络层负责信息的可靠传输；应用层负责数据的统计分析与应用。从智慧物流领域应用的角度来看，智慧物流的技术架构遵循物联网的三层技术架构，如图 1-1 所示。

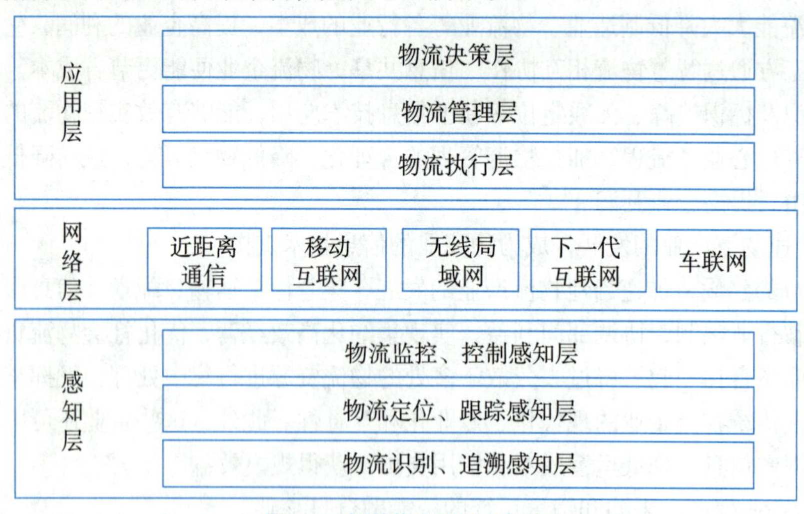

图 1-1 智慧物流的技术架构

（1）智慧物流感知层

智慧物流感知层是智慧物流系统实现对货物、运行环境、物流设施设备感知的基础，是

智慧物流的起点。具体而言，它又可划分为物流识别、追溯感知层，物流定位、跟踪感知层和物流监控、控制感知层三个层次。

物流识别、追溯感知层主要解决货物信息的数字化管理问题。传统方式下多采用单据、凭证等为载体，手工记录、电话沟通、人工计算、邮寄或传真等方法，对物流信息进行采集、记录、处理、传递和反馈，极易出现差错、信息滞后，使管理者对货物在流动过程中的各个环节难以统筹协调，不能系统控制，更无法实现系统优化和实时控制，从而造成效率低下和人力、运力、资金、场地的大量浪费。智慧物流环境下，借助条码、RFID、区块链等技术可以快速对货物进行识别和追溯。

物流定位、跟踪感知层主要实现物流过程的定位及路径跟踪功能，能实时地将物流过程中如汽车、船舶等运输工具以及集装箱等载具的位置和物流行进路线等信息记录下来，并及时地传递给控制中心进行实时分析，便于物流各有关方及时了解物流信息。

物流监控、控制感知层为智慧物流过程中的案例提供了有效的支撑手段，是物流监控信息化的重要组成部分，通过获取物流过程的实时视频、实时数据交换，及时、有效地采集信息，并通过与物流视频监控、报警设备有机结合，实时掌握物流环节的运行状况，分析物流过程状况，及时发现问题、解决问题，从而实现对物流过程的无缝监管。

（2）智慧物流网络层

智慧物流网络层是智慧物流的神经网络，连接着感知层和应用层，其功能为“传送”，即通过通信网络进行信息传输。通信层由各种私有网络、互联网、有线和无线通信网等组成，负责将感知层获取的信息安全可靠地传输到应用层，然后根据不同的应用需求进行信息处理。

智慧物流网络层包含接入网和传输网，分别实现接入功能和传输功能。传输网由公网与专网组成，典型传输网络包括电信网（固网、移动通信网）、广电网、互联网、专用网（数字集群）。接入网包括光纤接入、无线接入、以太网接入、卫星接入等接入方式，实现底层的传感器网络、RFID 网络“最后一公里”的接入。

在智慧物流作业过程中，既有大范围的物流运输与调度，也有以仓储系统与拣选系统为主的智慧物流中心的物流系统作业与运筹。面对复杂的、流动的“物”，要实现在物流过程中的联网，智慧物流的网络层基本上综合了已有的全部网络形式，来构建更加广泛的“互联”。每种网络都有自己的特点和应用场景，互相组合才能发挥出最大的作用。因此，在实际应用中，信息往往经由任何一种网络或几种网络组合的形式进行传输。

同时，随着智慧物流的不断发展，网络层承担着巨大的数据量，并且面临更高的服务质量要求。因此，还需要对现有网络进行融合和扩展，利用新技术以实现更加广泛和高效的互联功能。目前，在智慧物流中使用比较广泛的通信和网络技术主要有 5G 移动通信网络、IPv6[1]、车联网、Wi-Fi 和 WiMAX[2]、蓝牙、ZigBee[3] 等。

---

[1] IPv6，Internet Protocol Version 6，互联网协议第 6 版。

[2] WiMAX，World Interoperability for Microwave Access，全球微波接入互操作性，符合美国电气电子工程师学会（IEEE）802.16 标准的一种无线城域网。

[3] ZigBee 技术，一种应用于短距离和低速率下的无线通信技术。

（3）智慧物流应用层

应用层是智慧物流的应用系统，借助物联网感知技术，感知到前端的物流运行状态，在应用层执行物流操作或产生决策指令。根据物流作业层次，应用层可划分为决策层、管理层和执行层三个层次。

决策层面向物流高层决策人员，主要是以物流系统为应用背景，对物流系统进行智能化整合，为物流决策者提供有力支持。

管理层由物流管理信息系统组成，主要是针对具体的物流活动进行管理和控制，如仓储管理系统、分拣管理系统、运输管理系统等，管理层具有承上启下的作用。该层通过应用流程集成平台与上层决策管理系统进行集成，通过数据集成平台与各种物流设备控制器进行数据交换，从而对具体的物流活动进行了管理和控制。

执行层由物流执行系统组成，主要是通过传输层与物流感知设备进行数据接收和控制。该层通过数据集成平台接受来自物流管理层调度控制指令，并及时反馈物流设备的指令执行情况和设备故障信息；在物流设备支持下，通过控制总线连接各种物流设备控制器，提供与物流设备集成的基础界面。一些物流设备可以通过专有的或标准的设备总线同设备控制器进行连接。

综合来看，智慧物流过程中常用的智能技术有智能分析与控制技术、云计算技术、移动计算技术和数据挖掘技术等。

1.3 我国智慧物流发展现状及趋势

近年来，我国社会物流总额保持增长态势。权威部门的数据显示，2023 年，我国社会物流总额达到 352.4 万亿元，社会物流总费用为 18.2 万亿元，社会物流总费用占 GDP 比重为 14.4%，比 2022 年回落 0.3 个百分比[1]，同期我国物流费用占 GDP 的比重为 14.7%，整体来说物流行业运行效率有所提升。但目前我国物流费用占 GDP 的比重远高于欧美国家 10% 的水平，物流效率仍有较大的提升空间。传统物流业一直存在着多、小、散、乱等问题，随着我国社会物流总额的不断增加，物流业也将面临巨大挑战。智慧物流作为物流业的全新生态，可以帮助企业降本增效，为社会供应链打造数字化、智能化的基础设施。

1.3.1 我国智慧物流的应用现状

（1）物流逐步实现在线化

近年来，随着移动互联网的快速发展，大量物流设施通过传感器接入互联网。截至 2023 年年底，我国已经有超过 830 万辆道路营运车辆、近 5 万艘船舶、2100 多架通用航空

[1] 2023 年全国物流运行情况通报，国家发展改革委 中国物流与采购联合会，http://www.clic.org.cn/zxdt/311088.jhtml.

器应用了北斗终端设备[1]。还有大量托盘、集装箱、仓库和货物接入互联网。物流连接呈快速增长趋势，以信息互联、设施互联带动物流互联，物流在线化奠定了智慧物流的前提条件。

（2）物流大数据得到应用

物流在线化产生大量的业务数据，使物流大数据从理念变为现实，数据驱动的商业模式推动产业智能化变革，大幅度提高生产效率。例如，菜鸟网络推出智能路由分单，实现包裹与网点的精准匹配，准确率达 98% 以上，分拣效率提高 50% 以上，大大缓解了仓库爆仓的压力。通过对物流大数据进行处理与分析，挖掘对企业运营管理有价值的信息，从而进行科学的管理决策，是物流企业的普遍需求。

（3）物流云服务强化保障

依托大数据和云计算能力，通过物流云来高效地整合、管理和调度资源，并为各个参与方按需提供信息系统及算法应用服务，是智慧物流的核心需求。近年来，京东、菜鸟和百度等纷纷推出物流云服务应用，为物流大数据提供了重要保障，业务数据化正成为智慧物流的重要基础。

（4）协同共享助推模式创新

智慧物流的核心是协同共享，协同共享理念通过分享使用权而不占有所有权，打破了传统企业边界，深化了企业分工协作，实现了存量资源的社会化转变和闲置资源的最大化利用。例如，菜鸟驿站整合高校、社区、便利店和物业等社会资源，有效地解决了末端配送的效率和成本问题。近年来，“互联网 +”物流服务成为贯彻协同共享理念的典型代表。利用互联网技术和互联网思维，推动互联网与物流业深度融合，重塑产业发展方式和分工体系，为物流企业转型提供了方向指引，其典型场景包括互联网 + 高效运输、互联网 + 智能仓储、互联网 + 便捷配送及互联网 + 智能终端等。

（5）人工智能正在起步

以人工智能为代表的物流技术服务是应用物流信息化、自动化和智能化技术实现物流作业高效率、低成本的物流企业较为迫切的现实需求。其中，人工智能通过赋能物流各环节、各领域，实现智能配置物流资源、智能优化物流环节及智能提升物流效率。特别是在无人驾驶、无人仓储、无人配送和物流机器人等人工智能的前沿领域，菜鸟、京东和苏宁等一批领先企业已经开始开展试验应用。

1.3.2 智慧物流的服务需求

随着物流业的转型升级，物流企业对智慧物流的需求越来越强烈、越来越多样化，主要包括物流数据、物流云和物流技术三大领域的服务需求。综合国家经济增长及物流行业发展趋势等众多因素，预计到 2025 年，智慧物流服务的市场规模将超过万亿元。物流数据是智慧物流形成的基础，物流云是智慧物流运转的载体，物流技术是智慧物流执行的途径，三个部分是有机结合的整体。

---

[1] 全面赋能国家重点领域 透过数据看北斗产业高效益高质量发展，光明网，https://m.gmw.cn/2024-05/18/content_1303739956.htm.

（1）物流数据服务

在采购、供应、生产、销售的供应链全过程中，会产生海量的物流数据。如何对这些数据进行处理与分析，挖掘出运营特点、规律、风险点等信息，从而更科学合理地进行管理决策与资源配置，是物流企业的普遍需求。物流数据服务的典型场景包括以下内容。

①数据共享

消除物流企业的信息孤岛，实现物流基础数据互联互通，减少物流信息的重复采集，降低物流成本，提高服务水平和效率。

②销售预测

利用用户消费特征、商家历史销售等海量数据，通过大数据预测分析模型，对大订单、促销、清仓等多种场景下的销量进行精准预测，为仓库商品备货及运营策略制定提供依据。

③网络规划

利用历史大数据、销量预测，构建成本、时效、覆盖范围等多维度的运筹模型，对仓储、运输、配送网络进行优化布局。

④库存部署

在多级物流网络中科学部署库存，智能预测补货，实现库存协同，加快库存周转，提高现货率，提升整个供应链的效率。

⑤行业洞察

利用大数据技术，挖掘分析 3C、家电、鞋服等不同行业以及仓配、快递、城配等不同环节的物流运作特点及规律，为物流企业提供完整的解决方案。

（2）物流云服务

伴随共享经济、无车承运、云仓、众包等新兴市场关系、物流模式的发展，如何通过物流云来高效地整合、管理和调度资源，并为各个参与方按需提供信息系统及算法应用服务，是智慧物流发展过程中的核心需求之一。物流云服务的典型场景包括以下内容。

①统筹资源

集聚社会闲散的仓库、车辆及配送人员等物流资源，通过仓库租赁需求分析、人力资源需求分析、融资需求趋势分析和设备使用状态分析等，合理配置，实现资源效益最大化。

②软件运营服务（Software as a Service，SaaS）

将仓储管理系统（Warehouse Management System，WMS）/ 运输管理系统（Transportation Management System，TMS）/ 订单管理系统（Order Management System，OMS）等信息系统进行 SaaS 化，为更多的物流企业提供更快、更多样化的系统服务以及迭代升级。

③算法组件化服务

将路径优化、装箱、耗材推荐、车辆调度等算法组件化，为更多的物流企业提供单个或组合式的算法应用服务。

（3）物流技术服务

智慧物流的出发点之一是降本增效，如何应用物流自动化及智能化技术来实现物流作业高效率、低成本，是非常迫切的需求。物流技术服务的典型场景包括以下内容。

①自动化设备

通过自动化立体库、自动分拣机、传输带等设备，实现存取、拣选、搬运、分拣等环节的机械化、自动化。

②智能设备

通过自主控制技术，进行智能抓取、码放、搬运及自主导航等，使整个物流作业系统具有高度的柔性和扩展性，例如拣选机器人、码垛机器人、自动引导运输车（Automated Guided Vehicle，AGV）、无人机、无人车等。

③智能终端

使用高速联网的移动智能终端设备，物流人员操作将更加高效便捷，人机交互协同作业将更加人性化。

1.3.3 我国智慧物流发展面临的挑战

（1）物流成本较高

我国物流业现处于快速扩张的阶段，但运营成本不断攀升，物流成本偏高。物流的主要环节仍延续了传统的人工模式，物流产业结构尚不完备，物流资源管理成本较高。自主配送设备还未投入大规模应用，其主要原因在于智能配送设备需要定期接受维护、修理，生产成本与盈利难以维持平衡。

（2）物流效率较低

现阶段我国提升物流效率的方式是加大在车队、人力、仓储方面的投资力度。由于边界效应的存在，效率提升效果并不理想，目前我国物流网络化、集约化、资源共享的程度仍然较低。

（3）数字化水平参差不齐

我国物流相关企业数量众多，物流企业相关软硬件等基础设施水平参差不齐，导致信息共享的效率不高，难以发挥大数据、人工智能等尖端技术的优势，无法建立数字化、智能化的物流体系。同时，物流领域中 AR（Augmented Reality，增强现实技术）/VR（Virtual Reality，虚拟现实技术）、区块链等新技术的融合创新应用程度不高，企业对于尖端科技应用的接受度亟待提升。

（4）末端智能服务水平亟待完善

物流企业相关软硬件等基础设施水平参差不齐，导致信息共享的效率不高，因此需要配套的软硬件设施共同改进。目前，末端智能服务尚未形成常态化，协同能力较差，“最后一公里”还十分依赖人工，收发货环节的智能服务水平也比较低。

1.3.4 我国智慧物流发展的趋势

（1）智慧物流融合互联网技术

智慧物流是现代综合型物流系统，主要以互联网技术为依托，其发展不断呈现出网络化、自动化的趋势，从数字化向程控化演进并持续推动行业的升级，电子商务物流、同城快递、同城配送等相关技术也会实现飞速发展。

（2）智慧物流操作系统应用

人工智能技术将沿着物联网的网络延伸到物流服务全链路，推动全链路的智能规划、数字路由、智能调度、智能分仓、智能调拨、智能控制等方面技术创新。

（3）大数据促进物流供应链优化

当前，我国正加快进入数字经济时代，大数据已逐渐成为引导各行各业发生根本性变革的核心关键。在未来，通过大数据分析形成物流流通数据后，以往货物由品牌商仓库发出的模式，将更改为部分商品或货物从厂家直发，货物不动数据动，做到路径最优，提升运营效率。

（4）物流自动化迎来跨越式发展

新零售时代，“线上线下一盘货，服务产品一体化”将长期、全面地影响物流业发展。未来依托物流控制塔平台，每一个人、每一辆车、每一间闲置的仓储库房，都有可能成为物流的共享环节，物流资源将像云计算一样，按需付费，碎片化的运力、仓储资源都有可能参与到社会化物流环节中。

（5）信息化、智能化、集约化和小批量定制是未来物流的发展趋势

智慧物流以客户需求为中心，灵活实施物资调动，满足下游需求。互联网拓展了营销渠道，通过互联网及时反馈消费者需求信息，信息将快速到达生产企业指令中心，而智慧物流可促进资源配置的优化与高效运作，实施订单化管理，减少企业库存，降低上游经营风险。

延伸阅读

物流效率提升离不开搭积木思维

2021 年 3 月 31 日，人工智能物流产业联盟主办、旷视科技承办的首期 AI 物流公开课正式开讲。中国仓储与配送协会副会长兼专家委员会主任、人工智能物流产业联盟首席顾问王继祥深入浅出地介绍了关于物流尤其是智慧物流的 10 个观点。

（1）物流不只是搬箱子

物流是物品从供应地向接收地的实体流动过程，是根据实际需要，将运输、储存、装卸、搬运、包装、流通加工、配送、回收、信息处理等基本功能实施有机结合。物流的作业对象是“物”，从“物”的角度可以将其概括为分、合、搬、运、存；物流作业的目的是“流”，所有物流运作的共性规律可归纳为：连接与融合。

（2）提升物流效率离不开搭积木思维

搭积木思维把奇形怪状、纷繁复杂的“物”整合成规格化、标准化的货物单元，按照单元进行分、合、搬、运、存作业，效率更高。货物单元是物流各个环节的作业单元，这样的物流就是单元化物流。有一本书叫《集装箱改变世界》，实际上，是托盘、集装箱等搭积木思维在不断改变我们的世界，生产线单元化、区块链、容器云等都是搭积木思维的运用。当

所有对象都能简化为0和1的时候，世界将会呈现全新面貌。

（3）标准化1.0：“积木规格尺寸”标准化

单元化的本质是标准化，起点就是“物”的包装规格标准化。物流运作中，跨物流系统的最基础的装载、作业、储存和记录单元都是托盘。因此以托盘标准化为核心，带动物流系统上下游的单品包装、物流箱、货运车厢、货运集装箱、货架存储单元以及相关设施设备的标准化，是一切的起点，将为物流数字化、智能化打下坚实基础。

（4）标准化2.0：“标准积木”成为流动的单元

与奠定互联网基础的超文本协议标准一样，纷繁复杂的货物变成了标准积木，成为穿越各个物流网络系统流动的单元，而流动的过程也需要规范。其中就包括了物流作业流程、商业货物交接流程以及服务流程的标准化。

（5）标准化3.0：给“标准积木”发身份证与通行证

给“标准积木”货物单元赋码，就相当于给货物单元一张数字世界的身份证，可以实现物流、资金流、商流三流信息合一、虚实合一，连接供求上下游企业形成供应链。同时，货物在供应链网络体系中跨越多个市场主体，存在一定的信息孤岛，因此需要给货物单元发放数字通行证：电子货单。例如，电子商务物流的电子货单是电子面单，能够实现货物单元的信息在供应链上下游的共享，已经推动了电子商务物流的智慧变革。

（6）标准化4.0：“物流互联网”标准化

物流单元标准化的基础之上，是“物流互联网”的标准化阶段，需要推进实体物流网络与虚拟“物流互联网”的标准化，天网、地网融合的标准化，物流信息网络标准化，以及物流金融、物流与商流融合、物流信息物理系统等物流网络的生态系统标准化。物流互联网的标准化将形成虚实结合的物流互联网。

（7）信息技术是现代物流的发展驱动力

物流信息化是管理和控制物流互联网运作的物流之魂。随着信息技术的发展，仓储、运输等各个环节的信息互联互通，让物流的各功能性作业可以系统运筹时，现代物流发展进入供应链管理阶段，物流成为供应链的一部分。随着物联网发展，人工智能、大数据、云计算、机器学习等技术推动“物流大脑”完善，催生了智慧物流。物流互联网让农业、制造业、商贸流通业等实体商品全面互通并融为一体，智慧物流开始成为连接经济社会生态系统的基础设施。

（8）物流自动化≠智能物流≠智慧物流

物流自动化是指物流系统具备自动感知、自动执行功能。智能物流使物流系统能做到状态感知、实时分析、科学决策、精准执行。智慧物流，指的是基于物联网技术应用，实现互联网向物理世界延伸，互联网与物流实体网络融合创新，实现物流系统的状态感知、实时分析、精准执行，进一步达到自主决策和学习提升，拥有一定智慧能力的现代物流体系。

物流自动化、智能物流、智慧物流分别是物流信息化的初级、中级和高级阶段。智能物流相比于物流自动化，进化的重点主要是执行能力与感知能力。然而，智能物流系统只知其然，不知其所以然；智慧物流系统不仅具备“智”的能力，还掌握了这种能力产生方法，能实现机器自我学习提升，不断进化、迭代升级。

（9）软件定义物流

当物流单元虚实融合，组成虚实结合的网络系统，就需要通过软件来管理调度物流单元，实现最高效的分、合、搬、运、存。根据实际场景需求，借鉴单元化思想，把物流的分、合、搬、运、存作业按功能模块分解，把物流作业设施设备按功能模块分解，设计具有感知、分析、判断、执行功能的单元化智能硬件，软件调度管理智能硬件，搭建物流柔性自动化系统，满足物流系统作业要求。这就实现了软件定义物流系统。

（10）智慧物流思维模型：AI 驱动机器智能

人工智能（Artificial Intelligence，AI）让机器模拟人类思考的智能，甚至做人类做不到的事情，就是机器智能。智慧物流系统是机器大系统，智慧物流思维模型是机器智能。机器智能的特点包括全面感知、泛在网络、数字化处理、超速进化，目前在信息感知、网络化连接、大数据处理、机器学习等方面都已经超过人类，未来将成为人类的一大臂膀。

物流的标准化和信息化是王继祥分享的核心要点。物品编码是供应链信息化、标准化的基石，供应链体系建设应在 GS1 系统的基础上建立统一的物品编码和标识体系。同时，物流向着智慧化方向发展，人工智能是实现机器自我学习、自我进化的关键，AI+ 物流必将大有可为。

（资料来源：http://finance.sina.com.cn/stock/enterprise/plc/2021-04-02/doc-ikmyaawa4282140.shtml）

课后思考题

（1）信息的特征有哪些？

（2）物流信息的作用有哪些？

（3）什么是智慧物流？

（4）智慧物流的功能有哪些？

（5）智慧物流的架构是怎样的？

（6）结合现实中你所接触到的物流活动，描述你认为的智慧物流是怎样的。

第2章 信息技术基础

引导案例

菜鸟智慧物流系统入选商业科技创新应用优秀案例

日前，商务部发布了商业科技创新应用优秀案例，菜鸟智慧城市配送物流系统入选。

从 2019 年开始，菜鸟就开始搭建基于人工智能的智慧城市物流大数据平台，来推动建设城市智慧物流。

菜鸟通过将“时空 AI 预测能力”应用到城市内物流预测问题中，基于自研的深度时空预测模型，大幅改善时效和路径预测准度，提升配送服务质量。

在快递送货上门环节，菜鸟将“物流多模态 AI 的认知决策技术”全面应用到物流决策过程中，以此提升消费者的物流体验。菜鸟的“楼栋码”技术手段可以帮助快递员提前根据消费者的楼栋进行包裹分拣，使送货上门人效提升 10%。“真实上门履约识别模型”则通过 AI 技术手段保障快递上门的真实、有效。目前，该技术已经在“天猫超市送货上门”“菜鸟驿站送货上门”等场景中大规模应用。

据悉，菜鸟智慧城市配送物流系统已应用于菜鸟直送、菜鸟裹裹退货和个人寄件、菜鸟驿站送货上门等多个物流场景，有效提升车辆、快递员、驿站工作人员的运作效率，并通过订单分配分单、智能装箱、决策能力等构建了自动化组织管理流程，为行业提供了一套降本增效的解决方案。

近年来，人工智能技术正在加速发展，作为一家客户价值驱动的全球化产业互联网公司，菜鸟聚焦产业化、全球化和数智化，在人工智能、自动化、大数据等核心技术领域坚持自主创新，通过科技创新推动物流更智能、更高效，用更低的成本给客户提供更好的体验。

据悉，商务部遴选商业科技创新应用优秀案例，旨在加快发展数字商务，促进商业科技成果转化，助力传统商业企业数字化转型升级。优秀案例需具有可复制性、可推广价值，并在商业实践中具备引领性、创新性和示范性。

（资料来源：新华网，菜鸟智慧物流系统入选商业科技创新应用优秀案例，http://www.xinhuanet.com/tech/20230201/b8d7481b69024ef582ecf1bdd681e781/c.html.）

案例解析

菜鸟通过将多项信息技术聚合应用于物流配送活动中，有效提升了物流配送系统的运作效率。人工智能等技术的运用，使菜鸟具备更强的组织能力。

案例主要知识点

人工智能技术。

学习导航

◈ 掌握智慧物流的技术基础。

教学建议

◈ 备课要点：计算机基础，计算机网络，数据库技术。

◈ 教授方法：案例、讲授、实证、启发式。

◈ 扩展知识领域：人工智能技术是一种自我学习的技术。

在科学技术飞速发展的时代，高新科技的出现总是最令人瞩目的，由它引起的一系列高科技产业的形成和相关各个产业的信息化、现代化也层出不穷。对于现代物流业来说，高新科技技术的应用也在促进物流业自身不断发展繁荣。本章主要介绍计算机基础、计算机网络技术和数据库技术，作为最基础的物流信息基础技术，为后面的内容奠定基础。

2.1 计算机基础

2.1.1 计算机的产生与发展

计算机是最常见的一种电子设备，现实生活中的很多活动都离不开计算机。计算机是一种能按照事先存储的程序，自动、高速地进行大量数值计算和各种信息处理的现代化智能电子装置。

公认的世界上第一台电子数字计算机是电子数字积分计算机，简称“埃尼亚克”（Electronic Numerical Integrator And Calculator，ENIAC）于 1946 年 2 月在美国宾西法尼亚大学诞生，它的出现标志着计算机时代的到来。

在第一台计算机诞生以来的 70 多年里，计算机的发展日新月异，令人目不暇接，特别是电子器件的发展，更有力地推动了计算机的发展，因此，在计算机科学领域中人们习惯以计算机的主要元器件作为计算机发展年代划分的依据。根据计算机的性能和使用的主要元器件的不同，将计算机的发展划分成四个阶段，每一个阶段在技术上都是一次新的突破，在性能上都是一次质的飞跃。

（1）第一代：电子管时代（1946—1956 年）

第一代计算机采用电子管作为主要元器件，电子管计算机的体积大、耗电量高、寿命短、可靠性差、成本高、容量很小，主要应用于科学计算。

（2）第二代：晶体管时代（1956—1964 年）

第二代计算机采用晶体管作为主要元器件，与第一代电子管计算机相比，晶体管计算机的体积减小、重量减轻、成本下降、能耗降低，可靠性和运算速度得到了提高，主要应用于科学计算、数据处理和过程控制。

（3）第三代：集成电路时代（1964—1972 年）

集成电路是一种微型电子器件或部件。它采用一定的工艺，把一个电路中所需的晶体管、电阻、电容和电感等元件及布线互连一起，制作在一小块或几小块半导体晶片或介质基片上，然后封装在一个管壳内，成为具有所需电路功能的微型结构；集成电路中的所有元件在结构上已组成一个整体，标志着电子元件向着微小型化、低功耗、智能化和高可靠性方面迈进了一大步。

第三代计算机采用集成电路作为主要元器件，使计算机体积更小、重量更轻、耗电更省、寿命更长、成本更低，运算速度有了更大的提高，主要应用于科学计算、系统设计等科技工程领域。

（4）第四代：大规模和超大规模集成电路时代（1972 年至今）

大规模和超大规模集成电路是指在几平方毫米的单晶体硅片上集成相当于数千个乃至几十亿个晶体管的电路。

第四代计算机采用大规模和超大规模集成电路作为主要元器件，使计算机体积、重量和成本大幅度降低，运算速度和可靠性大幅度提高。它已经被广泛应用于工业、农业、国防、科研、文教、交通运输、商业、通信以及日常生活等各个领域。

电子计算机的发展，像任何新生事物一样，经历了一个不断完善的过程。总体来说，就是计算速度越来越快，存储容量越来越大，外观体积不断变小，价格不断下降，性价比不断提高。

2.1.2 计算机的发展趋势

计算机的发展趋势可以大致概括为巨型化、微型化、网络化和智能化。

（1）巨型化

“巨”是指速度快、容量大、计算处理功能强的巨型计算机系统。其运算能力一般在每秒百亿次以上、内存容量在几百兆字节以上。巨型计算机主要用于像宇宙飞行、卫星图像及军事项目等有特殊需要的领域。巨型计算机的发展集中体现了计算机科学技术的发展水平，推动了计算机系统结构、硬件和软件的理论与技术、计算数学以及计算机应用等多个科学分支的发展。

（2）微型化

“微”是指价格低、体积小、可靠性高、使用灵活方便、用途广泛的微型计算机系统。计算机的微型化是当前研究计算机最明显、最广泛的发展趋向，目前便携式计算机、笔记本计算机都已逐步普及。

（3）网络化

“网”是指利用通信技术和计算机技术，把分布在不同地点的计算机互联起来，按照网络协议相互通信，以达到所有用户都可共享软件、硬件和数据资源的目的。现在，计算机网络在交通、金融、企业管理、教育、邮电、商业等各行各业中得到广泛的应用。

（4）智能化

“智”是指具有“听觉”“视觉”“嗅觉”和“触觉”，甚至具有“情感”等感知能力和推理、联想、学习等思维功能的计算机系统。智能化要求计算机能模拟人的感觉和思维能力，是未来第五代计算机要实现的目标。

智能化的研究领域很多，其中最有代表性的领域是机器人智能化。例如，目前已研制出的机器人可以代替人从事危险环境下的劳动。在 1997 年，IBM 公司制造的运算速度约为每秒 10 亿次的“深蓝”计算机战胜了国际象棋世界冠军卡斯帕罗夫。

展望未来，计算机的发展必然要经历很多新的突破。从目前的发展趋势来看，未来的计算机将是微电子技术、光学技术、超导技术和电子仿生技术相互结合的产物。

2.1.3 计算机的特点

电子计算机是一种能存储程序，能自动连续地对各种数字化信息进行算术、逻辑运算的电子设备。基于数字化的信息表示方式与存储程序工作方式，这样的计算机具有许多突出的特点。概括起来，电子计算机主要有以下几个显著特点。

（1）自动化程度高

由于采用存储程序的工作方法，一旦输入编制好的程序，只要给定运行程序的条件，计算机从开始工作直到得到计算处理结果，整个工作过程都可以在程序控制下自动进行，在运算处理过程中一般不需要人的直接干预。对工作过程中出现的故障，计算机还可以自动进行“诊断”“隔离”等处理。这是电子计算机的一个基本特点，也是与其他计算工具最本质的区别所在。

（2）运算速度快

计算机的运算速度通常是指每秒所执行的指令条数。一般而言，计算机的运算速度可以达到上百万次，目前最快的已达到 10 万亿次以上。计算机的高速运算能力，为完成那些计算量大、时间性要求强的工作提供了保证。例如，天气预报、大地测量的高阶线性代数方程的求解，导弹或其他发射装置运行参数的计算，情报、人口普查等超大量数据的检索处理等。

（3）数据存储容量大

计算机能够储存大量的数据和资料，而且可以长期保留，还能根据需要随时存取、删除和修改其中的数据。计算机的大容量存储使得情报检索、事务处理、卫星图像处理等需要进行大量数据处理的工作可以通过计算机来实现。现在，一块存储芯片可以存储几百页英文书籍的内容。

（4）通用性强

由于计算机采用数字化信息来表示数值与其他各种类型的信息（如文字、图形、声音等），采用逻辑代数作为硬件设计的基本数学工具，因此，计算机不仅可以用于数值计算，而且可以广泛应用于数据处理、自动控制、辅助设计、逻辑关系加工与人工智能等非数值计算性质的处理。一般来说，凡是能将信息用数字化形式表示，能归结为算术运算或逻辑运算的计算，并能够严格规则化的工作，都可由计算机来处理。因此，计算机具有极强的通用性，能应用于科学技术的各个领域，并渗透到社会生活的各个方面。

正是由于以上特点，使计算机能够模仿人的运算、判断、记忆等思维能力，代替人的一部分脑力劳动，按照人们的意愿自动地工作，因此，计算机又被称为“电脑”。但计算机本身是人类智慧所创造的，计算机的一切活动要受到人的控制，它只是人脑的补充和延伸，利用计算机可以辅助和提高人的思维能力。

2.1.4 计算机的应用领域

随着计算机技术的不断发展，计算机的应用领域越来越广泛，应用水平也越来越高，已经渗透到各行各业，改变着人们传统的工作、学习和生活方式，推动着人类社会的不断发展。计算机的主要应用领域如下。

（1）科学计算

科学计算又称为数值计算，是指利用计算机来完成科学研究和工程技术中提出的数学问题的计算。在现代科学技术工作中，科学计算问题是大量的和复杂的，利用计算机的高速计算、大存储容量和连续运算的能力，可以实现人工无法解决的各种科学计算问题。一些现代尖端科学技术的发展，都是建立在计算机的基础上的，如卫星轨迹计算、气象预报等。

（2）数据处理

数据处理又称为非数值处理或事务处理，是指对各种数据进行收集、存储、整理、分类、统计、加工、利用和传播等一系列活动的统称。科学计算的数据量不大，但计算过程比较复杂；而数据处理的数据量很大，但计算方法较简单。据统计，80% 以上的计算机主要用于数据处理，这类工作量大且涉及面宽，决定了计算机应用的主导方向。目前，数据处理已广泛应用于办公自动化、企事业计算机辅助管理与决策、情报检索、图书管理、电影电视动画设计、会计电算化等各行各业。

（3）电子商务

电子商务是指通过计算机和网络进行商务活动，如银行业务结算、网上购物、网上交易等，是在互联网的广阔联系与传统信息技术的丰富资源相结合的背景下应运而生的一种网上相互关联的动态商务活动。电子商务是在 1996 年开始的，起步时间虽然不长，但因其高效率、低支付、高收益和全球性等特点，很快受到广泛重视，是发展最快的应用领域之一，有着广阔的发展前景。目前，世界各地的许多公司已经开始通过互联网进行商业交易，他们通过网络方式与顾客、批发商和供货商等联系，在网上进行业务往来。

（4）过程控制

过程控制又称为实时控制，是指利用计算机及时采集、检测数据，按最佳值迅速地对控制对象进行自动控制或自动调节。随着生产自动化程度的提高，对信息传递速度和准确度的要求也越来越高，这一任务靠人工操作已无法完成，只有计算机才能胜任。以计算机为中心的控制系统可以及时地采集数据、分析数据、制订方案，进行自动控制。计算机不仅可以降低劳动强度，而且可以大大提高自动控制的水平，提高产品的质量和合格率。因此，过程控制在冶金、电力、石油、机械、化工以及各种自动化部门得到广泛的应用，同时还应用于导弹发射、雷达系统、航空航天等各个领域。

（5）计算机辅助工程

计算机辅助工程的应用，可以提高产品设计、生产和测试过程的自动化水平，降低成本，缩短生产的周期，改善工作环境，提高产品质量，获得更高的经济效益。计算机辅助技术包括 CAD、CAM 和 CAI 等。

①计算机辅助设计（Computer Aided Design，CAD）

计算机辅助设计是综合地利用计算机的工程计算、逻辑判断、数据处理功能和人的经验与判断能力结合，形成一个专门的系统，用来进行各种图形设计和图形绘制，对所设计的部件、构件或系统进行综合分析与模拟仿真实验。它是近十几年来形成的一个重要的计算机应用领域。目前在汽车、飞机、船舶、集成电路、大型自动控制系统的设计中，CAD 技术占据越来越重要的地位。

②计算机辅助制造（Computer Aided Manufacturing，CAM）

计算机辅助制造是利用计算机系统进行生产设备的管理、控制和操作的过程。例如，在产品的制造过程中，用计算机控制机器的运行，处理生产过程中所需的数据，控制和处理材料的流动以及对产品进行检测等。使用 CAM 技术可以提高产品质量，降低成本，缩短生产周期，提高生产率和改善劳动条件。将 CAD 和 CAM 技术集成实现设计生产自动化，这种技术被称为计算机集成制造系统。

③计算机辅助教学（Computer Aided Instruction，CAI）

计算机辅助教学是指利用计算机进行辅助教学、交互学习。例如，利用计算机辅助教学制作的多媒体课件可以使教学内容生动、形象、逼真，取得良好的教学效果。通过交互方式的学习，可以使学员自己掌握学习的进度、进行自测，方便灵活，满足不同层次学员的需求。CAI 的主要特色是交互教育、个别指导和因人施教。

（6）虚拟现实

虚拟现实（Virtual Reality，VR）是一种基于可计算信息的沉浸式交互环境，具体地说，就是采用计算机技术为核心的现代高科技生成的逼真的视、听、触觉一体化的特定范围的虚拟环境。用户借助必要的设备，以自然的方式与虚拟环境中的对象进行交互作用，相互影响，从而产生“沉浸”于等同真实环境的感受和体验。虚拟现实的最终目的是建立和谐的人机环境。虚拟现实主要构筑在计算机图形学上，具体应用包括一些高端的图形工作站软件和低端的网络三维方案（如 VRML、X3D、Cult3D、Shockwave3D 等）。

（7）人工智能

人工智能（Artificial Intelligence，AI）是用计算机模拟人类的智能活动，如模拟人脑学习、推理、判断、理解、问题求解等过程，辅助人们进行决策，如专家系统。人工智能是计算机科学研究领域最前沿的学科，现在人工智能的研究已取得不少成果，有些已开始走向实用阶段。例如，能模拟高水平医学专家进行疾病诊疗的专家系统，具有一定思维能力的智能机器人等。

（8）网络应用

计算机技术与现代通信技术的结合构成了计算机网络。计算机网络的建立，不仅解决了一个单位、一个地区、一个国家中计算机与计算机之间的通信，各种软、硬件资源的共享，也大大地促进了国际间的文字、图像、视频和声音等各类数据的传输与处理。

2.2 计算机网络技术

2.2.1 计算机网络概述

计算机网络是现代计算机技术与通信技术密切结合的产物。信息的处理离不开计算机，而信息的传输与交互必须依靠计算机网络。当今全球正在兴起的一股建设信息高速公路的热潮，其要点就是一种能大容量传输数字，文本、声音、图形、图像及影像等多媒体信息的高速计算机网络。处理信息的计算机与传输信息的计算机网络组成了信息社会的基础，人们可以通过网络传递信息、查询信息、发表信息，以及通过计算机网络得到各种各样的帮助。

（1）计算机网络的定义

计算机网络是计算机技术和通信技术相结合的产物。计算机网络是将分布在不同物理位置的具有独立功能的计算机系统，利用通信设备和线路相互连接起来，在网络协议和软件的支持下进行数据通信、实现资源共享的计算机系统的集合。

从上面的定义可以看出，理解计算机网络的定义应把握以下几点。

①连接到网络上的计算机都是独立的“自治计算机”

相互连接的计算机可以没有主从关系。每台计算机既可以联网工作，也可以脱网独立工作。

②联网的计算机必须遵循共同的网络协议

简单地说，所谓网络协议就是联网的计算机之间在进行数据通信时必须遵守一定的通信规则。这样才能使得联网计算机有条不紊地交换数据。

③计算机联网的目的是数据通信和实现资源共享

计算机资源包括硬件、软件和数据资源。例如，硬件资源包括硬盘、光驱、打印机、扫描仪等。网上的用户可以使用本地资源，也可以使用连接在网上的其他计算机的资源。

（2）计算机网络的功能

计算机网络的产生，使计算机的作用范围和其自身的功能有了突破性的发展。计算机网络的功能因网络规模的大小和设计目的不同有较大差异，但它们大都具备如下的特点和功能。

①信息传输

数据传输和数据通信是计算机网络的基本功能。无论是国家宏观经济决策，还是企业办公自动化，都需要进行信息传输与集中处理，这要靠网络来支持，将分散在各地计算机中的数据资料实时集中或分级管理，并经综合处理后形成各种报表，提供给管理者或决策者分析和思考。

②资源共享

资源共享是组建计算机网络的主要目的之一。计算机资源主要是指计算机的硬件、软件和数据资源。计算机的许多资源是非常昂贵的，不可能为每个用户所拥有。例如，进行复杂运算的巨型计算机、海量存储器、大容量高速硬盘、特殊的外部设备、大型应用软件和数据库等。当组建网络后，网络用户可以共同分享分散在不同地理位置的各种硬件资源、软件资源和数据库。共享硬件资源，可避免硬件资源的重复购置，提高设备的利用率；共享软件资源，可避免软件开发的重复劳动和大型软件的重复购置；共享数据库，则扩大了信息的使用范围。由此可见，资源共享的社会意义极其深远。

③分布处理

对于较大型的综合性问题，可采用适当的算法将任务分散到网络上不同的计算机上分布处理，充分利用各地计算机资源进行协同工作，实现分布处理的目的。利用分布处理技术，可使网络中的计算机协同工作来解决单靠某一台计算机无法完成的复杂任务，从而使小型或微型机用户享受到大型机的好处。例如，在局域网中，可利用网络技术将微机连成高性能的分布式计算机系统，使它具有解决复杂问题的能力。

④容错与灾备

单就某个计算机或某个部件而言，出现故障是不可避免的。但由于网络中的计算机可以互为备份，当某台计算机发生故障时，该机的工作可以由网络中的其他计算机来完成。而且网络中的各种资源可以存放在位于不同地点的计算机系统中，用户可以通过多种途径使用网上的资源，从而避免了因某个部件或系统故障对用户访问产生影响。

⑤综合信息服务

在当今的信息化社会中，通过计算机网络向社会提供各种经济信息，科技情报和咨询服务已相当普及。目前正在发展的综合业务数字网可提供文字、数字、图形、图像、语音等多种信息传输，提供电子邮件、电子数据交换、电子公告、电子会议，IP 电话和传真等业务。计算机网络将为政治、军事、文化、教育、卫生、新闻、金融、图书、办公自动化及居家生活等各个领域提供服务，成为信息化社会中传送与处理信息不可缺少的强有力手段。

2.2.2 计算机网络的组成

尽管现在的计算机网络在规模、结构、通信协议等方面存在着较大差异，但根据计算机网络的定义，一个典型的计算机网络系统主要由计算机系统、数据通信系统和网络软件组成，如图 2-1 所示。

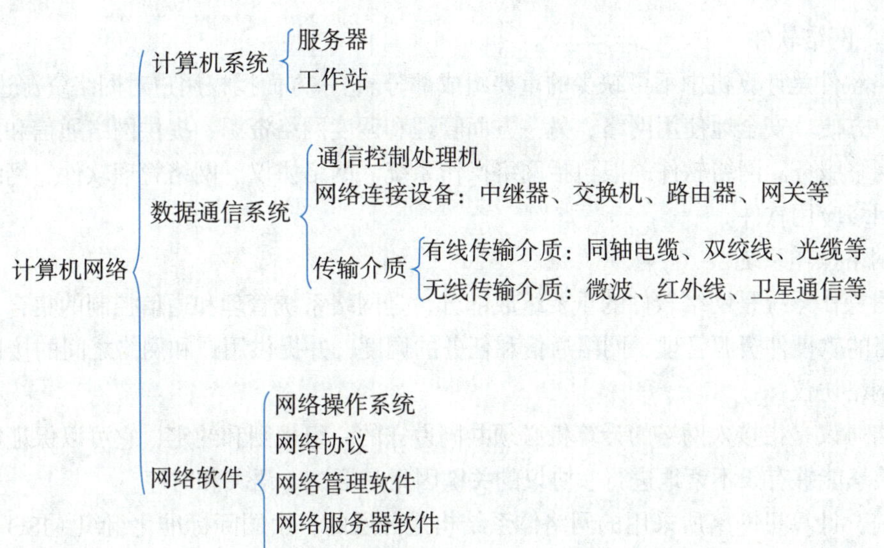

图 2-1　计算机网络的系统组成

（1）计算机系统

计算机系统主要完成数据信息的收集、存储、处理等任务，并提供各种网络资源。计算机系统根据在网络中的用途，可分为服务器和工作站。服务器和工作站其实都是网络中的一台独立的计算机，在网络中将它们称为主机（Host），只是它们在网络中所起的作用不同，提供的资源多少也不相同。服务器负责数据处理和网络控制，并构成网络的主要资源；工作站只能提供有限的资源，主要是用户进行网络操作和进行人机交互的工具。

（2）数据通信系统

数据通信系统主要是由通信控制处理机、网络连接设备和传输介质组成的。

①通信控制处理机

它负责主机与网络的信息传输控制，主要功能有线路传输控制、差错检测与恢复、代码转换及数据帧的装配和拆装等。

在以交互式应用为主的微机局域网中，一般不需要配备通信控制处理机，但需要安装网络适配器来担任通信部分的功能，它是一个可插入微机扩展槽的网络接口板（即网卡）。

②网络连接设备

它用来实现网络中主机与主机、网络与网络之间的连接，数据信号的变换及路由选择等功能。主要包括中继器（Repeater）、集线路（Hub），调制解调器（Modem）、网桥（Bridge）、路由器（Router）、网关（Gateway）和交换机（Switch）等。

③传输介质

这是传输数据信号的物理通道，它将网络中的各种设备连接起来。网络中的传输介质有多种，可分为有线传输介质和无线传输介质两类。常用的有线传输介质有同轴电缆、双绞线，光纤等，无线传输介质有微波、红外线和卫星通信等。

（3）网络软件

网络软件是计算机中不可缺少的重要组成部分。它一方面授权用户对网络资源进行访问，帮助用户方便、安全地使用网络；另一方面管理和调度网络资源，提供网络通信和用户所需的各种网络服务。网络软件一般包括网络操作系统、网络协议、网络管理软件、网络服务器软件及网络应用软件。

①网络操作系统

网络操作系统是网络软件的重要组成部分，是网络系统管理和通信控制的集合。它负责整个网络的软硬件资源管理、网络通信和任务的调度，并提供用户和网络之间的接口。

②网络协议

网络协议是指接入网络的计算机必须共同遵守的一组规则和约定，它可以保证数据传输和资源共享能够有条不紊地进行。协议的关键因素是语法、语义和时序。

目前，计算机网络所采用的网络体系结构是分层的。由国际标准化组织（ISO）制定的一种协议的体系结构称为开放系统互联模型（Open System Interconnection，OSI）。该模型将网络协议结构分为七层，即物理层、数据链路层、网络层、传输层、会话层、表示层和应用层，OSI 模型超越了具体的物理实体或软件，从理论上解决了不同的计算机与外部设备，不同的计算机网络之间相互通信的问题，成为世界上所有计算机或计算机网络通信设备及计算机网络软件生产厂商共同遵守的标准。

③网络管理软件

网络管理软件能够对网络节点进行网络配置，进行网络信息的收集、管理等工作，以保障网络可靠、正常地运行。

④网络服务器软件

网络服务器软件是运行于特定的操作系统之下提供网络服务的软件。

需要说明的一点是，平时所说的提供某种服务的“服务器”，更多的时候是指服务器软件，而不是指某个特定的主机。这里的“服务器”是个软件的概念，而非硬件。

⑤网络应用软件

网络应用软件是能够与服务器进行通信，直接为用户提供网络服务的软件。当用户需要网络提供某种服务时，就需要使用相应的网络应用软件，如爱奇艺、腾讯 QQ 等都属于网络应用软件。

2.2.3 计算机网络的分类

计算机网络有多种不同的分类方法，最常见的分类依据有三种，即按网络传输技术、网络的覆盖范围进行分类。

（1）按网络传输技术分类

①广播网络

广播网络的通信信道是共享介质，即网络上的所有计算机都共享它们的传输通道。这类网络以局域网为主，如以太网、令牌环网，令牌总线网、光纤分布数字接口（Fiber Distribute Digital Interface，FDDI）网等。

②点到点网络

点到点网络又称为分组交换网。点到点网络使发送者和接收者之间有许多条连接通道。分组要通过路由器，而且每一个分组所经历的路径是不确定的。因此，路由算法在点到点网络中起着重要的作用。点到点网络主要用在广域网中，如分组交换数据网 X.25、帧中继（Frame Relay，一种公用数据网通信协议）、异步传输方式（Asynchronous Transfer Mode，ATM）等。

（2）按网络的覆盖范围分类

①局域网

局域网用于将有限范围内的计算机、终端及外部设备相互连接。这里所说的有限范围一般在方圆 10km 之内，可以是一个实验室、一座大楼、一所学校或一个小区等。与广域网相比，局域网传输速率快，通常在 10Mb/s 以上；误码率低，通常在 $10^{-11} \sim 10^{-8}$。

②城域网

城域网的覆盖范围介于局域网和广域网之间，地域范围从几十千米到上百千米，是覆盖一座城市的网络。城域网设计的目标是要满足几十千米范围之内的企业、机关、公司的多个局域网互联的需求。

③广域网

广域网又称为远程网，其地理覆盖范围从几十千米到几万千米。广域网可以覆盖一个国家，一个地区或横跨几个大洲，形成国际性的远程网络，提供大范围的公共服务。Internet 就是一个典型的广域网。与局域网相比，广域网传输速率慢，误码率较高。

2.3　数据库技术

随着现代科学技术的发展，人类逐步从电子时代向信息化时代迈进，甚至可以说现在是一个信息爆炸的时代，因此，对信息的管理已经成为人们广为重视的一个问题。在日常生活和工作的各个方面都存在着大量信息管理的需求，以前人们利用手工统计和管理数据，这难以满足人们对海量数据的存储与管理，利用计算机则可以大大提高信息的获取及使用效率。

数据库技术是建立信息管理系统、实现信息管理的重要手段，在管理信息系统或计算机应用技术中，已发展成为一个重要的学科分支。它是在 20 世纪 60 年代末作为数据处理中的一门技术发展起来的。数据库是指所有存储在计算机内的相关数据的全体构成的集合。数据库系统是实现有组织地、动态地存储大量的相关数据，方便多用户访问的计算机软、硬件资源组成的系统。数据库技术是研究数据库的结构、存储、设计和使用的一门软件学科。

2.3.1 数据库的基本概念

（1）数据

数据（Data）是数据库中存储的基本对象，可以将其定义为：描述事物的符号记录。描述事物的符号很多，可以是数字、文字，也可以是图形、声音等信息，它们可以经过数字化后存入计算机。

数据与其语义是不可分的，数据的语义又称为数据的含义，就是指对数据的解释。例如，高速公路的标牌上通常会有“80”这样的一个数字，如果不做任何解释，人们很难了解这个数字的意思。但在交通规则里对这个标牌上的数字做了解释，表示车辆行驶最高速度不能超过 80km/h。因此，数据和关于数据的解释是不可分的。

（2）数据库

数据库（Data Base，DB）是指长期存储在计算机存储设备上，有组织的、结构化的、可共享的相关数据集合。数据库的数据按照一定的数据模型组织、描述和存储，具有较小的冗余度、较高的数据独立性和易扩展性，并且能为各种用户共享。数据库中的数据面向多种应用，可以被多个用户、多个应用程序共享。

数据库的特点如下。

①集成性

集成性把某特定应用环境中的各种应用相关的数据及数据之间的联系，全部集中地按照一定的结构形式进行存储，或者说，把数据库看成若干个单个性质不同的数据文件的联合和统一的数据整体。

②共享性

共享性数据库的不同块中的数据可为多个不同的用户所共享，即多个不同的用户，使用多种不同的语言，为了不同的应用目的，同时访问数据库，甚至同时访问同一块数据。

总之，数据库是实行统一管理的相关数据的集合，并且可以为各类用户所共享，具有较小的数据冗余和较高的数据独立性等特点。

（3）数据库管理系统

数据库管理系统（Data Base Management System，DBMS）是指位于用户与操作系统之间的一层数据管理软件。为了让多种应用程序并发地使用数据库中具有最小冗余度的共享数据，必须使数据与程序有较高的独立性。这需要一个软件系统对数据实行专门管理，进行统一控制，方便用户对数据库进行各种操作并保证数据库中的数据始终处于正确和安全的状态。

数据库在建立、运用和维护过程中由数据库管理系统统一管理和控制。数据库管理系统主要包括以下四个方面的功能。

①数据定义功能：方便地对数据库中的数据对象进行定义。

②数据操纵功能：实现对数据库查询、插入、删除、修改等基本操作。

③数据库的运行管理功能：实现对数据库安全性、完整性、一致性的保障。

④数据库的建立和维护功能：实现数据库的初始化，运行维护等。

（4）数据库系统

数据库系统（Data Base System，DBS）是指引进数据库技术后的计算机系统。它可以有组织、动态地存储大量相关数据，提供数据处理和信息资源的共享。数据库系统一般由数据库，支持数据运行的硬件、软件（数据库管理系统、应用系统等）及人员（数据库管理员、用户等）组成。图 2–2 描述了这几个层次之间的关系。

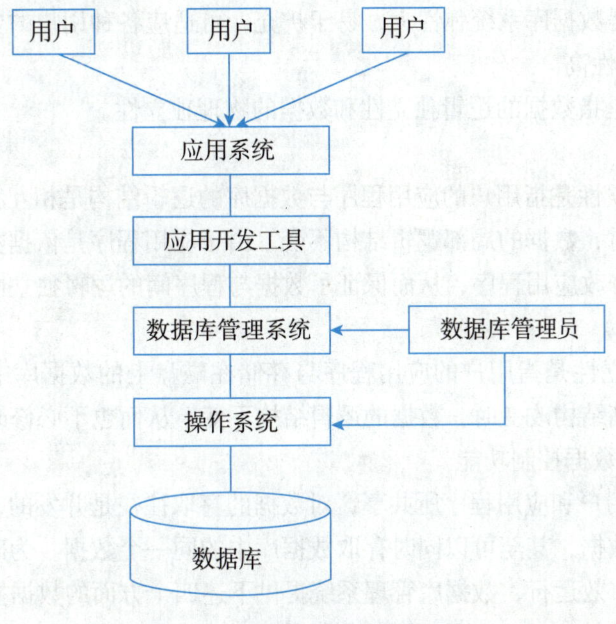

图 2–2　数据库系统各层次关系

其中，数据库是一个结构化的数据集合，数据库管理系统则是专门对数据进行管理的一个软件，硬件是数据库赖以存在的物理设备，应用系统则是用户为了满足特定的应用环境而开发的系统，数据库管理员是工作在数据库管理系统之上的人员，用户则是应用系统的使用者。

2.3.2 数据库系统

数据库系统是一个以数据库为核心，按照数据库方法存储、维护和向数据库应用系统提供数据支持的运行系统。较之人工和文件系统管理数据方式，数据库系统具有下面几个主要特点。

（1）数据结构化

数据结构化是数据库系统与文件系统的根本区别。有了数据库管理系统后，数据库中的任何数据都不属于任何应用，数据是公共的，结构是全面的。它是在对整个组织的各种应用（包括将来可能的应用）进行全局考虑后建立起来的总的数据结构；它是按照某种数据模型，将整个组织的各种数据组织到一个结构化的数据库中；整个组织结构的数据不是一盘散沙，可表示出数据之间的有机关联。

（2）数据共享性高、冗余少、易扩充

数据库系统从全局角度看待和描述数据，数据不再面向某个应用程序，而是面向整个系统，因此，数据可以被多个用户、多个应用程序共享使用。这样既减少了不必要的数据冗余，节约了存储空间，也避免了数据之间的不相容性与不一致性。

由于数据面向整个系统，是有结构的数据，不仅可被多个应用共享使用，而且容易增加新的应用，这就使得数据库系统弹性大，易于扩充，可适应各种用户的要求。

（3）数据独立性高

数据的独立性是指数据的逻辑独立性和数据的物理独立性。

①逻辑独立性

数据的逻辑独立性是指用户的应用程序与数据库的逻辑结构是相互独立的，即当数据的总体逻辑结构改变时，数据的局部逻辑结构不变。由于应用程序是依据数据的局部逻辑结构编写的，因而不必修改应用程序，从而保证了数据与程序间的逻辑独立性。

②物理独立性

数据的物理独立性是指用户的应用程序与存储在磁盘上的数据库中的数据是相互独立的，即当数据的存储结构改变时，数据的逻辑结构不变，从而也不必修改应用程序。

（4）有统一的数据控制功能

数据库为多个用户和应用程序所共享，对数据的存取往往是并发的，即多个用户可以同时存取数据库中的数据，甚至可以同时存取数据库中的同一个数据。为确保数据库数据的正确和数据库系统的有效运行，数据库管理系统提供下述四个方面的数据控制功能。

①数据的安全性控制

数据的安全性（Security）是指保护数据以防止不合法使用数据造成数据的泄露和破坏，保证数据的安全和机密。使每个用户只能按规定，对某些数据以某些方式进行使用和处理。

②数据的完整性控制

数据的完整性（Integrity）是指系统通过设置一些完整性规则以确保数据的有效性、正确性和相容性。完整性控制将数据控制在有效的范围内，或保证数据之间满足一定的关系。有效性是指数据在其定义的有效范围；正确性是指数据的合法性；相容性是指表示同一事实的两个数据应相同，否则就不相容。

③并发控制

多个用户同时存取或修改数据库时，可能会发生相互干扰而提供给用户不正确的数据，并使数据库的完整性受到破坏，因此必须对多用户的并发（Concurrency）操作加以控制和协调。

④数据恢复

计算机系统出现各种故障是很正常的，数据库中的数据被破坏、丢失也是可能的。数据恢复（Recovery）是指当数据库被破坏或数据不可靠时，系统有能力将数据库从错误状态恢复到最近某一时刻的正确状态。

2.3.3 数据库系统的组成

（1）数据库

数据库通常包括物理数据库和数据字典。

①物理数据库中存放所有用户数据，这些用户数据按一定的数据模型组织并实际存储。

②数据字典（Data Dictionary，DD）中存放关于数据库中各级模式的描述信息，包括所有数据的结构名、意义，描述定义，存储格式、完整性约束和使用权限等信息。由于数据字典包含了数据库系统中的大量描述信息而不是用户数据，因此，又称为“描述数据库”。

（2）硬件平台

由于数据库系统数据量很大，加之DBMS丰富的功能使得自身的规模也很大，因此，整个数据库系统对硬件资源提出了较高的要求，具体要求如下。

①要有足够大的内存，存放操作系统、DBMS的核心模块、数据缓冲区和应用程序。

②要有足够大的磁盘等直接存储设备存放数据库备份数据。

③要求系统有较高的通道能力，以提高数据传送率。

（3）软件

数据库系统的软件主要包括以下三个方面。

① DBMS。它是为数据库的建立、使用和维护配置的软件。

②支持DBMS运行的操作系统。

③与数据库接口的高级语言及其编译系统。

以DBMS为核心的应用开发工具。应用开发工具是指为应用开发人员和最终用户提供的高效率、多功能的应用生成器，第四代语言等各种软件工具。它们为数据库系统的开发和应用提供了良好的环境，为特定应用环境开发的数据库应用系统。

（4）人员

开发、管理和使用数据库系统的人员，主要有数据库管理员（Data Base Administrator，DBA）、系统分析员和数据库设计人员、应用程序员和最终用户。

①数据库管理员

在数据库系统环境下，有两类共享资源，一类是数据库，另一类是数据库管理系统软件。需要有专门的管理机构来监督和管理数据库系统。

DBA就是这个机构的一个（组）人员，负责全面管理和控制数据库系统，具体职责如下。

◆ 决定数据库中的数据内容和结构。

◆ 决定数据库的存储结构和存储策略。

◆ 定义数据的安全性要求和完整性约束条件。

◆ 监控数据库的使用和运行。

◆ 负责数据库的改进、重组和重构。

②系统分析员和数据库设计人员

系统分析员负责应用系统的需求分析和规范说明，要与用户及 DBA 相结合，确定系统的硬、软件配置，并参与数据库系统的概要设计。

③应用程序员

应用程序员负责设计和编写应用系统的程序模块，并进行调试和安装。

④最终用户

最终用户通过应用系统的用户接口使用数据库，能够直接使用数据库语言访问数据库，甚至能够基于数据库管理系统的应用程序接口编制自己的应用程序。

（5）数据库管理系统

数据库管理系统（DBMS）的主要目标是使数据作为一种可管理的资源，允许用户逻辑性地、抽象地处理这些数据而不必过问它们在计算机中是如何存放、如何处理的细节。它的基本功能包括以下五个方面。

①数据库的定义功能

DBMS 提供数据定义语言（Data Definition Language，DDL），定义数据库的三级模式及其之间的映像关系、数据的完整性、安全控制等约束条件。

②数据库的操纵功能

DBMS 提供数据操纵语言（Data Manipulation Language，DML），以实现对数据库中数据的操作，数据库的基本操作包括检索（查询）和更新（插入、修改、删除）。

③数据库的保护和控制功能

DBMS 对数据库的保护功能通过设置数据的安全性控制、完整性控制、并发控制和数据恢复四个子系统来实现。

④数据库的通信和存储管理

DBS 工作时，数据频繁地在内存和磁盘间传送，访问磁盘中数据的任务由 OS 的文件子系统完成。DBMS 不仅将各种 DML 命令转换成底层的文件系统命令，而且还提供数据库的数据和应用程序的交互界面，起到传送、存储和更新数据的作用。

⑤数据库的维护功能

实现数据库维护功能的实用程序主要有数据装载程序、备份程序、文件重组程序、性能监控程序和数据字典等。

延伸阅读

新兴技术手段与物流业深度融合——智慧物流更通达

近日，位于江苏南京市雨花经济开发区的一家电商企业的智慧物流基地全面启用。整个物流基地实现全流程自动作业，从订单生成到商品出库，最快可缩短到30分钟。上图为工作人员在智慧物流基地作业。

智慧物流是利用信息技术使装备与控制智能化，代替人又高于人的物流发展新模式，其作用在于大幅提升效率，降低成本，增强消费者体验。智慧物流的发展与移动互联网、云计算、大数据、物联网等新兴技术密切相关，虽然我国的智慧物流发展尚处初期阶段，但物流企业对智慧物流技术和产品的探索已经全面展开。

当前，我国物流业处于增速放缓、效率提升、需求调整和动力转换的战略转型期。全球新一轮科技革命，为产业转型升级创造了重大机遇。互联网不仅作为一种技术手段，更作为一种思维方式，深刻影响着物流行业。以“互联网＋物流”为重点的智慧物流，开辟了物流业发展新路径。

智慧物流是指以互联网为依托，广泛应用物联网、大数据、云计算、人工智能等新一代信息技术，通过互联网与物流业深度融合，实现物流产业智能化，提升物流运作效率和服务水平的新兴业态。

运用信息技术提升服务能力

新年伊始，圆通速递推出的隐形面单服务成为解决用户安全问题的“加密锁”。2017年1月8日，笔者在圆通公司北京和平里网点看到，快递面单上的收件方姓名被隐去一个字，手机号有4位数字也被“*”号代替。据圆通速递研发中心高级总监谭书华介绍，目前隐形面单主要有三大“隐藏功能”，可实现对用户手机号、姓名和地址信息的加密处理。

隐去了部分信息是否影响派送？圆通快递员可以通过公司自主研发的“行者”App，直接拨号至收件人，充分实现了“对收件者智能送达，对不法分子智能屏蔽”的功能。

中国仓储协会副会长王继祥认为，隐形面单服务的推出，正是中国快递行业不断提高信息化、科技化水平的结果，希望能在快递行业尽快推广。

2017 年 1 月初，在中国物流与采购联合会主办的“2017 全国物流企业信息化峰会”上，中国物流与采购联合会副会长兼秘书长崔忠付发布了 2016 年物流信息化十大热点，包括“互联网 + 物流”已经上升到国家决策层面；物流企业互联网化助力物流企业转型升级；物流平台继续成为资本密切关注的领域；物流平台与物流企业的互联互通是大势所趋；无车承运人成为物流业发展的新话题；物流诚信平台为失信联合惩戒搭建了平台；大数据是政府监管方式转变的方向；车联网技术成为商用车具有竞争优势的卖点；智能物流装备在物流行业的应用越来越广泛；区块链技术在物流行业的应用刚刚兴起。

崔忠付提出，2017 年是物流企业信息化的新起点。物流信息化将快速发展，主要体现在以下四个方面：①无车承运人试点将促进物流平台建设；②大数据技术在物流行业的应用将更加深入；③物流云的发展是构建物流新生态的基础；④区块链技术在物流与供应链领域的应用会越来越广泛。如何利用信息化技术提升服务能力，转变商业模式，是关系物流企业能否转型成功的关键。

深度融合催生产业新模式

当前，我国物流业下行压力较大，发展智慧物流成为新的增长点。智慧物流兴起激发了商业模式创新和市场新进入者的参与，催生出互联网 + 车货匹配、互联网 + 合同物流、互联网 + 货运经纪、互联网 + 库存管理等新模式，成为物流业大众创业、万众创新的重要源泉。

智通三千物联信息服务平台是一家全国性网上综合物流交易系统，经过一年多发展，已实现了全国范围内的货源、车源信息互通共享以及在线交易、在线支付、在线保险、在线跟踪，网点覆盖 26 个省份的 700 多个县、区、市，企业、司机用户接近 50 万家，月交易额近亿元。

无论是靠物流起家的顺丰速递，还是依靠电商拓展物流的京东等企业，都在加速对智慧物流的探索。无人机、无人车、智能快递柜、人工智能算法等新兴技术成为物流企业研发的核心。

顺丰速递推出了大数据增值服务“数据灯塔”，不仅可以对用户的客户群体“画像”，给出广告投放区域建议，还能通过分析消费者订单、地域分布及购买行为等大数据，作出分仓备货方案，并提供消费者口碑分析，实现智能分析和智能分配。顺丰相关负责人介绍，目前“数据灯塔”融合了顺丰内外部的海量数据，已覆盖服装、鞋靴、母婴、美妆、生鲜、家电等多个行业。

业内专家指出，智慧物流可分为基础期、导入期、成长期和发展期等几个阶段。基础期以智慧物流基础设施建设为主，包括设施设备机械化、自动化和标准化，以及物联网、智能终端、智能仓库等在内的推广应用。导入期以智慧物流互联互通为主，借助基础设施，实现物流在线化和业务数据化。目前，我国正处于从基础期向导入期过渡的重要阶段。下一步，还可以深度融合，改变传统产业运营模式，为消费者、客户以及企业自身创造增量价值。

（资料来源：杨国民、崔国强《经济日报》2017 年 1 月 13 日第 8 版 http://paper.ce.cn/jjrb/html/2017-01/13/node_9.htm）

第3章 条码技术

引导案例

烟草物流领域条码的应用

在烟草物流领域，条码及扫描技术通过与各种信息技术的综合应用，有利于提高物流系统的高效、合理、快速反应能力。

（1）生产过程跟踪

在生产任务单上贴二维条码标签，让任务单跟着产品的生产过程流动。产品下线包装时，打印并粘贴二维条码标签。二维条码标签成为跟踪产品流转的重要标志。

（2）货物运输跟踪

货物承运人通过扫码设备获取货物相关信息，并通过各种通信方式与数据中心交换各种物流信息。通过扫描识别运输单上的二维条码，可以实时跟踪货物运输状态信息。

（3）仓库系统

在卷烟仓库入库、在库、分拣、配送等环节均可应用二维条码技术。扫描卷烟二维条码，识别商品相关信息，并与管理系统进行数据交换，完成商品入库任务；仓库库区、货位等重要货物流通位置也可张贴二维条码标识，与数据中心结合，实现卷烟在库信息精确定位；分拣补货环节，通过系统下指令，识别货物二维条码，完成信息交换，实现货物状态实时更新。分拣过程中，在条烟上粘贴二维条码，写入货物原料、生产、订单、物流相关信息，供消费者查询使用。分拣任务完成后，送货货物外包装上张贴二维条码，写入订单、物流相关信息，供物流交接使用。

（资料来源：长春烟草物流中心的条码技术应用 [J]. 信息与电脑，2007，(6):36-38.）

案例解析

在流通领域，条码技术的应用几乎随处可见。通过应用条码技术，可以减少人工输入的时间和错误，以提高效率。

案例主要知识点

条码技术。

学习导航

◈ 掌握条码的基本原理和条码的应用场景。

教学建议

◈ 备课要点：条码的定义和分类、一维条码和二维条码、商品条码和物流条码、条码的应用场景。

◈ 教授方法：案例，讲授，实证，启发式。

◈ 扩展知识领域：分析在零售领域使用一维条码的原因。

3.1 条码技术概述

条码是由一组规则排列的条、空和对应的字符组成的标记。

条码识别技术是在计算机的应用实践中产生和发展起来的一种自动识别技术。由于其输入速度快、准确度高、成本低、可靠性强，因而发展十分迅速。它不仅扩大了计算机的应用范围，而且使计算机技术的应用无论在深度上还是广度上都有了新的发展。

3.1.1 条码的历史

条码技术诞生于 20 世纪 40 年代，但得到实际应用和迅速发展还是在 80 年代。条码技术在全球范围内已得到普遍应用，随着互联网技术的不断发展和流通领域的不断扩大，条码的应用领域还在不断扩大。

20 世纪 40 年代后期，美国工程师乔·伍德兰德（Joe Wood Land）和贝尼·西尔佛（Beny Silver）开始研究用条码表示食品项目以及相应的自动识别设备，并于 1949 年获得了美国专利。该图案很像微型射箭靶，被称为“公牛眼”条码。在原理上，“公牛眼”条码与后来的条码符号很接近，但当时的商品经济还不十分发达，商品的流通还局限于一个比较小的范围内，而且当时的工艺也没有达到印制这种代码的水平。20 年后，乔·伍德兰德作为 IBM 公司的工程师成为北美地区的统一代码—— UPC 代码的奠基人。

1959 年，吉拉德·费伊赛尔（Girad Feissel）等人申请了一项专利，将数字 0 ~ 9 中的每个数字用 7 段平行条表示。但是这种代码机器难以阅读，人读起来也很不方便。不过这一构想促进了条码研制的产生与发展。不久，布林克尔（E.F. Brinker）申请了将条码标识在有轨电车上的专利。20 世纪 60 年代后期，西尔韦尼亚（Sylvania）发明了一种被北美铁路系统所采纳的条码系统，1967 年美国辛辛那提市的 Kroger 超市安装了第一套条码扫描零售系统。

1970 年，美国超级市场 AdHoc 委员会制定了通用商品代码—— UPC 代码（Universal Product Code），此后许多团体也提出了各种条码符号方案。UPC 商品条码首先在杂货零售业中试用，这为以后该码制的统一和广泛采用奠定了基础。1971 年，布莱西公司研制出“布莱西码”及相应的自动识别系统，用于库存验算。这是条码技术第一次在仓库管理系统中应用。1972 年，莫那奇·马金（Monarch Marking）等人研制出库德巴码（Coda Bar），主要应用于血库，是第一个利用计算机校验准确性的码制。同年，Intermec 公司的戴维·阿利尔（David Allair）博士发明了交插 25 码，此条码可在较小的空间内容纳更多的信息。至此，美国的条码技术进入了新的发展阶段。

1973 年，美国统一代码委员会（Uniform Code Council，UCC）建立了 UPC 商品条码应用系统。同年，UPC 条码标准宣布。食品杂货业把 UPC 商品条码作为该行业的通用商品标识，为条码技术在商业流通销售领域的广泛应用起到了积极的推动作用。1974 年，戴维·阿利尔博士推出 39 条码，被美国国防部采纳，作为军用条码码制，39 条码是第一个字母、数字式的条码，后来广泛应用于工业领域。

1976 年，美国和加拿大在超级市场上成功地使用了 UPC 商品条码应用系统。同时，欧洲对此产生了很大的兴趣。1977 年欧洲物品编码协会在 12 位的 UPC-A 商品条码的基础上，开发出了与 UPC-A 商品条码兼容的欧洲物品编码系统——EAN 系统（European Article Numbering System），并签署了欧洲物品编码协议备忘录，正式成立欧洲物品编码协会（European Article Numbering Association，EAN）。直到 1981 年，由于 EAN 组织已发展成为一个国际性组织，改称为“国际物品编码协会”（International Article Numbering System，EAN International）。

日本从 1974 年开始着手建立销售时点系统（Point of Sale system，POS），研究有关条码标准以及信息输入方式和印制技术等，并在 EAN 的基础上，于 1978 年制定出日本物品编码 JAN 码（Japanese Article Number Code）。同年，日本加入 EAN，开始了厂家登记注册，并全面转入条码技术及其系列产品的开发工作。

20 世纪 80 年代以来，人们围绕如何提高条码符号的信息密度，开展了多项研究工作。信息密度是描述条码符号的一个重要参数，通常把单位长度中可能编写的字母数叫作信息密度，影响信息密度的主要因素是条空结构和窄元素的宽度。1981 年，EAN-128 条码被推荐应用；1982 年，93 条码被投入使用。这两种条码的信息密度均比 1974 年推出的 39 条码高约 30%。随着条码技术的发展和条码码制种类的不断增加，条码的标准化显得越来越重要。为此，美国不仅制定了条码的军用标准，还为交插 25 条码、93 条码和库德巴码等制定了 ANSI 标准。同时，美国的一些行业也开始建立行业标准，以适应发展的需要。例如，1983 年汽车工业行动小组（Automotive Industry Action Group，AIAG）选用 39 条码作为行业标准，1984 年医疗保健业条码委员会也采用 39 条码作为其行业标准。——1994 年，日本的原田宏发明了二维码，它比以往的条码符号有更高的信息密度。此后，二维条码的研制和应用得到了快速的发展。目前我们在日常生活中使用的支付码、收款码等都属于二维条码。

3.1.2 条码技术的研究对象

条码识别技术主要研究的是如何将计算机所需要的数据用一组图形符号来表示，以及如何将条码所表示的数据转变为计算机可读的数据。因此，条码识别技术的研究对象主要包括编码规则及标准、符号技术、自动识别技术、印制技术和应用系统设计五大部分内容。

（1）编码规则及标准

任何一种条码都是按照预先规定的编码规则和有关标准，由条和空组合而成的。编码规则主要研究包括条码基本术语在内的一些基本概念、条码符号结构及编码基本原理。编码规则既是条码技术的基本内容，又是制定码制标准和对条码符号进行识别的主要依据。每种条码的码制是由它的起始位和终止位的不同编码方式所决定的。条码阅读器要解释条码符号，首先需要判断此符号的码制，然后才能正确译码。

为了便于货物跨国家和地区流通，适应货物现代化管理的需要，以及增强条码自动识别系统的相容性，各个国家、地区和行业，都必须制定统一的条码标准。条码标准主要是指条码符号标准、使用标准和印刷质量标准。这类标准由各国的专门编码机构负责制定，也有地区性的标准和行业标准。

（2）符号技术

条码是由一组按特定规则排列的条和空及相应数据字符组成的符号，是一种信息代码。不同的码制，条码符号的构成规则不同。符号技术的主要内容是研究各种码制的条码符号设计及制作。

（3）自动识别技术

条码自动识别技术可分为硬件技术和软件技术两部分。

①硬件技术主要解决将条码符号所代表的数据转换为计算机可读的数据及与计算机之间的数据通信。硬件技术可以分解成光电转换技术、译码技术、通信技术及计算机技术。光电转换技术除传统的光电技术外，目前主要采用电荷耦合器件——CCD 图像感应器技术和激光技术。数据通信则是从软硬件技术的结合来实现的。

②软件技术主要包括扫描器输出信号的测量、条码码制及扫描方向的识别、逻辑值的判断及阅读器与计算机之间的数据通信几个部分。

目前，我们在日常生活中使用的手机扫码主要采用的是使用软件技术对条码图片进行识别。

（4）印制技术

在条码符号的印制过程中，对诸如宽度公差、反射率、对比度及条空边缘粗糙度等均有严格的要求。因此，必须按照印制标准、选择适当的印制技术和设备，以保证印制出符合规范的条码。条码印制技术是条码技术的主要组成部分，条码符号的印制质量直接影响识别效果和整个系统的性能。条码印制技术所研究的主要内容是：制片技术、印制技术和研制各类专用打码机、印刷系统，以及如何按照条码标准和印制批量的大小正确选用相应技术和设备等。根据不同的需要，印制设备大体可分为三种：适用于大批量印制条码符号的设备、适合于小批量印制的专用机、灵活方便的现场专用打码机。其中，既有传统的印刷技术，又有现代制片、制版技术和激光、电磁、热敏等多种技术。

（5）应用系统技术

条码应用系统由条码、识读设备、电子计算机及通信系统组成。应用范围不同，条码应用系统的配置也不同。一般来讲，条码应用系统的应用效果主要取决于系统的设计。应用系统设计主要考虑下面几个因素。

①条码设计

条码设计包括确定条码信息元、选择码制和符号版面设计。

②符号印制

在条码应用系统中，条码印制质量高低对应应用系统能否顺利运行关系重大。如果条码本身质量高，即使性能一般的识读器也可以顺利地读取。虽然操作水平、识读器质量等因素是影响识读质量不可忽视的因素，但条码本身的质量高低始终是系统能否正常运行的关键。

③识读设备选择

条码识读设备种类很多，有专用识读器，如光笔、CCD 阅读器、激光枪、台式扫描器等，也可以用我们现在普遍使用的手机等，各有优缺点。在设计条码应用系统时，必须考虑识读设备的使用环境和操作状态，以作出正确的选择。

3.1.3 条码技术的特点

条码技术作为一种图形识别技术，与其他识别技术相比，具有如下特点。

（1）简单

条码符号制作容易，扫描操作简单易行。

（2）信息采集速度快

一个熟练的打字员在普通计算机要通过键盘录入数据的速度是 200 ～ 300 字符 / 分钟，而利用条码扫描录入信息的速度则可以达到键盘录入的 20 倍。

（3）信息采集量大

利用条码扫描，一次可以采集几十位字符的信息，而且可以通过选择不同的条码增加字符密度，使录入的信息量成倍增加。

（4）可靠性高

键盘录入数据，误码率（衡量数据传输精确性的指标）约为 1/300，OCR（光学字符识别，采用光学的方式将纸质文档中的文字转换成为图像文件，并通过识别软件将图像中的文字转换成文本格式）的误码率约为 1/10000，而采用条码扫描录入方式，误码率仅有 1/1000000，首读率（首次读出条码符号的数量与识读条码符号总数量的百分比）可达 98% 以上。

（5）灵活、实用

条码符号作为一种识别手段可以单独使用，也可以和有关设备组成识别系统实现自动化识别，还可以和其他控制设备联系起来实现整个系统的自动化管理。同时，在没有自动识别设备时，也可以实现手工键盘输入。

（6）自由度大

条码识别装置与条码标签相对位置的自由度要比 OCR（光学字符识别）大得多。

（7）设备结构简单、成本低

条码识别设备的结构简单，操作容易，无须专门训练，与其他自动化识别技术相比较，推广应用条码技术所需费用较低。

3.1.4 条码技术的发展现状

（1）条码技术在国际上的应用和发展

伴随高科技的飞速发展，全球经济迅速向一体化迈进，促进了信息开发和信息服务产业的诞生和发展。计算机在性能上日益完善，超大规模集成电路和超高速计算机技术的发展突飞猛进，人们开始关注如何改变手工数据输入，使输入质量和速度与其相匹配。条码自动识别技术就是在这样的环境下应运而生的，它是以计算机、光电技术和通信技术的发展为基础的一项综合性科学技术，是信息数据自动识别、输入的重要方法和手段。

作为自动识别技术之一的条码技术，从20世纪40年代进行研究开发，70年代逐渐形成了规模，最近30年则取得了长足的发展。自动识别技术也已经初步形成了包括条码技术、磁条技术、智能卡技术、光字符识别、系统集成化、射频技术、语音识别及视觉识别等以计算机、光、机、电、通信技术为一体的高新科学技术。条码技术现已应用在计算机管理的各个领域，渗透到了商业、工业、交通运输业、邮电通信业、物资管理、仓储、医疗卫生、安全检查、餐饮旅游、票证管理以及军事装备、工程项目等国民经济各行各业和人民日常生活中。

第二次世界大战后，美国将其在第二次世界大战期间高效的后勤保障系统的管理方式引进流通领域，把商流、物流、信息流集为一体，并采用条码自动识别技术，改变了物资管理体制、物资配送方式、售货方式和结算方式，促进了大流通、大市场的发展，从而推动了物品编码和条码技术在国际范围的迅速发展。20世纪70年代成立了国际物品编码协会（EAN International），负责开发、建立和推动全球性的物品编码及条码标识标准化。国际物品编码协会的宗旨是建立全球统一标识系统，促进国际贸易。其主要任务是协调全球统一标识系统在各国的应用，确保成员组织规划与步调的充分一致。

条码标识基本上覆盖了所有产品。商业POS、物流中心、配送中心、大型商业城、连锁店，甚至家庭商店都基本条码化了。目前，世界各国把条码技术的发展重点向着生产自动化、交通运输现代化、金融贸易国际化、票证单据数字化、安全防盗防伪保密化等领域推进，除大力推行13位商品条码外，同时重点推广应用UCC/EAN－128码、EAN·UCC系统位置码、EAN·UCC系统应用标识符、二维条码等；在条码种类上，除大多印刷在纸质介质外，还研究开发了金属条码、纤维织物条码、隐形条码等，扩大应用领域并保证条码标识在各个领域、各种工作环境的应用。国际物品编码协会和一些经济发达国家，正在将EAN·UCC系统的应用，从单独的物品标识推向整个供应链管理和服务领域。

（2）条码技术在我国的应用和发展

与国际发展状况比较，我国的条码技术应用与发展还存在一定的差距。

随着我国电子商务的高速发展，电子支付手段在日常生活中被广泛应用，移动互联网应用已经遍及生活和工作的每一个角落，商品码、支付码、健康码、行程码等已经成为人们生活和工作中的日常应用。但是，与条码应用的普及程度不相配的是，我国的条码研发和标准制定及推广能力还比较弱，目前国内普遍使用的条码标准基本都是国外制定的标准，国内自主研发的条码标准并没有在日常生活和工作中被广泛应用，也并没有在国际上被广泛应用。

3.1.5 EAN·UCC全球统一标识系统

EAN·UCC 全球统一标识系统是通过对产品、货运单元、资产、位置与服务的唯一标识，对全球的多行业供应链进行有效管理的一套开放式的国际标准。

EAN·UCC 系统是在商品条码基础上发展而来的，由标准的编码系统、应用标识符和相应的条码符号系统组成。该系统通过对产品和服务等全面的跟踪与描述，简化了电子商务过程，通过改善供应链管理和其他商务处理，降低成本，为产品和服务增值。

EAN·UCC 系统目前有六大应用领域，分别是贸易项目的标识、物流单元的标识、资产的标识、位置的标识、服务关系的标识和特殊应用。随着用户需求的不断增加，EAN·UCC 系统的应用领域也将得到不断扩大和发展。图 3-1 是 EAN·UCC 系统应用领域框图。

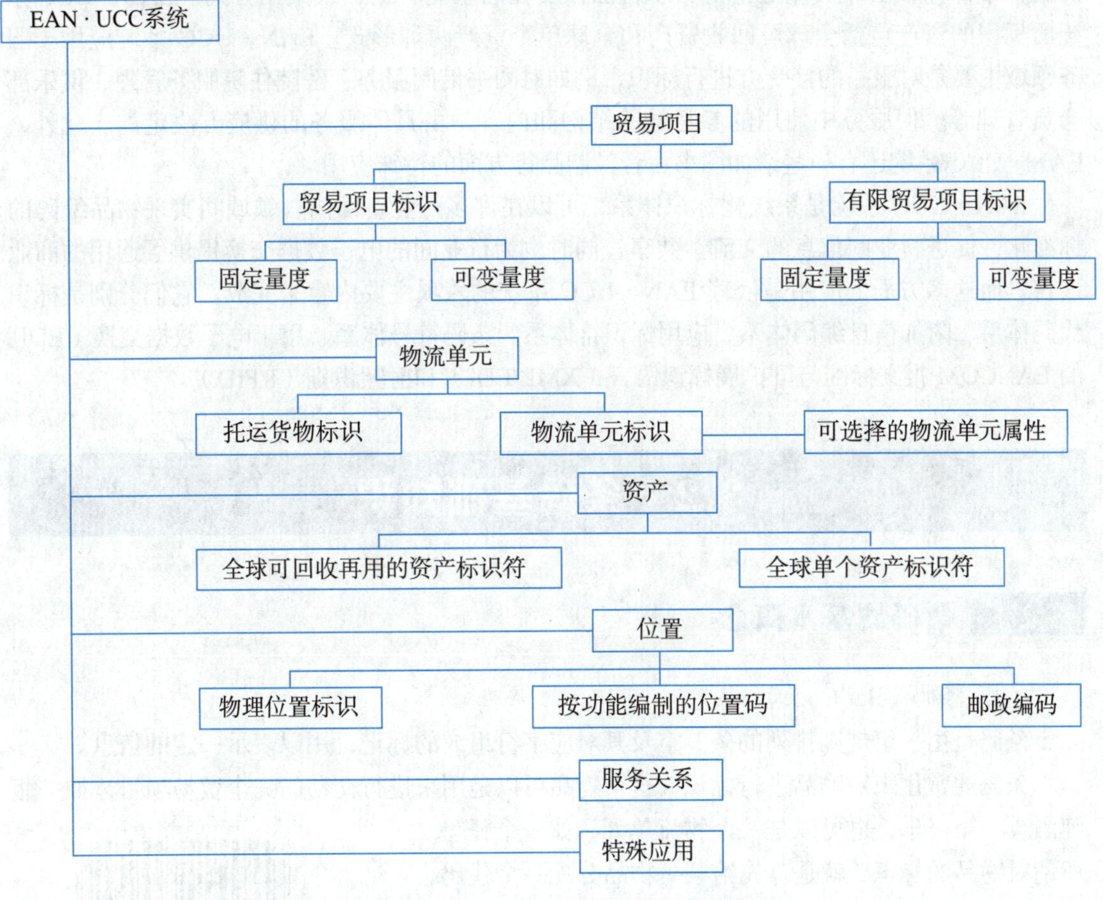

图 3-1　EAN·UCC 系统应用领域框图

贸易项目是指一项产品或服务，对于这些产品或服务需要获取预先定义的信息，并且可以在供应链的任意节点进行标价、订购或开具发票，以便所有贸易伙伴进行交易。

相对于开放式的供应链大环境而言，诸如一个超市这样的独立环境就可以理解为闭环系统。销售者可利用店内码对闭环系统中的贸易项目进行标识。

贸易项目根据其生产形式的不同，可以分为定量贸易项目和变量贸易项目。定量贸易项目是以统一预先确定的形式（类型、尺寸、重量、成分、样式等），可以在供应链的任意节点进行销售。变量贸易项目是指在供应链节点上出售、订购或生产的产品，其度量方式可以连续改变的贸易项目。

物流单元是在供应链中为了便于运输和（或）仓储而建立的包装单元。通过 SSCC（Serial Shipping Container Code）可以建立商品物理流动与相关信息间的对应联系，就能使物流单元的实际流动被逐一跟踪和自动记录。

除了上面所介绍的贸易项目和物流单元，EAN · UCC 系统还能够对资产、位置以及服务关系进行唯一的标识。对于位置的标识包括对全球任何物理实体、功能实体和法律实体的位置的唯一性标识，其中物理实体可以是一座工厂、一个仓库；功能实体可理解为企业中的某一个部门；法律实体是指能够承担法律责任的企业、工厂或集团公司。EAN · UCC 系统所标识的资产包括全球可回收资产和全球单个资产两种形式。EAN · UCC 系统应用于服务领域主要是对服务的接受方进行标识，例如对图书借阅服务、医院住院服务管理、俱乐部会员管理等。但服务中使用的参考号的结构和内容是由具体服务的供应方决定的。此外，EAN · UCC 系统还有一些诸如图书、音像制品等方面的特殊应用。

EAN · UCC 系统是系统化标识体系，可以在许多行业、部门、领域间实现物品编码的标准化，促进行业间信息的交流、共享，同时也为行业间的电子数据交换提供了通用的商业语言。而这多方面的应用是依赖 EAN · UCC 系统的六项主要内容来完成。它们分别是标识代码体系、附加信息编码体系、应用标识符体系、条码符号体系、用于电子数据交换（EDI）的 EANCOM 报文标准与可扩展标识语言（XML/EDI）和射频识别（RFID）。

3.2 条码基础知识

3.2.1 条码的基本概念

（1）条码（Bar Code）

条码是由一组规则排列的条、空及其对应字符组成的标记，用以表示一定的信息。

条码通常用来对物品进行标识，这个物品可以是用来进行交易的一个贸易项目，如一瓶啤酒或一箱可乐，也可以是一个物流单元，如一个托盘。所谓对物品的标识，就是首先给某一物品分配一个代码，然后以条码的形式将这个代码表示出来，并且标识在物品上，以便识读设备通过扫描识读条码符号而对该物品进行识别。图 3-2 即是标识在一支牙膏上的条码符号。条码不仅可以用来标识物品，还可以用来标识资产、位置和服务关系等。

图 3-2 标识在一支牙膏上的条码符号

（2）代码（Code）

代码即一组用来表征客观事物的一个或一组有序的符号。代码必须具备鉴别功能，即在一个信息分类编码标准中，一个代码只能唯一地标识一个分类对象，而一个分类对象只能有一个唯一的代码。比如，按国家标准“人的性别代码”规定，代码“1”表示男性，代码“2”表示女性，而且这种表示是唯一的。在对项目进行标识时，首先要根据一定的编码规则为其分配一个代码，然后再用相应的条码符号将其表示出来。如图 3-2 所示，图中的阿拉伯数字 6940477401426 即是该牙膏的商品标识代码，而在其上方由条和空组成的条码符号则是该代码的符号表示。

在不同的应用系统中，代码可以有含义，也可以无含义，有含义代码可以表示一定的信息属性。例如，某厂的产品有多种系列，其中代码 60000 ~ 69999 是电器类产品；70000 ~ 79999 为日用类产品；等等，从编码的规律可以看出，代码的第一位代表了产品的分类信息，是有含义的。无含义代码则只作为分类对象的唯一标识，只代替对象的名称，而不提供对象的任何其他信息。

（3）码制

码制是指条码符号的类型，每种类型的条码符号都是由符合特定编码规则的条和空组合而成。每种码制都具有固定的编码容量和所规定的条码字符集。条码字符中字符总数不能大于该种码制的编码容量。常用的一维条码码制包括：EAN 条码、UPC 条码、UCC/EAN-128 条码、交插 25 条码、39 条码、93 条码、库德巴条码等。

（4）字符集

字符集是指某种码制的条码符号可以表示的字母、数字和符号的集合。有些码制仅能表示 10 个数字字符：0 ~ 9，如 EAN/UPC 条码；有些码制除了能表示 10 个数字字符外，还可以表示几个特殊字符，如库德巴条码。39 条码可表示数字字符 0 ~ 9、26 个英文字母 A ~ Z 以及一些特殊符号。几种常见码制的字符集如下。

EAN 条码的字符集：数字 0 ~ 9

交插 25 条码的字符集：数字 0 ~ 9

39 条码的字符集：数字 0 ~ 9

字母 A ~ Z；

特殊字符：－ * $ % 空格 / +

起始符：/

终止符：□

（5）连续性与非连续性

条码符号的连续性是指每个条码字符之间不存在间隔，非连续性是指每个条码字符之间存在间隔，见图 3-3。该图为 25 条码的字符结构，从图中可以看出，字符与字符间存在着字符间隔，所以是非连续的。

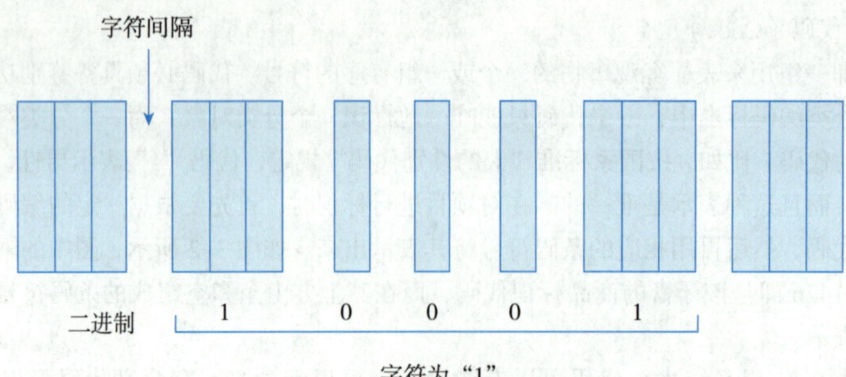

图 3-3 25 条码的字符结构

从某种意义上讲，由于连续性条码不存在条码字符间隔，所以密度相对较高，而非连续性条码的密度相对较低。所谓条码的密度，是指单位长度的条码所表示的条码字符的个数。但非连续性条码字符间隔引起误差较大，一般规范不给出具体指标限制。而对连续性条码除了控制条空的尺寸误差外，还需控制相邻条与条、空与空的相同边缘间的尺寸误差及每一条码字符的尺寸误差。

3.2.2 条码的符号结构

一个完整的条码符号是由两侧空白区、起始字符、数据字符、校验字符（可选）和终止字符以及供人识读字符组成，如图 3-4 所示。

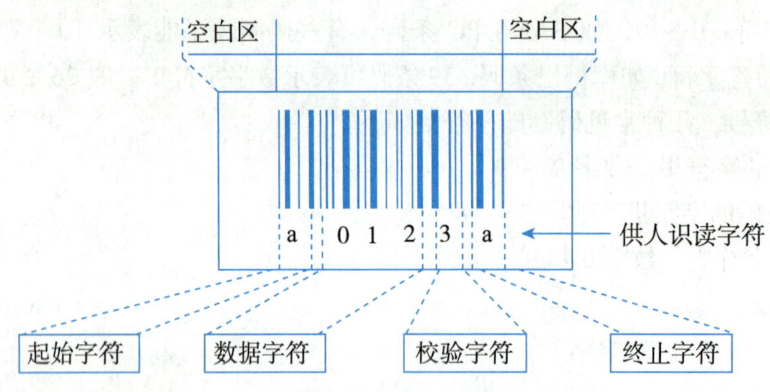

图 3-4 条码符号的结构

相关术语的解释如下。

（1）空白区（Clear Area）

条码起始符、终止符两端外侧与空的反射率相同的限定区域。

（2）起始符（Start Character；Start Cipher；Start Code）

位于条码起始位置的若干条与空。

（3）终止符（Stop Character；Stop Cipher；Stop Code）

位于条码终止位置的若干条与空。

（4）条码数据符（Bar Code Character Set）

表示特定信息的条码字符。

（5）条码校验符（Bar Code Check Character）

表示校验码的条码字符。

（6）供人识读字符

位于条码字符的下方，与相应的条码字符相对应的、用于供人识别的字符。

3.2.3 条码的分类

条码按照不同的分类方法、不同的编码规则可以分成许多种，目前世界上正在使用的条码就有 250 多种。

条码的分类方法有许多种，主要依据条码的编码结构和条码的性质来决定。例如，就一维条码来说，按条码的长度来分，可分为定长和非定长条码；按排列方式分，可分为连续型和非连续型条码；按校验方式分，又可分为自校验和非自校验型条码等。

目前生活中比较常用的条码可分为一维条码和二维条码。一维条码是通常我们所说的传统条码。一维条码按照应用可分为商品条码和物流条码。商品条码包括 EAN 码和 UPC 码，物流条码包括 EAN—128 码、ITF 码、39 码、库德巴（Codabar）码等。二维条码根据构成原理、结构形状的差异，可分为两大类型：一类是行排式二维条码（2D Stacked Bar Code）；另一类是矩阵式二维条码（2D Matrix Bar Code），目前在生活中常用的付款码属于矩阵式二维条码。

3.2.4 条码的识读原理

条码符号是由宽窄不同、反射率不同的条和空按照一定的编码规则组合起来的一种信息符号。常见的条码是黑条与白空（也叫白条）印制而成的。因为黑条对光的反射率最低，而白空对光的反射率最高。当光照射到条码符号上时，黑条与白空产生较强的对比度。条码识读器正是利用条和空对光的反射率不同来读取条码数据的。

条码符号不一定必须是黑色和白色，也可以印制成其他颜色，但两种颜色对光必须有不同的反射率，保证有足够的对比度。

在条码识读时，条码扫描器接收到的光信号需要经光电转换器转换成电信号并通过放大电路进行放大。由于扫描光斑具有一定尺寸、条码印刷时的边缘模糊性以及一些其他原因，经过电路放大的条码电信号是一种平滑的起伏信号，并不呈现像条码符号亮暗条之间泾渭分明的特征，这种信号边缘常被称为条码的“模拟电信号”。这种信号还须经整形电路尽可能准确地将边缘恢复出来，变成通常所说的“数字信号”。

3.3 一维条码

在现实应用中，流通领域尤其是零售领域中，一维条码是最常见的条码，也是应用最广泛的条码。

3.3.1 一维条码的概念

一维条码只在一个方向（一般是水平方向）表达信息，而在垂直方向则不表达任何信息，是人们通常所说的传统条码。

一维条码自问世以来，很快得到普及并得到了广泛应用。按照应用的不同，一维条码可分为商品条码和物流条码两种。商品条码包括EAN码和UPC码。物流条码包括EAN-128码、ITF码、39码、库德巴码等。由于一维条码的信息容量很小，如EAN商品条码仅能容纳13位的阿拉伯数字，只能依赖数据库的支持以更多地描述商品的信息，离开了预先建立的数据库，一维条码的应用范围就会受到一定的限制。

3.3.2 商品条码的概念

商品条码是由国际物品编码协会（EAN）和统一代码委员会（UCC）规定的用于表示商品标志代码的条码，包括EAN商品条码（EAN-13商品条码和EAN-8商品条码）和UPC商品条码（UPC-A商品条码和UPC-E商品条码），如图3-5所示。

图3-5 商品条码

条码标志商品起源于美国，并形成了一个独立的编码系统——UPC系统，通用于北美地区。由于国际物品编码协会推出的国际通用编码系统——EAN系统，在世界范围内得到迅速推广应用，因此，UPC系统的影响逐渐减小。美国早期的商店扫描系统只能识读UPC条码，为适应EAN条码的蓬勃发展，北美地区大部分商店的扫描系统更新改造为能同时识读UPC条码和EAN条码的自动化系统。为适应市场需要，EAN系统和UPC系统最终合并为一个全球统一的标志系统——EAN · UCC 系统。

商品条码是 EAN · UCC 系统的核心组成部分，是 EAN · UCC 系统发展的根基，也是商业最早应用的条码符号。商品条码主要应用于商店内的 POS 系统。POS 系统又称销售点管理系统，它是利用现金收款机作为终端机与主计算机相连，并借助于光电识读设备为计算机采集商品的销售信息。当带有条码符号的商品通过结算台扫描时，该商品的销售信息立刻传入商店的计算机管理系统。该管理系统可以根据这些信息，实现订货商品货架补充、结算、自动盘点等许多自动化管理；计算机自动查询到该商品的名称、价格等，并进行自动结算，提高了结算速度和结算的准确性。这是 POS 系统给商业带来的最显而易见的好处。

商品条码具有以下共同的符号特征：条码符号的整体形状为矩形，由一系列互相平行的条和空组成，四周都留有空白区，如图 3-6 所示。条和空分别由 1 ~ 4 个同一宽度的深或浅颜色的模块组成。深色模块用“1”表示，浅色模块用“0”表示。在条码符号中，表示数字的每个条码字符仅有两个条和两个空组成，共 7 个模块。除了表示数字的条码字符外，还有一些辅助条码字符，用作表示起始、终止的分界符和平分条码符号的中间分隔符。条码符号可设计成既可供固定式扫描器全向扫描，又可用手持扫描设备识读的形式。条码符号的大小可在放大系数 0.8 ~ 2.0 所决定的尺寸之间变化，以适应各种印刷工艺印制合格条码符号及用户对印刷面积的要求。

图 3-6　EAN-13 商品条码

3.3.3 商品条码的编码原则

商品条码的编码原则遵循三项基本的编码原则：唯一性原则、无含义原则、稳定性原则。

（1）唯一性原则

唯一性原则是商品编码的基本原则，也是最重要的一项原则。在商业 POS 系统中，不同商品是靠不同的代码来识别的，假如把两种不同的商品用同一代码来标识，违反唯一性原则，会导致商品管理信息系统的混乱，甚至给销售商或消费者造成经济损失。

①对同一商品项目的商品必须分配相同的商品标识代码

基本特征相同的商品视为同一商品项目，基本特征不同的商品视为不同的商品项目。

商品的基本特征主要包括商品名称、商标、种类、规格、数量、包装类型等。但需要说明的是，不同行业的商品，其基本特征往往不尽相同，且不同的单个企业，还可根据自身的管理需求，设置不同的基本特征项。譬如，服装行业可以把服装的基本特征归纳为品种、款型、面料、颜色、规格等几项；而单个服装企业在确定究竟依据哪些基本特征项来为服装产品分配商品标识代码时，还可根据自身管理需求的特点，在此基础上增加附加特征项或做适当的修改，如增加“商标”为基本特征项，或只将品种、款型、面料作为基本属性，而不必考虑颜色、规格项。再比如，药品类商品的基本特征可基本归纳为商标、品种、规格、包装规格、剂型、生产标准等几项。

应特别注意，商品的基本特征项是划分商品所属类别的关键因素，往往对商品的定价起主导作用，因此它不同于为商品流通跟踪用所设置的附加信息项，诸如净重、面积、体积、生产日期、批号、保质期等。这些附加信息项与商品相关联，必须与商品标识代码一起出现才有意义。EAN·UCC规范规定，这些附加信息项通过应用标识符AI（见GB/T 16986—2018《商品条码 应用标识符》以及GB/T 15425—2014《商品条码 128 条码》）来表示。

②对不同商品项目的商品必须分配不同的商品标识代码

商品的基本特征一旦确定，只要商品的一项基本特征发生变化，就必须分配一个不同的商品标识代码。例如，某个服装企业将商标、品种、款型、面料和颜色作为服装的五个基本特征项，那么只要这五个基本特征项中的一项发生变化，就必须分配不同的商品标识代码来标识商品。

（2）无含义性原则

无含义性原则是指商品标识代码中的每一位数字一般不表示任何与商品有关的特定信息，即既与商品本身的基本特征无关，也与厂商性质、所在地域、生产规模等信息无关。商品标识代码与商品是一种人为的捆绑关系，这样有利于充分利用一个国家（地区）的厂商代码空间。

厂商在申请厂商代码后编制商品项目代码时，最好使用无含义的流水号，即连续号，这样在自己的厂商代码下能够最大限度地利用商品项目代码的编码容量。

（3）稳定性原则

稳定性原则是指商品标识代码一旦分配，若商品的基本特征没有发生变化，就应保持标识代码不变。这样利于生产和流通各环节的管理信息系统数据保持一定的连续性和稳定性。

一般情况下，当商品项目的基本特征发生了明显的、重大的变化，就必须分配一个新的商品标识代码。不过，在某些行业，比如医药保健业，只要产品的成分有较小的变化，就必须分配不同的代码。

总之，原则上是尽可能地减少商品标识代码的变更，保持其稳定性，否则，将导致很多不必要的繁重劳动，如设计、打印并粘贴条码标签、修改系统记录数据等。

如果不清楚产品的变化是否需要变更代码，可从以下几个角度考虑。

①产品的新变体是否取代原产品。

②产品的轻微变化对销售的影响是否明显。

③是否因促销活动而将产品做暂时性的变动。

④包装的总重量是否有变化。

3.3.4 商品条码的基本结构

本书主要介绍 EAN/UCC-13 代码。

EAN/UCC-13 代码由 13 位数字组成。在我国，EAN/UCC-13 代码分三种结构，每种代码结构由三个部分组成，具体如表 3-1 所示。

表 3-1　EAN/UCC-13 代码的三种结构

结构种类	厂商识别代码	商品项目代码	校验码
结构 1	X13 X12 X11 X10 X9 X8 X7	X6 X5 X4 X3 X2	X1
结构 2	X13 X12 X11 X10 X9 X8 X7 X6	X5 X4 X3 X2	X1
结构 3	X13 X12 X11 X10 X9 X8 X7 X6 X5	X4 X3 X2	X1

（1）前缀码

前缀码是厂商识别代码的一部分，由 2 ~ 3 位数字（X13 X12 或 X13 X12 X11）组成，是 EAN 分配给国家（或地区）编码组织的代码。需要指出的是，前缀码并不代表产品的原产地，而只能说明分配和管理有关厂商识别代码的国家（或地区）编码组织。

中国物品编码中心是经国务院批准成立的研究推广条码技术的专门机构，负责统一组织、协调、管理我国条码工作。1991 年 4 月，它代表我国正式加入 EAN。

EAN 已将前缀码“690”至“699”分配给中国物品编码中心使用。

（2）厂商识别代码

厂商识别代码由 7 ~ 9 位数字组成（含前缀码），由中国物品编码中心负责分配和管理。由于厂商识别代码是由中国物品编码中心统一分配、注册，因此编码中心有责任确保每个厂商识别代码在全球范围内的唯一性。

根据《商品条码管理办法》，具有企业法人营业执照或营业执照的生产者，销售者可根据自己经营的需要申请注册厂商识别代码。任何厂商不得盗用其他厂商的厂商识别代码，不得共享和转让，更不得伪造代码。

当厂商生产的商品品种很多，超过了“商品项目代码”的编码容量时，允许厂商申请注册一个以上的厂商识别代码。但只有在商品项目代码全部用完时，才可再次申请。

（3）商品项目代码

商品项目代码由 3 ~ 5 位数字组成，由厂商负责编制。

由于厂商识别代码是由中国物品编码中心统一分配、注册，因此，在使用同一厂商识别代码的前提下，厂商必须确保每个商品项目代码的唯一性。厂商在编制商品项目代码时，产品的基本特征不同，其商品项目代码不同。

由三位数字组成的商品项目代码共有 1000 个编码容量（000 ~ 999），可标示 1000 种商品。同理，由四位数字组成的商品项目代码可标示 10000 种商品，由五位数字组成的商品项目代码可标示 100000 种商品。

（4）检验码

校验码为一位数字，用来校验 X13 ~ X2 的编码正确性。校验码是根据 X13 ~ X2 的数值按一定的数学算法计算而得的。厂商在对商品项目编码时，不必计算校验码的值。该值由制作条码原版胶片或直接打印条码符号的设备自动生成。

3.3.5 商品条码的设计

（1）条码标识形式的设计

企业在完成产品的编码工作后就需要考虑条码标识的设计。本着减少商品包装成本、装潢美观大方和易于扫描识读的原则，商品条码标识主要设计成以下三种形式。

①直接印刷在商品标签纸或包装容器上

如烟、酒、饮料、食品、日用化工产品、药品等，利用大批量连续印刷的方法把条码标识和标签原图案同时印成，具有方便、美观，不增加印刷费用等优点。

②制成挂牌悬挂在商品上

如眼镜、手工艺品、珠宝首饰、服装等，在没有印刷条码标识位置的情况下，将条码打印在挂牌上再分挂在商品上。

③制成不干胶标签粘贴在商品上

如化妆品、油脂制品、家用电器等将条码与装潢图案印在不干胶上粘贴在商品上。

（2）颜色设计

条码识读器是通过条码符号中条、空对光反射率的对比来实现识读的。不同颜色对光的反射率不同。一般来说，浅色的反射率较高，可作为空色即条码符号的底色，如白色、黄色、橙色等；深色的反射率较低，可作为条色，如黑色、深蓝色、深绿色、深棕色等。

商品条码的识读是通过分辨条空的边界和宽窄来实现的，因此，要求条与空的颜色反差越大越好。条色应采用深色，空色应采用浅色。白色作空，黑色作条是较理想的颜色搭配。

根据 EAN 规范的要求，条码印刷颜色设计提要如下。

①条空宜用黑白颜色搭配。条、空的黑白颜色搭配可获得最大对比度，所以是最安全的条码符号颜色设计。

②红色不能作为条色。由于条码识读器一般使用波长 630 ~ 700nm 的红色光源，红光照射红色物质时反射率最高，因此，红色一般不能作为条色，而只能作为空色。以深棕色作为条色时，也必须控制其中红色成分在足够小的范围内，否则，会因红色的作用而影响条码识读。

③对于透明或半透明的印刷载体，应禁用与其包装内容物相同的颜色作为条色，以免降低条空对比度，影响识读。此时可以在印条码的条色前，先印一块白色的底色作为条码的空色，然后再印刷条色。白色的底使条码与内容物颜色隔离，保证条空对比度 PCS 值达到技术要求。

④当装潢设计的颜色与条码设计的颜色发生冲突时，应以条码设计的颜色为准改动装潢设计颜色。

⑤慎用金属材料做印刷载体。带有金属性的颜色（如金色），由于其反光度和光泽性会造成镜面反射效应而影响扫描器识读，因此，用金色来印刷条码或把印刷载体上的金色作为空色时一定要慎重；使用铝箔等金属反光材料作为载体时，可将经打毛处理的本体颜色或在本体上印一层白色作为条码的空色，未经打毛的反光材料本体作为条色。如我们常见的健力宝等易拉罐就是这样选择设计条码颜色的。

总之，条码标识颜色的选择对条码的识读是至关重要的。企业在设计条码颜色时，如果不清楚所选条与空的颜色搭配是否符合要求，可用条码检测仪测量条色和空色的反射率，然后按 PCS 值计算公式计算看是否符合标准所要求的数值来决定。

（3）尺寸设计

尺寸设计就是确定条码的放大系数 M，放大系数指的是条码设计尺寸与条码标准版尺寸的比值。

在条码尺寸设计时，应主要考虑以下几个因素。

①印刷包装上可容纳的条码面积。

②与装潢的整体协调。

③印刷厂的印刷条件。

从国家标准 GB 12904—2008《商品条码 零售商品编码与条码表示》中可以看出，不同放大系数的条码，它们的尺寸误差要求也不同。放大系数越小，尺寸误差要求越严。有的印刷厂因受设备条件等的限制就只能印刷 1.0 以上的条码标识。放大系数为 0.85 以下的条码大多数印刷厂印刷质量都得不到保证，因此，建议企业不要采用放大系数为 0.85 以下的条码。在可印刷条码的面积中，如果只是高度尺寸不够，则可以用不减小条码放大系数而在印刷制版时适当截去部分条高的方法来解决，但这是在万不得已的情况下采取的办法，如果面积足够就不要截短条高且在放大系数选择时尽量采用较大值。

在选择放大系数时，还要考虑商品包装的整体设计，使印制的条码与商品包装图案匀称协调。另外，如果印刷载体是瓦楞纸板或其他质量较差的纸张，为了保证印刷质量，应选用较大放大系数的条码。

3.3.6 物流条码

在条码技术标准中，并没有严格意义上的物流条码。EAN · UCC 全球统一标识系统中对物流单元有着明确的定义，在现实的物流实践中通常使用 UCC/EAN-128 条码来表示某些物流信息。国家标准 GB/T 15425—2014《商品条码 128 条码》制定了明确的规范。

（1）物流单元的编码

物流单元是为了便于运输和仓储而建立的任何组合包装单元。在供应链中需要对其进行个体的跟踪与管理。一箱有不同颜色和尺寸的 12 件裙子和 20 件夹克的组合包装，一个含有

40 箱饮料的托盘（每箱 12 盒装）都可以视为一个物流单元。

①物流单元的标识

系列货运包装箱代码（SSCC）是为物流单元（运输和（或）储藏）提供唯一标识的代码。SSCC 用 EAN · UCC 系统 128 条码符号（简称 UCC/EAN － 128 条码符号）表示。

② SSCC

不管物流单元本身是否标准，所包含的贸易项目是否相同，SSCC 都可标识所有的物流单元。厂商如果希望在 SSCC 数据中区分不同的生产厂（或生产车间），可以通过分配每个生产厂（或生产车间）SSCC 区段来实现。SSCC 在发货通知、交货通知和运输报文中公布。

（2）物流标签

①信息的表示法

物流标签上表示的信息有两种基本的形式：由文本和图形组成的供人识读的信息；为自动数据采集设计的机读信息。作为机读符号的条码是传输结构化数据的可靠而有效的方法，允许在供应链中的任何节点获得基础信息。表示信息的两种方法能够将一定的含义添加于同一标签上。EAN · UCC 物流标签是由三个部分构成，各部分的顶部包括自由格式信息，中部包括文本信息和对条码解释性的供人识读的信息，底部包括条码和相关信息。

②标签设计

物流标签的版面划分为三个区段：供应商区段、客户区段和承运商区段。当获得相关信息时，每个标签区段可在供应链上的不同节点使用。此外，为便于人、机分别处理，每个标签区段中的条码与文本信息是分开的。图 3–7 是包含承运商、客户和供应商区段的物流标签。

对所有 EAN · UCC 物流标签来说，SSCC 是唯一的必备要素。如果需要增加其他信息，则应符合《EAN · UCC 通用规范》的相关规定。

图 3–7　包含承运商、客户和供应商区段的物流标签

一个标签区段是信息的一个合理分组。这些信息一般在特定时间才知道。标签上有三个标签区段，每个区段表示一组信息。一般来说，标签区段从顶部到底部的顺序依次为承运商、客户和供应商。

承运商区段所包含的信息有到货地邮政编码、托运代码、承运商特定运输路线、装卸信息等，通常是在装货时获得的。

客户区段所包含的信息，如到货地、购货订单代码、客户特定运输路线和装卸信息等，通常是在订购时和供应商处理订单时知晓的。

供应商区段所包含的信息一般是供应商在包装时知晓的。SSCC 在此作为物流单元的标识。如果过去使用 GTIN，在此也可以与 SSCC 一起使用。

此外，还有一些对供应商、客户和承运商都有用的信息，如生产日期、包装日期、有效期、保质期、批号、系列号等，皆可采用 UCC/EAN - 128 条码符号表示。

3.4 二维条码

二维条码技术是在一维条码无法满足实际应用需求的前提下产生的。由于受信息容量的限制，一维条码通常是对物品的标识，而不是对物品的描述。所谓对物品的标识，就是给某物品分配一个代码，代码以条码的形式标识在物品上，用来标识物品以便自动扫描设备识读，代码或一维条码本身不表示该产品的描述性信息。

3.4.1 二维条码的起源与发展

由于受信息容量的限制，一维条码仅仅能够充当物品的代码，而不能含有更多的物品信息，因此，一维条码的使用，不得不依赖数据库的存在。在没有数据库和不便联网的地方，一维条码的使用受到了较多的限制，有时甚至变得毫无意义。另外，用一维条码表示汉字信息几乎是不可能的，这在某些应用汉字的场合显得十分不便，效率很低。因此，随着现代高新技术的发展，迫切需要用条码在有限的几何空间内表示更多的信息，以满足千变万化的信息表示的需要。使用二维条码就可以解决如下问题：表示包括汉字在内的小型数据文件；在有限的面积（如电子芯片）上表示大量信息；对物品进行精确描述；防止各种证件、卡片及单证的伪造；在远离数据库和不便联网的地方实现数据采集。

3.4.2 二维条码与一维条码的区别和比较

由于二维条码与一维条码有着很多的不同，图 3–8 展示了二维条码与一维条码的不同，二维条码除了左右（条宽）的粗细及黑白线条有意义外，上下的条高也有意义。与一维条码相比，由于左右（条宽）上下（条高）的线条皆有意义，因此，可存放的信息量就比较大。

一维条码的原理很简单，就是利用条码的粗细及黑白线条来代表信息，不管我们将条码的上下遮住多少，当我们拿扫描器来扫描时，所扫描出来的信息都是与完全不遮住是一样的，因此，一维条码的条高并没有意义，只有左右（条宽）的粗细及黑白线条有意义，故称一维条码。

（a）二维条码

（b）一维条码

图 3-8　二维条码与一维条码

从符号学的角度讲，二维条码和一维条码都是信息表示、携带和识读的手段。但从应用角度讲，尽管在一些特定场合我们可以选择其中的一种来满足我们的需要，但它们的应用侧重点是不同的：一维条码用于对物品进行标识；二维条码用于对物品进行描述。而二维条码最主要的特点是信息量容量大、安全性高、读取率高、纠错力强等。

二维条码与一维条码在相同数据的识读速度、信息密度和综合对照如表 3-2 所示。

表 3-2　二维条码与一维条码的比较

项目 类型	信息 密度	信息 容量	错误 校验	纠错 能力	垂直方向是否 携带信息	用途	对数据库和通信网络 的依赖
一维条码	低	小	有	无	不携带信息	对物品 的识别	多数应用场合依赖 数据库及通信网络
二维条码	高	大	有	有	携带信息	对物品 的描述	可不依赖数据库及 通信网络而单独应用

3.4.3 二维条码的分类与比较

设计二维条码的目的是要提高信息密度，在固定的面积上印刷存储更多的信息。这一问题的解决可用两种方法：一是在一维条码的基础上向二维条码方向扩充；二是利用图像识别原理，采用新的几何形体和结构设计出二维条码码制。目前，根据二维条码的编码原理、结构形状的差异，可分为行排式（或堆积式）二维条码、矩阵式（或棋盘式）二维条码。

（1）行排式二维条码

其编码原理是建立在一维条码基础上，按需要堆积成两行或多行。它在编码设计、检测原理、识读方式等方面继承了一维条码的特点，识读设备、条码印刷与一维条码技术兼容。但由于行数的增加、行的鉴别、译码算法和软件与一维条码不完全相同。常见的行排式二维条码有 PDF417 等，如图 3-8（a）所示就是 PDF 417 码。

（2）矩阵式二维条码

矩阵式二维条码符号在结构形体及元素排列上与代数矩阵具有相似的特征。它以计算机图像处理技术为基础，每一矩阵二维条码符号结构的共同特征是均由特定的符号功能图形及分布在矩阵元素位置上表示数据信息的图形模块（如正方形、圆形、正多边形等图形模块）

构成。用深色模块单元表示二进制的“1”，用浅色模块单元表示二进制的“0”。数据码字流通过分布在矩阵元素位置上的单元模块的不同组合来表示。具有代表性的有快速响应矩阵码（Quick Response code，QR Code）、龙贝码等矩阵式二维条码。本书仅对现实生活中应用广泛的 QR Code 进行简单介绍。

QR Code（见图 3-9）是由日本 Denso 公司于 1994 年 9 月研制的一种矩阵式二维条码，它除具有二维条码所具有的信息容量大、可靠性高、可表示汉字及图像多种信息、保密防伪性强等优点外，还具有以下特点。

图 3-9 QR Code 条码

①超高速识读

从 QR Code 码的英文名称可以看出，超高速识读是 QR Code 区别于 PDF 417 等其他二维条码的主要特点。用 CCD 二维条码识读设备，每秒可识读 30 个 QR Code 条码字符；对于含有相同数据信息的 PDF 417 条码字符，每秒仅能识读 3 个条码字符。QR Code 码具有的唯一的寻像图形使识读器识读简便，具有超高速识读性和高可靠性，具有的校正图形，可有效解决基底弯曲或光学变形等情况的识读问题，使 QR Code 条码适宜应用于工业自动化生产线管理等领域。

②全方位识读

QR Code 具有全方位（360°）识读特点，这是 QR Code 优于行排式二维条码和 PDF 417 条码的另一主要特点。

③能够有效地表示中国汉字、日本汉字

QR Code 用特定的数据压缩模式表示中国汉字和日本汉字，QR Code 仅用 13bit 就可表示一个汉字，而 PDF 417 条码等二维码没有特定的汉字表示模式，需用 16bit（二个字节）表示一个汉字。因此，QR Code 比其他的二维条码表示汉字的效率提高了 20%。

④ QR Code 和 PDF 417 的比较（见表 3–3）。

表 3–3 QR Code 和 PDF 417 的比较

码制	QR Code	PDF417
符号结构		
研制公司	Dense Corp.（日本）	Symbol Technologies Inc.（美国）
码制分类	矩阵式	行排式
识读速度	30 个 / 秒	3 个 / 秒
识读方向	全方位（360°）	± 10°
识读方法	深色 / 浅色模块判别	条空宽度尺寸判别
汉字表示	13bit	16bit

3.5 条码技术应用

尽管条码技术的诞生已经是很多年前的事，更先进的识别技术也在不断地出现，但条码技术依然是流通领域中应用最广泛的技术，在现实中条码的应用非常广泛，无论是在生活中还是生产中我们都可以在很多场合看见条码的应用。

3.5.1 条码技术装备

条码技术的核心内容是利用光电扫描设备识读条码符号来实现物体的自动识别,并快速、准确地把数据录入计算机进行数据处理，从而达到自动管理的目的。条码技术的应用解决了数据录入和数据采集的瓶颈问题，为物流管理提供了有力的技术支持。智慧物流系统中使用的条码技术装备主要有条码打印设备、条码扫描器以及条码自动识别系统等。

（1）条码打印设备

条码打印设备主要用于条码标签的打印，分为条码打印机打印方式和软件配合激光打印机方式。条码打印机的打印是通过打印头（主要由热敏电阻构成），以碳带为打印介质（或直接使用热敏纸）完成打印，这种打印方式相对于普通打印方式的最大优点在于可以在无人看管的情况下实现连续高速打印。按照用途划分，主要包括以下五种。

①办公和事务通用条码打印机

在这一应用领域，针式条码打印机一直占领主导地位。由于针式条码打印机具有中等分辨率和打印速度、耗材便宜，同时还具有高速跳行、多份复制打印、宽幅面打印、维修方便等特点，目前仍然是办公和事务处理中打印报表、发票等的优选机种。

②商用条码打印机

商用条码打印机是指商业印刷用的条码打印机，由于这一领域要求印刷的质量比较高，有时还要处理图文并茂的文档，因此，一般选用高分辨率的激光条码打印机。

③专用条码打印机

专用条码打印机一般是指各种微型条码打印机、存折条码打印机、平推式票据条码打印机、热敏印字机等用于专用系统的条码打印机。

④便携式条码打印机

便携式条码打印机一般用于与笔记本电脑配套，具有体积小、重量轻、可用电池驱动、便于携带等特点。

⑤网络条码打印机

网络条码打印机用于网络系统，要为多数人提供打印服务，因此要求这种条码打印机具有打印速度快，能自动切换仿真模式和网络协议，便于网络管理员进行管理等特点。

（2）条码扫描器

条码扫描器，又称为条码阅读器、条码扫描枪。它是用于读取条码所包含信息的网读设备，利用光学原理，把条码的内容解码后通过数据线或者无线的方式传输到计算机或者别的设备。广泛应用于超市、物流快递、图书馆等。

条码扫描器按扫描方式分为接触式和非接触式两种；按操作方式分为手持式和固定式两种；按工作原理可分为光笔扫描器、CCD 扫描器、激光扫描器和拍摄扫描器；按扫描方向可分为单向和全向两种，其中全向条码扫描器又分为平台式和悬挂式两种。在智慧物流系统中，常用的商业条码扫描器主要有以下四种。

① CCD 扫描器

CCD 扫描器是利用光电耦合（CCD）原理，对条码印刷图案进行成像，然后再译码。CCD 扫描器采用发光二极管的泛光源照明整个条码，再通过平面镜与光栅将条码符号映射到由光电二板管组成的探测器阵列上，经探测器完成光电转换，再由电路系统对探测器阵列中的每一个光电二极管依次采集信号，辨识出条码符号，完成扫描。选择 CCD 扫描器时，需要重点考虑景深和分辨率两个因素，优秀的CCD应无须紧贴条码即可识读，而且体积适中，操纵舒适。

②激光手持式扫描器

激光手持式扫描器属单线扫描，其景深较大，扫描首读率和精度较高，扫描宽度不受设备开口宽度限制，主要有转镜式和颤镜式两种。转镜式采用高速马达带动棱镜组旋转，使二极管发出的单点激光变成一条激光线。颤镜式的制作成本低于转镜式，但这种原理的激光枪不易提高扫描速度，一般为 33 次 / 秒，个别型号可以达到 100 次 / 秒。商业企业在选择激光扫描器时，需要重点考虑的因素是扫描速度和分辨率，而景深并不是关键因素。

③全角度激光扫描器

全角度激光扫描器是通过光学系统使激光二极管发出的激光折射成多扫描线的条码扫描器，主要目的是减轻收款人员录入条码数据时对准条码的劳动，选择时应着重注意其扫描线花斑分布，即在一个方向上有多条平行线，在某一点上有多条扫描线通过，在一定的空间范围内各点的解读概率趋于一致。

④条码识别软件

条码识别软件是指具备识读一、二维条码及相关应用功能的手机条码识别软件。软件功能主要包括条码获取、文件管理、网页书签等内容，用户可以使用此软件识读一维条码和二维条码等内容信息，并进行 WAP 上网码跳转、各类应用码识读、条码信息收藏、网页书签收集等相关的业务应用操作。条码识别软件能扫描条码到各款智能手机，并与之成为一体，使得手机变为数据采集器，能很好地应用于快递物流、医疗管理、家电售后、销售管理、政府政务等各个行业，帮助企业提高移动办事效率，降低规模成本。

（3）条码自动识别系统

条码自动识别系统是由条码符号设计、制作及扫描识读组成的自动识别系统。构成要素包括条码、条码识读装置、通信系统、处理器以及执行机构。条码识读装置即各种类型的条码扫描器，其功能是译读条码符号并转化成计算机可以识别的二进制编码，然后输入计算机。条码自动识别系统可以完成条码的读入，以及条码信息的通信和传输。

条码读入由扫描器和译码器完成，扫描器负责获取条码信息，译码器则用来分析扫描器读入的信号，并解读出条码的编码信息。经扫描并被译码的信息通常需要传送到中央处理计算机进行处理，一般在条码译码器内部由单片机或者专用集成电路来完成译码及传送。它采用串行接口或键盘接口与中央处理计算机连接。由于条码识别与生产控制流程、信息管理作业等相关，因此，还需要建立相应的条码采集系统，将各点、位获取的条码信息通过网络传输，集中进行处理。

在早期的条码识别系统装备中，扫描器和译码器是分开的，现在的设备大多已合成一体。整个设备完整、方便、灵巧。只要计算机配置了网络控制器这类的接口软件、硬件，条码系统就能同时处理多个条码识读装置输入的条码信息。比如，我们可以使用手机中的众多 App 扫描并识别条码。

3.5.2 条码技术在生产过程中的应用

（1）零部件仓库管理

条码技术应用于库存管理系统，能带来如下收益。

①省去了手工书写票据和送到机房输入的步骤，能大大提高工作效率。

②解决库房信息陈旧滞后的弊病。一张票据从填写、收集到键盘输入，需要一天或更长的时间。这使得生产调度员只能根据前几天甚至一周前的物资信息，为用户定下交货日期。

③解决票据信息不准确的问题（主要是抄写错误、键入错误），从而达到提高生产率、改善订货工作、提高对客户的服务质量、消除事务处理中的人工操作、减少无效劳动、消除因信息不准引起的附加库房存量、提高资金利用率等目的。

（2）生产线人员管理

每个班次开始时，工作小组的每个成员都要用条码数据采集器扫描他们员工卡上的条码，把考勤数据和小组成员记录到数据采集器上，然后输入计算机系统。小组的所有成员都能根据当天的产量得到相同的报酬，反之，也会为以后产品的质量出现问题受到相应的处罚。

开始加工操作时，先扫描当天的工作单或等待加工工件上的条码，表明某项任务的开始，加工结束后再扫描一次。安装在工作区的条码数据终端接受这些数据，自动加上小组号和时间信息，每天工作结束后，将每个员工的信息上传到 PC。系统计算本小组劳动者的生产率，来激励生产小组的成员，从而提高劳动生产率。

（3）流水线的生产管理

在没有条码应用的阶段，每个产品在每条生产线上必须手工记载生成这个产品所需的工序和零件，领料员按这个分配好物料后，开始生产。在每条生产线上的每个产品都有记录表单，每一个工序完成后，填上元件号与自己的工号，完成操作。在这个过程中，工作量是很大、很复杂的，而且不能即时反映产品在生产线上的流动状况。

采用条码技术后，首先将订单号、零件种类、产品数量编号形成条码，在产品零件和装配的生产线上打印并粘贴条码。这样就可以很方便地获取产品订单在某条生产线上的生产工艺及所需的物料和零件。产品在生产线上完成后，由生产线质检员检验合格后扫入产品条码、生产线条码号，并按工序顺序扫入工人的条码（可一次确定后不变）。对于不合格的产品送去维修，由维修确定故障原因（工序位置）。整个过程无须手工记录。

3.5.3 条码技术在供应链管理中的应用

在现代物流管理领域中，条码技术率先应用于供应链管理系统的商品库存、流通、销售和管理。商品的流通、销售和管理主要应用于以下几个方面：一是商品入库管理：对每种商品实施归类划分，把一些必要的信息写入库存，例如商品的进货价格、批发价格、零售价格、商品数量、产地及入库时间等。二是商品出库管理：包含商品的出售价格、品种、数量、出货日期及其方式。三是商品销售管理：包含商品的销售状况，如销售数量、销售趋势分析等。

贸易过程中的商品从厂家到最终用户的物流过程是客观存在的，长期以来人们从未主动地、系统地、整体地去考虑，因而未能发挥其系统的总体优势。供应链物流系统从生产、分配、销售到用户不是孤立的行为，是一环扣一环，相互制约、相辅相成的，因此，必须协调一致，才能发挥其最大效益。

条码技术是在计算机的应用实践中产生和发展起来的一种自动识别技术，是为实现对信息的自动扫描而设计的，也是实现快速、准确而可靠地采集数据的有效手段。条码技术的应用解决了数据录入和数据采集的“瓶颈”问题，为供应链管理提供了有力的技术支持。从企业生产的角度来讲，企业为了满足市场需求多元化的要求，生产制造从过去的大批量、单调品种的模式向小批量、多品种的模式转移，给传统的手工方式带来更大的压力。手工方式效率低，由于各个环节的统计数据的时间滞后性，造成统计数据在时序上的混乱，无法进行整体的数据分析进而无法给管理决策提供真实、可靠的依据。利用条码技术，对企业的物流信息进行采集跟踪的管理信息系统，可通过对生产制造业的物流跟踪，满足企业针对物料准备、生产制造、仓储运输、市场销售、售后服务、质量控制等方面的信息管理需求。

（1）物料管理

通过对物料编码并且打印条码标签，不仅便于物料跟踪管理，而且也有助于做到合理的物料库存准备，提高生产效率，便于企业资金的合理运用。对采购的生产物料按照行业及企业规则建立统一的物料编码，从而杜绝因物料无序而导致的损失和混乱。

对需要进行标识的物料打印其条码标签，以便于在生产管理中对物料的单件跟踪，从而建立完整的产品档案。

利用条码技术对仓库进行基本的进、销、存管理，可有效降低库存成本。

通过产品编码建立物料质量检验档案，产生质量检验报告，与采购订单挂钩建立对供应商的评价。

（2）生产管理

产品条码是生产管理的基础，为有序地安排生产计划，监控产品生产及流向，提高产品下线合格率提供可靠依据和便利条件。

制定产品识别码格式。根据企业规则和行业规则确定产品识别码的编码规则，以保证产品的规则化和标识的唯一性。

建立产品档案。通过产品标识条码，对在生产线上的产品生产进行跟踪，并采集生产产品的部件、检验等数据作为产品信息，当生产批次计划审核后建立产品档案。

通过生产线上的信息采集点来控制生产的信息。

通过产品标识条码在生产线采集质量检测数据，以产品质量标准为准绳进行产品完工检查，判定产品是否合格，从而控制产品在生产线上的流向并建立产品档案，打印合格证。

（3）仓库管理

仓库管理中条码技术的应用主要是条码的编码和识别技术。借助商品条码上的资料经条码读取设备读取后，可迅速、正确、简单地将商品资料自动输入与采集，以达到自动化登录、控制、传递、沟通的目的，从而解决了仓库信息管理中数据的录入和数据采集的“瓶颈”问题，为仓库信息管理系统的应用提供了有力的技术支持。能够精确地控制储位的指派与货品的拣取；可方便有效地盘点货品，从而准确地掌握库存，控制库存；做到了实时数据收集，实时显示，并通过计算机快速处理而达到实时分析与实时控制的目的。

延伸阅读

中国食品安全追溯平台简介

中国食品安全追溯平台是国家发改委确定的重点食品质量安全追溯物联网应用示范工程，主要面向全国食品生产企业，实现食品追溯、防伪及监管，由中国物品编码中心建设及运行维护，由政府、企业、消费者、第三方机构使用。国家平台接收 31 个省级平台上传的质量监管与追溯数据；完善并整合条码基础数据库、QS、监督抽查数据库等质检系统内部现有资源（分散存储、互联互通）；通过对食品企业质量安全数据的分析与处理，实现信息公示、公众查询、诊断预警、质量投诉等功能。

该平台由原国家质量监督检验检疫总局（现国家市场监督管理总局）组织实施、中国物品编码中心建设。追溯平台基于全球统一标识系统（GS1）建设，采用模板技术对追溯单元、追溯事件进行自定义，实现对不同类别产品各个阶段的完整追溯，并依托“云”技术接收全国 31 个省级平台的追溯与监管数据，是我国产品追溯大数据系统。

平台的主要功能包括：

（1）原料进货：记录产品原料来源、经手工作人员、检验结果等原料相关信息，为产品向上溯源建立基础。

（2）生产加工：确定产品基本情况、生产计划、加工批次，并为每批次产品记录用料情况。

（3）质量控制：为产品设置关键控制点，监控产品关键元素及变化，保证产品质量。

（4）产品检验：为批次产品建立检验项目，随时为产品追加检验结果信息，把好出厂产品品质关。

（5）产品销售：记录批次产品的销售去向，明确产品流经企业与地域，有效支持产品向下追踪。

平台目前实现的供应链追溯服务项目包括：

（1）种植养殖环节

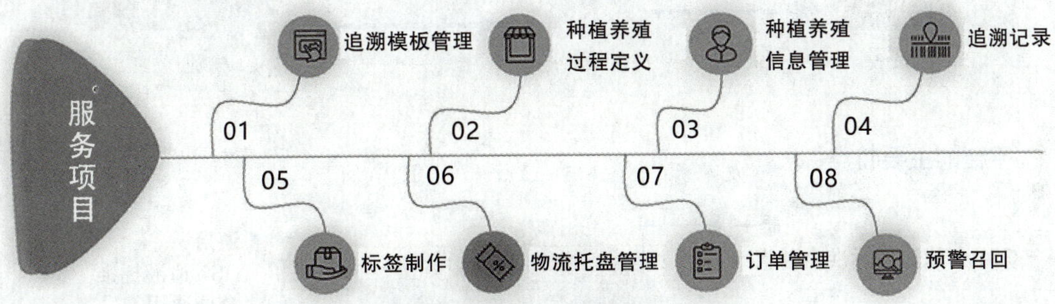

（2）生产加工环节

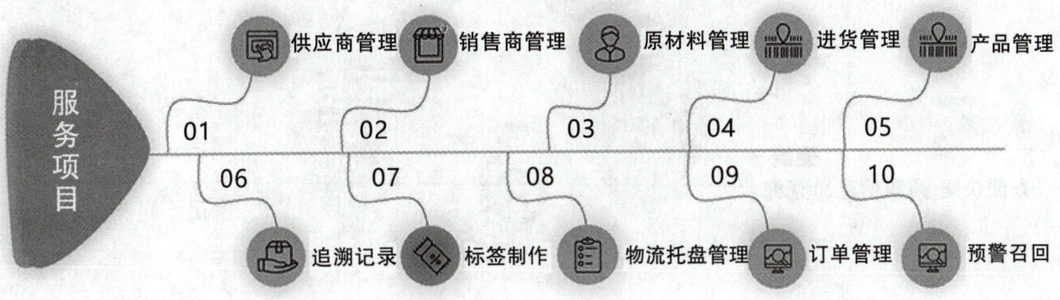

（3）餐饮、零售环节

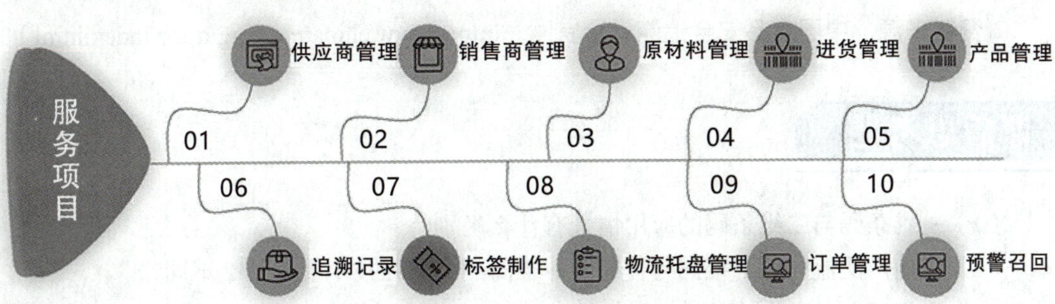

平台实现的产品追溯流程如下图所示：

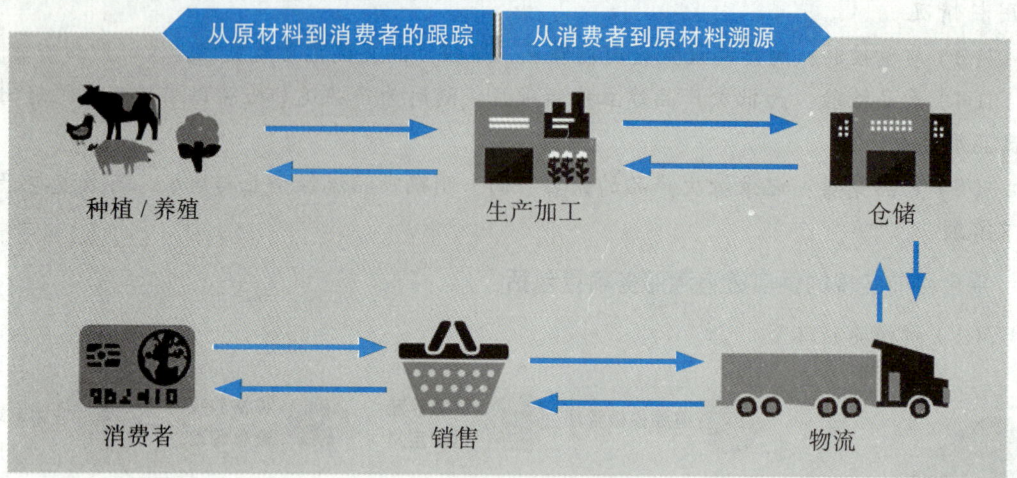

平台的主要特点：

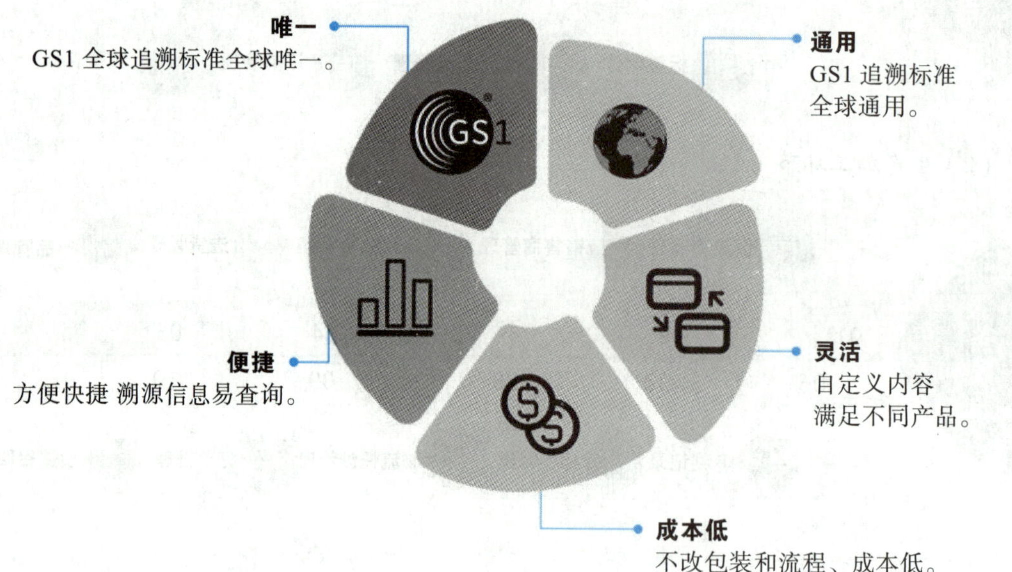

（资料来源：中国食品安全追溯平台官网，http://www.chinatrace.org/trace/index.html）

课后思考题

（1）一维条码与二维条码的应用情景有什么区别?

（2）目前广泛流行的二维码与普通的一维商品条码在技术上有什么不同?

（3）EAN128 物流条码有哪些部分组成?

第4章　射频识别技术

引导案例

RFID助力京东物流

京东物流在整个物流行业中，服务和配送质量都是有目共睹的，不仅可以实现同城当日达，在各大城市甚至村镇都能做到次日达。在京东物流高效运作的背后，RFID 系统发挥了很大的作用。

京东物流可以快速响应、保证配送物流时效的原因，就是在其配送运输过程中融入了 RFID 技术。使用 RFID 技术来对货物的出入库状态进行实时追踪，并且将 RFID 技术不断深化，渗透到物流的各大细分环节中，进一步挖掘出 RFID 应用的潜在价值。

（1）优化仓库日常管理

在仓库的日常管理中，货物管理员可以使用 RFID 技术实现对货物的实时追踪，包括货物的来源、去向、库存数量等信息都能即时收集，大大提升了库存的供应效率和货物的周转效率。

（2）提升仓内作业效率

京东配送的商品中有很多冰箱、彩电等大件商品，不仅体积大、重量大，而且包装规格也有很多样，在出入库的时候耗时耗力，对于仓储运输来说有很大的挑战性。借助 RFID 技术，采用 RFID 电子标签替换原有的商品条码，使用 RFID 读写器来批量进行标签信息的读取。利用手持 RFID 读写器可以使盘点效率提升至传统作业方式的 10 倍以上，帮助工作人员告别了一件一件盘点的重体力、重复性劳动。

（3）自动追踪运输路线

RFID 技术还能实现商品的防伪，RFID 可实现一物一码识别身份，对货物进行真伪识别，避免退货产品货不对版及数据更新不及时等问题。同时 RFID 的应用还可以自动获取数据、自动分拣处理，降低取货、送货成本，提高整体仓储的精细化运营水平。

（4）助力供应链稳定性提升

RFID 技术的好处不仅这些，运用 RFID 技术可以让京东物流更充分地发掘 RFID 的应用场景，全方位提高供应链的稳定性。

将 RFID 系统接入供应链管理之中，可以帮助企业对库存信息、运输货物的追踪，企业可以根据这些信息来合理安排库存，还可以在促销时对用户的需求进行一定的需求预测。

（资料来源：RFID 技术在京东物流上的应用，安的电子，https://www.gzandea.com/index.php/xydt/1181.html.）

案例解析

目前，RFID的应用非常广泛，相比于其他应用领域，RFID技术本身的特点帮助其在流通领域尤其是物流领域有着更大的发挥。现阶段的智慧物流、物联网等新技术大都以RFID作为技术基础

案例主要知识点

RFID技术原理。

学习导航

◈ 掌握RFID的基本原理和RFID的应用环境。

教学建议

◈ 备课要点：RFID的特点、RFID的标准现状、RFID的基本原理、RFID的应用场景。

◈ 教授方法：案例，讲授，实证，启发式。

◈ 扩展知识领域：利用RFID系统建设一个智能仓库。

4.1 射频识别技术概述

4.1.1 射频识别的概念

射频(Radio Frequency, RF)技术又称无线射频或无线电射频技术，是一种无线通信技术，其基本原理是电磁理论，利用无线电波对记录媒体进行读/写。

（1）射频技术

RF技术以无线信道作为传输媒体，建网迅速，通信灵活，可以为用户提供快捷、方便、实时的网络连接，也是实现移动通信的关键技术之一。

RF技术的应用已经渗透到商业、工业、运输业、物流管理、医疗保险、金融等众多领域。

（2）射频识别技术

射频识别（Radio Frequency Identification，RFID）技术是20世纪90年代开始兴起的一种自动识别技术，即利用射频信号通过空间耦合（交变磁场或电磁场）实现无接触信息传递，并通过所传递的信息达到识别目的的技术。简单地说，RFID是利用无线电波进行数据信息读/写的一种自动识别技术或无线电技术在自动识别领域中的应用。

与其他自动识别系统一样，RFID系统也是由信息载体和信息获取装置组成的。其中装载识别信息的载体是电子标签（又称作应答器、电子标签等），获取信息的装置称为射频阅

读器（称作读写器、读头等）。电子标签与射频阅读器之间利用感应、无线电波或微波能量进行非接触双向通信，实现数据交换，从而达到识别的目的。

如图 4-1 所示，最常见的 RFID 系统的工作过程是这样的：阅读器通过天线，在一个区域发射能量形成电磁场，电子标签经过这个区域时检测到阅读器的信号后发送储存的数据，阅读器接收电子标签发送的信号，解码并校验数据的准确性，从而达到识别的目的。

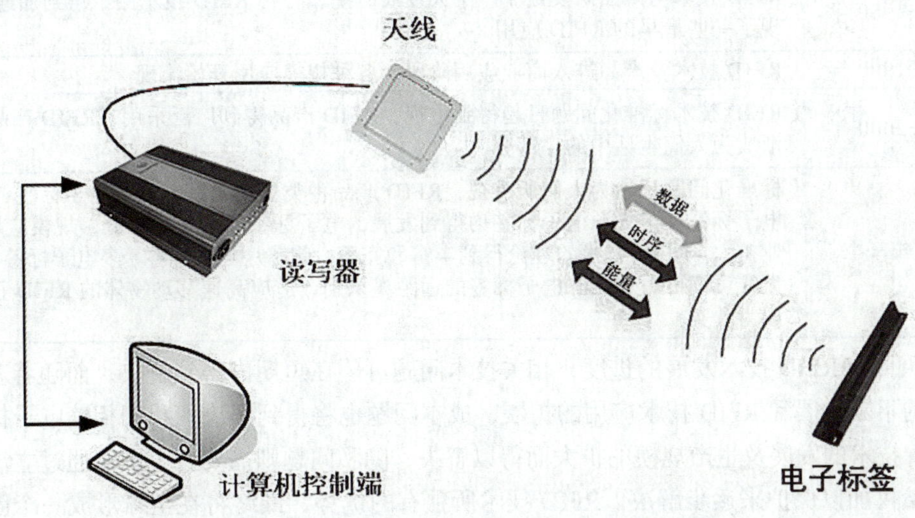

图 4-1　常见的 RFID 系统工作过程

RFID 技术是以无线通信技术和存储器技术为核心，伴随着半导体，大规模集成电路技术的发展而逐步形成的。其应用过程涉及无线通信协议、发射功率、占用频率等多方因素。目前尚未形成在开放系统中应用的统一标准，因此 RFID 技术主要应用在一些闭环应用系统中。

4.1.2　射频识别技术的发展过程

RFID 技术最早应用于第二次世界大战期间，至今已经有 80 年的历史。最早使用 RFID 技术的并不是沃尔玛或麦德龙，而是美国国防部军需供应局。第二次世界大战时，RFID 被美军用于战争中识别自家和盟军的飞机，但是昂贵的价格限制了其广泛应用。在 1991 年美军对伊拉克的海湾战争中，RFID 技术再一次得到了大规模的使用，由于采用了 RFID 技术、企业资源计划（Enterprise Resource Planning，ERP）及供应链管理系统，美军实现了对战略物资的准确调配，保证了前线弹药和物资的准确供应。RFID 技术的发展阶段如表 4-1 所示。

表 4-1 RFID 技术的发展阶段

时间	阶段
1941—1950 年	雷达的改进和应用催生了 RFID 技术，1948 年奠定了 RFID 技术的理论基础
1951—1960 年	早期 RFID 技术的探索阶段，主要处于实验室实验研究
1961—1970 年	RFID 技术的理论得到了发展，开始了一些应用尝试
1971—1980 年	RFID 技术与产品研发处于一个大发展时期，各种 RFID 技术测试得到加速。出现了一些最早的 RFID 应用
1981—1990 年	RFID 技术及产品进入商业应用阶段，各种规模应用开始出现
1991—2000 年	RFID 技术标准化问题日趋得到重视，RFID 产品得到广泛采用，RFID 产品逐渐成为人们生活中的一部分
2001 年至今	标准化问题日趋为人们所重视，RFID 产品种类更加丰富，有源电子标签、无源电子标签及半无源电子标签均得到发展，电子标签成本不断降低，规模应用行业扩大。RFID 技术的理论得到丰富和完善。单芯片电子标签、多电子标签识读、无线可读可写、无源电子标签的远距离识别、适应高速移动物体的 RFID 正在成为现实

按照目前 RFID 技术发展的进度，相关技术问题可望在短期内得到解决，而随着芯片制作工艺的不断发展和 RFID 技术应用的扩展，成本问题也将得到解决。我们相信电子标签价格将随着技术的发展及生产规模的扩大而得以解决，隐私问题则需要各个国家通过立法对用户的隐私权加以保护来逐步解决。RFID 技术所独有的优势，最终将在全球形成一个巨大的产业，值得各个领域加以关注。

4.1.3 RFID的特点

RFID 是一项易于操控，简单实用且特别适合用于自动化控制的灵活性应用技术，识别工作无须人工干预，它既可支持只读工作模式也可支持读写工作模式，且无须接触或瞄准；可自由工作在各种恶劣环境下，短距离射频产品不怕油渍、灰尘污染等恶劣的环境，可以替代条码，如用在工厂的流水线上跟踪物体；长距射频产品多用于交通上，识别距离可达几十米，如自动收费或识别车辆身份等。其所具备的独特优越性是其他识别技术无法企及的。RFID 技术的主要特点有以下几个方面。

（1）读取方便快捷

数据的读取无须光源，甚至可以透过外包装来进行。有效识别距离更大，采用自带电池的主动标签时，有效识别距离可达到 30 米以上。

（2）识别速度快

标签一进入磁场，解读器就可以即时读取其中的信息，而且能够同时处理多个标签，实现批量识别。

（3）数据容量大

数据容量最大的二维条码（PDF 417），最多也只能存储 2725 个数字，若包含字母，存储量则会更少；RFID 标签则可以根据用户的需要扩充到数十 M（兆）。

（4）使用寿命长，应用范围广

RFID 采用无线电通信方式，使其可以应用于粉尘、油污等高污染环境和放射性环境，而且其封闭式包装使得寿命大大超过印刷的条码。

（5）标签数据可动态更改

利用编程器可以写入数据，从而赋予 RFID 标签交互式便携数据文件的功能，而且写入时间相比打印条码更少。

（6）更好的安全性

不仅可以嵌入或附着在不同形状、类型的产品上，而且可以为标签数据的读写设置密码保护，从而具有更高的安全性。

（7）动态实时通信

标签以每秒 50 ~ 100 次的频率与解读器进行通信，所以只要 RFID 标签所附着的物体出现在解读器的有效识别范围内，就可以对其位置进行动态的追踪和监控。

4.1.4 RFID标准

（1）RFID 标准的体系结构

①基本结构

RFID 标准体系的基本结构主要包括 RFID 技术标准、RFID 数据内容标准、RFID 性能标准和 RFID 应用标准。其中，技术标准中的通信协议和数据内容中的编码标准是争论比较激烈的部分，也正是这两者构成了 RFID 标准的核心。

②技术标准

RFID 技术标准主要定义了不同频率的空中接口及相关参数，如基本术语、物理参数、通信协议和相关设备等。RFID 中间件是 RFID 标签和应用程序之间的中介。从应用程序端使用中间件提供的一组应用程序接口（API）可与 RFID 阅读器进行连接，以读取 RFID 标签数据。RFID 中间件采用程序逻辑及存储再转送功能提供顺序的消息流。它具有数据流设计与管理能力。

③数据内容标准

RFID 数据内容标准主要涉及数据协议、数据编码规则及语法等，包括编码格式、语法标准、数据符号、数据对象、数据结构和数据安全等。

RFID 数据内容标准能够支持多种编码格式，如支持 EPC（电子产品码）和 DOD（美国国防部）等规定的编码格式，以及 EPC global 规定的标签数据格式标准等。

④性能标准

RFID 性能标准主要涉及设备性能及一致性测试方法，尤其是数据结构和数据内容（即数据编码格式及其内存分配）。它主要包括设计工艺、测试规范和试验流程等。

⑤应用标准

应用标准主要涉及特定应用领域或特定环境中 RFID 的构建规则，其中包括 RFID 在物流配送、仓储管理、交通运输、信息管理、动物识别、矿井安全、工业制造和休闲娱乐等领域的应用标准与规范。

由于 Wi-Fi、WiMAX、蓝牙、ZigBee、专用短程通信（Dedicated Shortrange Communication，DSRC）协议及其他短程无线通信协议正在用于 RFID 系统或融入 RFID 设备中，因此，RFID 标准所包含的范围不断扩大，与此相应的实际应用也变得更加方便。

（2）RFID 标准化组织

许多国际的、地区的、国家的组织及一些产业协会都在开发 RFID 标准。目前影响全球 RFID 标准的五大标准化组织如下。

① EPC global。EPC global 是当今世界最大的 RFID 标准组织，是由 GS1 和 GSIUS 两大标准化组织联合成立的，而 GS1 和 GSIUS 的前身分别是 EAN 和 UCC。EPC global 全球核心成员包括美国沃尔玛、德国麦德龙、硅谷思科、欧洲吉列公司等世界五百强企业。

② AIM global，即全球自动识别组织。AIM 在全球有 13 个国家与地区性的分支，且目前其全球会员数已快速累计至 1000 多个，该组织是全球产品编码组织，每年向全球包括我国企业收取条形码使用费。

③ ISO：全球非营利工业标准化组织。

④ UID（Ubiquitous ID）：日本泛在技术核心组织。

⑤ IP-X。IP-X 主要在南非、南美地区和澳大利亚、瑞士等国家推行，为中性主权国的第三世界标准组织。

地区性的国际组织有欧洲标准化委员会（Comité Européen de Normalisation，CEN）。国家（地区）标准化机构有：美国国家标准化组织（American National Standards Institute，ANSI）、英国标准化组织（British Standards Institution，BSI）、加拿大标准化协会（Standards Council of Canada，SCC）、法国工业标准化协会（Association Francaise de Normalisation，AFNOR）和德国标准化学会（Deutsches Institut für Normung e.V. DIN）。产业联盟有：汽车工业行动组（Automotive Industry Action Group，AIAG）、美国统一代码协会 / 欧洲条形码协会（Uniform Code Council/ European Article Numbering，UCC/EAN）、ATA 和 EIA。这些机构均在制定与 RFID 相关的区域、国家或产业联盟标准，并希望通过不同的渠道提升为国际标准。

4.2 射频识别技术基本原理

RFID 技术，作为一种非接触式的自动识别技术，可以通过射频信号自动识别目标对象，获取相关的数据，不需要人工接触、不需光学可视即可完成信息输入和处理，并且操作简单、便捷。

4.2.1 RFID系统的组成

典型的RFID系统主要由电子标签（tag）、阅读器（reader）、中间件和应用系统软件四部分组成，一般把中间件和应用系统软件统称为应用系统，如图4–2所示。

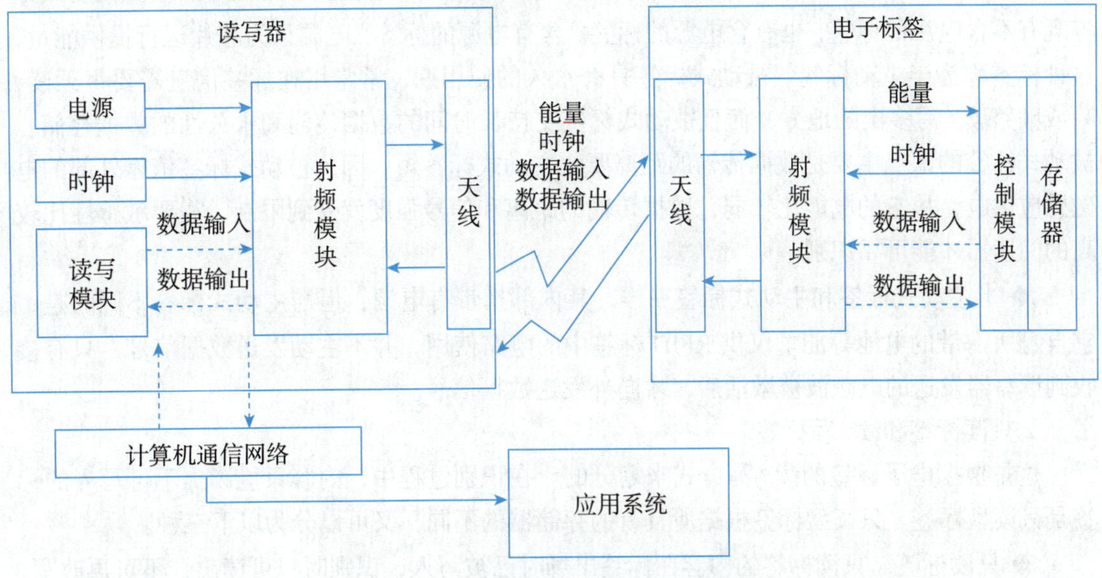

图4–2　射频识别系统的结构框图

（1）电子标签

电子标签又称为智能标签，是指由IC芯片和无线通信天线组成的超微型的小标签，其内置的射频天线用于和阅读器进行通信，电子标签是RFID系统真正的数据载体。电子标签一般是带有线圈、天线、存储器与控制系统的集成电路，根据其应用场合的不同表现为不同的应用形态，如图4–3所示。电子标签有许多不同的分类。

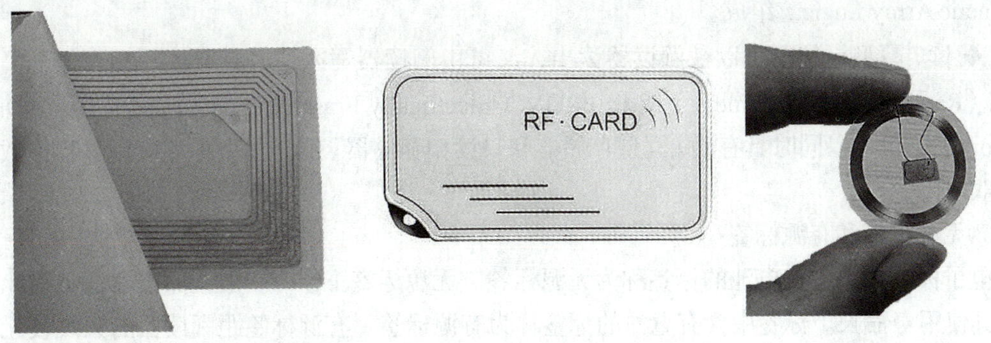

图4–3　电子标签

①主动式标签、被动式标签和半主动式标签

◆主动式标签内含有电源，用自身的射频能量主动地发射数据给阅读器，其工作可靠性高，信号传送距离远。主动式标签还可通过设计电池的不同寿命对标签的使用时间或使用次数进行限制。主动式标签用在需要限制数据传输量或者使用数据有限制的地方，如一年内，标签只允许读/写有限次。主动式标签的缺点是标签的使用寿命受到限制，而且随着标签内电池电力的消耗，数据传输的距离会越来越小，因而影响系统的正常工作。

◆ 被动式标签的通信需要从阅读器发射的电磁波中获得能量才能正常工作。被动式标签既有不含电源的标签，也有含电源的标签。含有电源的标签，电源只为芯片运行提供能量，这种标签称为半主动标签。被动式标签具有永久的使用期，常常用在标签信息需要每天读/写或频繁读/写多次的地方，而且被动式标签支持长时间的数据传输和永久性的数据存储。被动式标签的缺点主要是数据传输的距离要比主动式标签短。因为被动式标签依靠外部的电磁感应供电，故它的电能比较弱，数据传输的距离和信号强度就受到限制，需要敏感性比较高的阅读器才能可靠识别。

◆ 半主动式标签和主动式标签一样，其内部携带有电源，但与主动式标签不同的是，它自身所携带的电池等能量仅供 RFID 标签中的电路使用，并不主动发送数据信号，只有接收到读写器发送的电磁波被激活后，才向外发送数据信号。

②只读标签和读/写标签

这是根据电子标签的读/写方式来划分的。在识别过程中，内容只能读出不可写入的标签是只读型标签。只读型标签根据所具有的存储器的不同，又可以分为以下三种。

◆ 只读标签。只读标签的内容在标签出场时已被写入，识别时只可读出，不可再改写，其存储器一般由 ROM（Read-Only Memory）组成。

◆ 一次性编程制度标签。标签的内容只可在应用前一次性编程写入，识别过程中标签内容不可改写，其存储器一般由 PROM（Programmable Read-Only Memory）、PAL（Programmable Array Logic）组成。

◆ 可重复编程只读标签。标签内容经擦除后可重新编程写入，识别过程中标签内容不能改写，其存储器一般是由 EPROM（Erasable Programmable Read-Only Memory）或 GAL（Generic Array Logic）组成。

◆ 读/写型标签既可以被阅读器读出，又可由阅读器写入，其具有读写型存储器，如 RAM（Random Access Memory）或 EEPROM（Electrically Erasable Programmable Read-Only Memory），也可以同时具有读/写型存储器和只读型存储器。读/写型标签应用过程中数据可以双向传输。

③无源标签和有源标签

电子标签中不含有电池的标签称为无源标签。无源标签工作时一般距阅读器的天线比较近，其使用寿命长。标签中含有电池的标签称为有源标签。有源标签距阅读器的天线较无源标签要远，但需定期更换电池。

④标志标签与便携式数据文件

标志标签中存储的只是标志号码，用于对特定的标志项目，如人、物、地点等进行标示，而关于被标示项目的特定的信息，只能在与识物相连接的数据库中进行查找。

便携式数据文件是指标签中存储的数据非常大，可以看成一个数据文件。这种标签一般都是用户可编程的。这种标签中除了存储标志外，还存储有大量的被标示项目其他的相关信息，如包装说明、工艺过程说明等。在实际应用中，关于被标示项目的所有的信息都是存储在标签中的，读标签就可以得到关于被标示项目的所有信息，而不用再连接数据库进行信息读取。

（2）阅读器

RFID 阅读器外观如图 4-4 所示，它在 RFID 系统中扮演着重要的角色。阅读器主要负责与电子标签双向通信，同时接受来自主机系统的控制指令。阅读器的频率决定了 RFID 系统工作的频段，其功率决定了射频识别的有效距离。阅读器根据使用的结构和技术不同，可以是只读或读 / 写装置，它是 RFID 系统信息控制和处理中心。阅读器一般由射频模块、读 / 写模块和天线组成。阅读器还能提供相当复杂的信号状态控制、奇偶错误校验与更正功能等。

图 4-4　RFID 阅读器

RFID 阅读器必须通过天线才能发射能量，形成电磁场，并通过电磁场对电子标签进行识别。天线所形成的电磁场范围就是射频系统的可读区域。任意一个 RFID 系统至少应包含一根天线（不管是内置还是外置）以发射和接收射频信号。有些 RFID 系统是由一根天线同时完成发射和接收的，有些 RFID 系统则由一根天线来完成发射而由另一根天线来承担接收，所采用天线的形式及数量应视具体应用而定。

在电感耦合型 RFID 系统中，阅读器天线用于产生磁通量，而磁通量用于向射频电子标签提供能量，并在阅读器和电子标签之间传输信息。

阅读器的频率范围不同，天线的类型也不同。一般来说，电感耦合型 RFID 系统一般使用线圈天线，而电磁散射型 RFID 系统采用平板天线。阅读器的频率范围不同，可以使用不同的方法将天线线圈连接到阅读器发送器的输出端。可以通过功率匹配将天线线圈直接连接到功率输出极，或者通过同轴电缆送到天线线圈，前者适用于低频阅读器，而后者则适用于高频及部分低频阅读器产品。

在目前的超高频与微波系统中，广泛使用的是平面型天线，它包括全向平板天线、水平平板天线、垂直平板天线等。

（3）中间件

RFID 中间件扮演着电子标签与应用程序之间的中介角色，如图 4-5 所示。应用程序端使用中间件提供的一组通用的应用程序接口（Application Programming Interface，API）即能连到 RFID 阅读器，读取电子标签数据。这样，即使存储电子标签信息的数据库软件或后端应用程序增加或改由其他软件取代，或者 RFID 阅读器种类增加等情况发生时，应用端不需修改也能处理，解决了多对多连接维护的复杂性问题。RFID 中间件的功能主要包括阅读器协调控制、数据过滤与处理，数据路由与集成和进程管理。

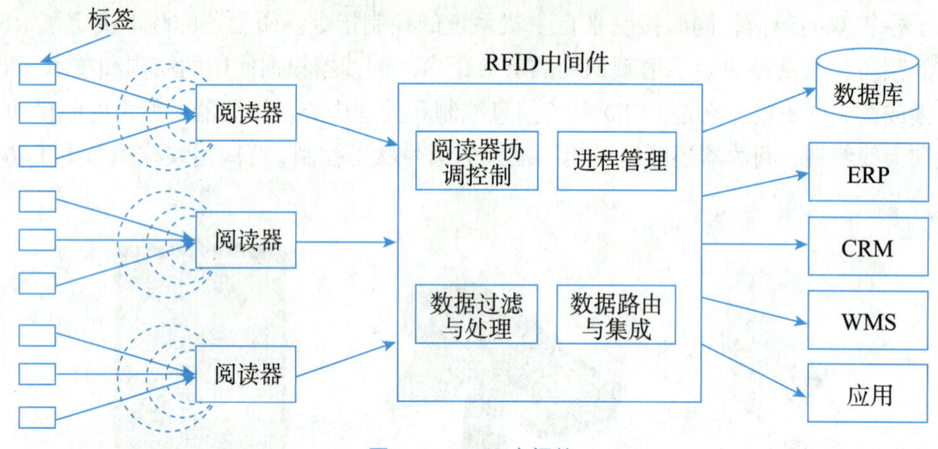

图 4-5 RFID 中间件

（4）应用系统软件

RFID 应用系统软件是针对不同行业的特定需求开发的应用软件。它可以有效地控制阅读器对电子标签信息进行读 / 写，并且对收集到的目标信息进行集中的统计与处理。RFID 应用系统软件可以集成到现有的电子商务和电子政务平台中，与 ERP、CRM 及 SCM 等系统结合能够提高各行业的生产效率。

4.2.2 RFID系统的基本工作流程

射频识别系统的基本工作流程如下。

（1）读写器将无线电载波信号经过发射天线向外发射。

（2）当电子标签进入发射天线的工作区时，电子标签被激活，将自身信息的代码经天线发射出去。

（3）系统的接收天线接收电子标签发出的信号，经天线的调节器传输给读写器；读写器对接收到的信号进行解调解码，送往后台的电脑控制器。

（4）电脑控制器根据逻辑运算判断该标签的合法性，针对不同的设定作出相应的处理和控制，发出指令信号控制执行机构的动作。

（5）执行机构按照电脑的指令动作。

（6）通过计算机通信网络将各个监控点连接起来，构成总控信息平台，根据不同的项目可以设计不同的软件来完成要达到的功能。

图 4-6 是 RFID 系统工作流程示意。

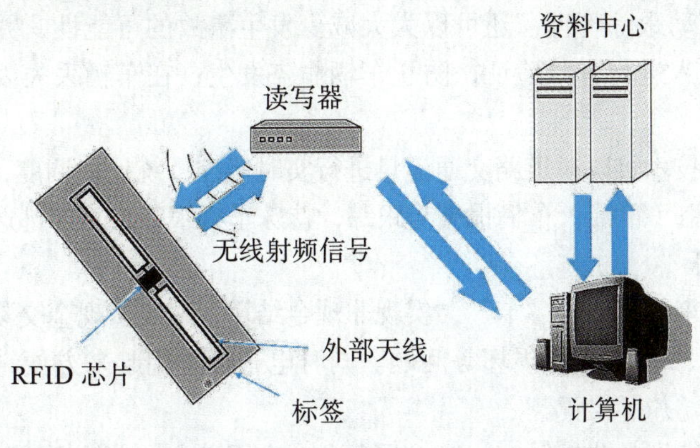

图 4-6　RFID 系统工作流程示意

4.3　射频识别技术的应用

4.3.1 RFID的应用领域

射频识别技术被广泛应用于工业自动化、商业自动化、交通运输控制管理、防伪等众多领域。

（1）高速公路收费及智能交通系统

目前国内高速公路自动收费系统是射频识别技术最成功的应用之一。

中国的高速公路发展非常快，地区经济发展的先决条件就是有便利的交通条件，而高速公路收费却存在一些问题，一是交通堵塞，在收费站口，许多车辆要停车排队交费，成为交通瓶颈问题；二是少数不法的收费员贪污收取过路费，使国家蒙受了财政收入损失。

RFID 技术应用在高速公路自动收费上能够充分体现该技术的优势。在车辆高速通过收费站的同时自动完成缴费，解决了交通的瓶颈问题，提高了车行速度，避免了拥堵，提高了收费计算效率，同时可以解决收费员贪污收取过路费的问题。

（2）生产的自动化及过程控制

RPID 技术因其具有抗恶劣环境能力强、非接触识别等特点，在生产过程控制中有很多应用。通过在大型工厂的自动化流水作业线上使用 RFID 技术，实现了物料跟踪和生产过程自动控制、监视，提高了生产效率，改进了生产方式，降低了生产成本。

在生产线的自动化及过程控制方面，德国 BMW 公司为保证汽车在流水线各位置准确地完成装配任务，将 RFID 系统应用在汽车装配线上。而 Motorola 公司则采用了 RFID 技术的自动识别工序控制系统，满足了半导体生产对环境的特殊要求，同时提高了生产效率。

（3）车辆的自动识别以及防盗

通过建立采用射频识别技术的自动车号识别系统，能够随时了解车辆的运行情况，不仅实现了车辆的自动跟踪管理，还可以大大减少发生事故的可能性，并且可以通过射频识别技术对车辆的主人进行有效验证，防止车辆偷盗发生，在车辆丢失以后可以有效寻找丢失的车辆。

采用射频识别技术可以对道路交通流量进行实时监控、统计、调度，还可以用作车辆闯红灯记录报警，被盗（可疑）车辆报警与跟踪，特殊车辆跟踪，肇事逃逸车辆排查等。

（4）电子票证

使用电子标签来代替各种“卡”，实现非现金结算，解决了现金交易不方便也不安全以及以往的各种磁卡、IC 卡容易损坏等问题。同时电子标签用起来方便、快捷，还可以同时识别几张电子标签，并行收费。

射频识别系统特别是非接触 IC 卡（电子标签）应用潜力最大的领域就是公共交通领域。用电子标签作为电子车票，具有使用方便，更可以缩短交易时间、降低运营成本等优势。

（5）货物跟踪管理及监控

射频识别技术为货物的跟踪管理及监控提供了方便、快捷、准确的自动化技术手段。

以射频识别技术为核心的集装箱自动识别，成为全球范围内最大的货物跟踪管理应用技术。将记录有集装箱位置、物品类别、数量等数据的电子标签安装在集装箱上，借助射频识别技术，就可以确定集装箱在货场内的确切位置。系统还可以识别未被允许的集装箱移动，有利于管理和安全。

（6）仓储、配送等物流环节

将射频识别系统用于智能仓库货物管理，可以有效地解决仓库内与货物流动相关的信息的管理，监控货物信息，实时了解库存情况，自动识别货物，确定货物的位置。

（7）邮件、邮包的自动分拣系统

射频识别技术已经被成功应用到邮政领域的邮包自动分拣系统中，该系统具有非接触、非视线数据传输的特点，因此，包裹传送中可以不考虑包裹的方向性问题。当多个目标同时进入识别区域时，可以同时识别，大大提高了货物分拣能力和处理速度。另外，由于电子标签可以记录包裹的所有特征数据，更有利于提高邮包分拣的准确性。

（8）动物跟踪和管理

射频识别技术可以用于动物跟踪与管理。将封装的电子标签植于动物皮下，可以标识牲畜，监测动物健康状况等重要信息，为牧场的现代化管理提供了可靠的技术手段。在大型养殖场，可以通过采用射频识别技术建立饲养档案、预防接种档案等，达到高效、自动化管理牲畜的目的，同时为食品安全提供保障。

在动物的跟踪及管理方面，许多发达国家采用射频识别技术，通过对牲畜个体识别，保证牲畜疾病大规模暴发期间对感染者的有效跟踪及对未感染者进行隔离控制。

（9）门禁保安

门禁保安系统在应用 RFID 技术以后，一卡可以多用，如作为工作证、出入证、停车证、饭店住宿证甚至旅游护照等。使用电子标签可以有效地识别人员身份，进行安全管理以及高效收费，简化了出入手续，提高了工作效率。人员出入时该系统会自动识别身份，非法闯入时会有报警。安全级别要求高的地方，还可以结合其他的识别方式，将指纹、掌纹或面部特征存入电子标签。

（10）运动计时

在马拉松比赛中，由于参赛人员太多，如果没有一个精确的计时装置就会造成不公平的竞争。将电子标签应用于马拉松比赛的精确计时，这样每个运动员都有自己的起始和结束时间，就会在一定程度上避免不公平的竞争。目前我国举办的所有马拉松赛事都已采用这一技术进行计时。

4.3.2 RFID与条码的比较

条码标识系统在零售结算和库存管理中发挥了重要的作用，但在供应链中还有以下几个方面的不足。

（1）没有做到真正的“一物一码”

商品条码只能用于对一类商品进行管理，无法对每一个商品进行唯一标识。因此，对每一个商品的管理不到位。

（2）无法实现产品的实时追踪

条码中包含的信息是一次性写入的，无法对内容进行实时性的修改，因此，无法实现对产品的实时追踪。

（3）无法脱离网络和数据库

一维条码的应用还需要依赖于数据库，无法脱离网络和数据库而使用。

条码只能适用于流通领域，商流和物流的信息管理不能透明地跟踪和贯穿供应链过程，如果要在供应链中使用条码系统，必须要求供应链内所有成员都共享数据库，数据库建设工作量太大。条码只能记载着产品简单的背景，例如生产商和商品名称，而且还得使用红外线扫描才能读取数据。条码是只读的，在扫描时需要对准条码符号，一次只能识读一个，且容易破损；而 RFID 是可擦写的，在使用时不需对准标签，可同时读取多个标签，标签本身质量坚固，可以保证全天候使用，不需人力介入操作。所以条码是有可能被 RFID 标签替代的。

条码技术和射频识别技术各具特点。就目前而言，条码技术虽然有不少缺陷，但是低成本是其仍然得以被广泛应用的主要原因之一。射频识别技术虽然弥补了条码技术的许多不足，但是其高成本使其难以被大面积推广。要在二者间进行选择，首先需要对它们各自的特点有明确了解。

有关 RFID 与条码间的一些比较如表 4–2 所示。

表 4-2 RFID 与条码的比较

对比内容	RFID	条码
信息作用	物品信息的描述	物品的标识
读取数量	可同时读取多个标签	一次只能识别一个
资料容量	储存容量大	储存容量小
读取距离	远	近
读取环境	可在恶劣环境下工作，标签无须可见	标签被损毁时无法读取，读取时需要可见光扫描条码
移动读取	可在高速移动中读取	慢速移动时可读取
坚固性	不易被损毁	易被污染和撕毁
数据更新	可用编程器重复写入	数据不可更新
使用成本	高	低

4.3.3 国内射频识别技术应用的现状

2021 年，全球 RFID 市场规模达到了 116 亿美元。RFID 在国外的应用正在迅速发展。在北美、欧洲、大洋洲、中亚太地区及非洲南部，RFID 技术已被广泛应用于工业自动化、商业自动化、交通运输控制管理等众多领域。例如，汽车、火车等交通监控，高速公路自动收费系统，停车场管理系统，物品管理，流水线生产自动化，安全出入检查，仓储管理，动物管理，车辆防盗，等领域都大规模应用了 RFID 系统。

自 2010 年中国物联网发展被正式列入国家发展战略后，中国 RFID 及物联网产业迎来了发展机遇。2019 年，中国 RFID 行业市场规模达 1085.81 亿元人民币。2020 年，市场规模突破 1200 亿元人民币，2022 年，达到 1686 亿元人民币。数据来源于尚普咨询集团《2023 年 RFID 行业经济运行现状分析与发展前景》。

我国 RFID 产业链基本形成，但还不完善，特别是 RFID 中间件设备商数量较少。此外，RFID 标准迟迟没有出台，电子标签价格较高，国内用户对 RFID 认知不够这些因素的影响，对我国 RFID 产业及市场的发展造成了一定的阻碍。

RFID 在国内最开始主要用于物流、资产管理和防盗防伪，之后应用范围不断扩大，目前 RFID 在金融支付、物流、零售、制造业、医疗、身份识别、防伪、资产管理、交通、食品、动物识别、图书馆、汽车、航空、军事等行业都已经实现不同程度的商业化使用。

现阶段，中国 RFID 产业呈现以北京、上海、广东、香港为代表的快速发展趋势。以市场分布数据为例来看，华南、华北、华东是目前我国 RFID 市场相对成熟的区域。从我国 RFID 在各个领域的应用市场占比情况可以看出，目前金融支付是其应用最大的市场，其次是零售和交通管理。

随着技术和经济的发展，RFID 在这些领域的发展不断加深。据统计，金融支付在中国 RFID 领域占比最高，为 18%；零售和交通管理占比分别为 15% 和 13%；军事与安全占比 11%，身份识别占比 9%，物流仓储占比 8%，资产管理占比 8%，防盗防伪和公共事业均占 5%。

4.3.4 RFID 技术在冷链物流中的应用

冷链物流包括对货物的冷藏（冻）加工、冷藏（冻）仓储、冷藏（冻）配送及运输、冷藏（冻）销售四个环节。可以有选择性地在生鲜食品冷链物流的某一环节使用 RFID 技术，例如，许多物流服务商有针对性地在目前冷链物流的短板——冷藏运输及配送环节使用 RFID 技术；同时，如有需要，RFID 还可扩展为由企业或联盟建立覆盖全冷链流程的冷链监测中心数据平台。

（1）加工环节

在生产加工环节应用 RFID 技术，可以实现在生产线上对原材料、配料的来源信息进行记录，可对原材料、配料、半成品和成品进行自动识别、分拣与跟踪，减少人工识别成本和降低出错率，从而达到提高生产效率和经济效益。尤其是采用 JIT 准时制生产方式的自动化流水线上，采用 RFID 技术后，产品生产流程的各个环节均被置于严密的监控和管理之下，可实现流水线均衡、稳步生产，同时也加强了对质量的控制与追踪。

如果建立前面所述的全冷链流程的冷链监测中心数据平台，则需要在产品加工完成后，把加工者信息、加工方法、加工日期、产品等级、保质期、存储条件等内容添加到 RFID 标签中，以便客户查询产品信息和进行追溯。带温度传感器的 RFID 标签则开启了对产品（成品）全冷链流程的无纸化监管，有利于冷链物流各环节温度监测的无缝衔接。

（2）仓储环节

RFID 技术在仓储中的应用主要是在货物和容器上贴上标签，在仓库进、出口安装固定读写器，还可以在叉车上安装读写器，便于叉车高效正确分拣货物，同时可配手持读写器，加强 RFID 对货物的读写。冷链产品种类多样，不同产品对存储条件有不同的要求，相对非冷链货物要求更高，入库时，根据 RFID 读写器获得的信息，把货物准确地分配到各存放区；出库时，根据货物的储存情况，选择优先出库的产品，避免经济损失，还可以根据出口处读写的信息与出库货物的产品情况再次进行核对，降低出错率。同时，利用 RFID 还可以实现仓库的快速盘点，帮助管理人员随时了解仓库内产品的状况，尤其是仓库内温度的变化。

RFID 技术的运用有效地阻止了人为造成的差错和混淆，全面实现无纸化作业，提高作业效率和准确率，降低物流成本，使货物出、入库的时间大大减少，可对仓库内的温度变化进行实时监控，以保证产品质量。

（3）配送 / 运输环节

在配送环节，不仅可以准确高效地对配送过程中的货物进行分拣、中转、及时送达，还可以方便快捷地记载货物配送信息，提高物流业的服务、管理水平、减少人工、降低配送成本。在产品运输过程中，采用 RFID 与 WSN、GPS 技术相结合，解决在运输途中温度控制和运输路线优化的问题。利用 RFID 标签和车载读写器或沿途安装的固定读写器实时监控运输车辆内货物的温度变化，跟踪运输车辆的路线和时间。将温度传感器采集的温度定时写入 RFID 标签的芯片中，当 RFID 标签接到 RFID 读写器天线信号时，将 RFID 芯片内的温度数据上传给 RFID 读写器，交由后端系统处理。此系统便可实时监控某被管理物的温度变化，实现实时监视、预警管理。通过这种方法，可以实现对运输、配送过程中温度发生改变时的预警，或是对过程中的温度变化进行记录，从而帮助辨识可能由温度变化引发的质量变化及具体发生时间，并有助于质量事故的责任认定。GPS 也会把最短和最经济的路线图勾画出来，然后就按照这个路线图进行运输，以节省费用开支和产品质量控制。

（4）销售环节

在销售阶段，商家可利用 RFID 标签质量追溯系统了解购入商品的状况，帮助商家对产品实行准入管理。通过采用 RFID，因为不需要人工查看进货的条码而节省了劳动力成本。RFID 可以改进零售商的库存管理，实现适时补货，有效跟踪运输与库存，提高效率，减少差错。同时，智能标签能对某些时效性强的商品的有效期限进行监控；商店还能利用 RFTD 系统在付款台实现自动扫描和计费，从而取代人工收款。RFID 标签在供应链终端的销售环节，特别是在超市中免除了跟踪过程中的人工干预，并能够生成百分之百准确的业务数据，因而具有巨大的吸引力。RFID 有助于解决零售业两个最大的难题：商品断货和损耗（因盗窃和供应链被搅乱而损失的产品）。研究机构估计，RFID 技术能够把失窃和货物滞压降低 25%。

4.3.5 RFID 技术在仓库管理中的应用案例

仓储是物流中不可缺少的一环，在整个物流过程中发挥着重要作用。仓储是生产中原材料、半成品、成品的缓冲池，为生产的持续稳定提供保障，实现生产和运输的经济性。同时，仓储可以克服生产者和消费者之间的时间和空间差异，支持企业的物流策略，提高客户服务水平，并降低物流成本。可以说离开了仓储的支持，就不可能有高效率、低成本的物流服务。

将 RFID 系统与现行的条码系统相结合，可有效解决与仓库及货物流动有关的信息管理，不但可增加一天内处理货物的件数，还可以查看这些货物的一切流动信息。将条码与 RFID 技术相结合，也是 RFID 在现阶段应用的一种方式。可以将条码贴在物品上，射频电子标签贴在存放物品的托盘或叉车上，电子标签存放托盘或叉车上所有物品的信息，阅读器则安置在仓库的进出口处。每当物品进库时，阅读器自动识别电子标签上面的物品信息，并将信息存储到与之相连的管理系统中；当物品出库时，同样由阅读器自动识别物品信息，并传送到管理系统，由系统对信息进行出库处理。我国深圳的白沙物流就是将 RFID 技术与条码相结合的典型。

在我国，率先将 RFID 技术应用于仓储的是深圳的白沙物流。白沙物流是由白沙集团于 1992 年投资成立的，总投资 2.5 亿元，注册资金 6000 万元。几年之后，白沙物流已经成为远近知名的第三方物流公司。目前，白沙物流拥有 4 万平方米的现代化仓储大楼一幢，7000 平方米现代化单层钢结构仓库一幢，另有 1.5 万平方米的综合大楼一幢。白沙物流的某些客户产品更新速度快，经常要求按指定条码的某些产品进行出库。按照以前的物流管理模式，白沙物流无法确认每件货物存放的精确位置。尽管商品都有条码，但在几千平方米的仓库里面寻找几个条码，谈何容易？白沙物流经常要抽调出十多人来找，甚至厂商也派出好几个人，一件件翻找，耗费庞大的人力、物力。并且，为了便于找货，就需要在堆货时多留通道，这样下来，仓库利用率只有 30%。客户和白沙物流对此都不满意。在这种情况下，如何解决提高效率和仓库利用率成为白沙物流的难题。

RFID 的出现，成为解决白沙物流难题的救命稻草。

在白沙物流的 RFID 系统中，最大的“秘密”在于托盘上的电子标签（Tag）。这个长约 8 厘米、宽约 2 厘米的电子标签就如同一个小型存储器，大约可存储 1000 个字节。用户将这个电子标签安装在托盘上，货物在入库前，只需用手持阅读器读取托盘上货物的条码信息，然后录入电子标签中，这一托盘上的所有货物信息就会存储到终端电脑里，也就是固定式的阅读器（Reader）内。而凭借手持阅读器，入库前的信息录入工作，就可以在千里外的生产车间完成。

在白沙物流的仓库中，货物在出库时，先将需要出库的货物号输入电脑，电脑立即显示出货位图，并将结果以列表的形式传输到手持阅读器（Reader）上。操作人员通过手持机的指示就可以很顺利地找到货物，将装货物的托盘拉起，通过手持阅读器扫描托盘上的电子标签，然后按下“出库”按钮，这个托盘上的货物就可以出库了。如果托盘上的货物与电脑内显示出来的情况不同，设在仓库大门两旁的监控门就会发出警报声。这批货就需要重新按照“出库”流程办理，直到没有出现差错为止。

白沙物流 RFID 系统的应用就是将 RFID 与条码相结合的托盘 + 条码管理，也就是说，在近百个托盘上安装了“电子标签”，而每件物品上则还是“条码”。RFID 系列是用电子标签的动态信息来管理条码的静态信息，货物移动的每一个过程都由标签与读写器自动记录，自动处理。这样省掉了很大一部分机械重复性劳动，所以现在的仓储管理效率和准确性得到了极大的提高。白沙物流的仓库利用率由 30% 提升到了 80%，同时由于托盘是重复使用的，电子标签也相应是重复使用，这样使硬件成本得到了有效控制。

4.3.6 RFID 在集装箱运输管理上的应用

随着对标准化更高的要求，集装箱运输在逐渐取代原有的传统运输方式。全球运输“集装箱化”的比重不断提高，尤其是在国际贸易中，集装箱运输已经成为一种主要的运输方式，发达国家的海上货运已基本实现集装箱化。而且它也是目前标准化程度最高的一种运输方式。每个集装箱都有它唯一的标识（箱号），在整个运输链条中，集装箱的识别就是通过它的箱号来鉴别的；集装箱的交接也同样是以箱号为准。而人工的数据采集难免会出现各种各样的差错，同时数据采集需要的时间相对也较长。比如在集装箱码头常会因箱号被看错发生集装箱装错船的事件，结果延误了船期，给货主带来了很大的损失。即使操作人员在这方面十分小心，因为时间的延迟也会影响到整个供应链的效率。这些都与现代化的管理方式不相匹配。为了增加市场竞争实力，提高运输效率和服务质量，实现集装箱运输的现代化，集装箱的运输管理需要一种更加自动化、智能化，能够实时更新数据的技术。RFID 技术无疑具备了这些特点。

（1）集装箱的自动识别

20 世纪 80 年代末，一些发达国家研制出技术先进的集装箱自动识别系统，随着技术的不断完善，国际上已有大量的集装箱自动识别系统投入使用，而基于 RFID 技术的自动识别系统就是其中之一。

将记录有集装箱号、箱型、装载的货物种类、数量等数据的标签安装在集装箱上，再经过安装有识别设备的公路、铁路的出入口、码头的检查门时，读写器发出无线电波，RFID 标签自动感应后将相应的数据返回到读写器，从而将 RFID 标签上保存的信息传输到 EDI 系统，实现了集装箱的动态跟踪与管理，提高了集装箱运输的效率和信息的共享。

这种系统一般使用的是被动式的 RFID 技术，在集装箱码头的应用较多。通过这种系统的使用不仅加快了车辆进港提箱的速度，而且对车辆提箱进行了严密的管理，并有效降低了值班人员的劳动强度，减少了人为因素造成的差错。但由于目前使用 RFID 技术的集装箱还不是很广泛，而且需要对原有的系统平台做比较大的改造，所以，在国内集装箱码头使用比较多的是基于视频技术的自动识别系统。

（2）电子封条与货运追踪

以往的集装箱封条都是人工式的封条，它对集装箱内的货物安全可以起到一定的保护作用。人工式封条分为指示性的封条和障碍性的封条，两者的区别主要在用于铅封的材质牢固程度不同，障碍性的封条更难被破坏，打开它常需要专用的工具，而不像指示性封条只用普通的工具即可去除。在集装箱放行或交接时需要检查封条的状态，封条状态的任何变化都会在交接的文书上进行记录，从而确定责任的划分。虽然这种人工式的封条能够起到一定的保护作用和简单的状态记录，但它并不能实时地提供有关具体状态改变（遭到破坏）的时间、地点和破坏者的信息，而电子封条却可以提供更多的类似信息。电子封条一般采取的是物理封条与 RFID 组件的混合形式。

大多数电子封条也同样用到被动式的和主动式 RFID 技术。被动式的电子封条的主要特点是：使用距离短，成本低，一次性的。它们本身没有电力。由于被动式封条不能提供持续的电力来检测封条的状态，所以它们也不能检测和记录损害行为发生的时间，而仅仅只能在通过装有阅读装备的供应链节点时提供它们完整与否的信息。

主动式的电子封条更复杂一些，需要更高的初始成本，只有当价格明显下降的时候才可能反复使用。主动式封条带有电池，它所具备的功率能够允许其更大范围地使用和发挥更大的功能。主动式封条能实时检测损害的行为，并将其加入事件日志中。它在结合 GPS 技术后，能在集装箱状态发生变化时实时将状态变化发生的时间、地点以及周围的环境信息传输到货主或相应的管理人员的机器上去。更有一些封条能够在损害行为发生时提供即时的求救信号。

目前这类电子封条国内还比较少见，主要是在美国使用较多。因为低成本和操作的简易性，被动式封条是美国在“9·11”后首选的防止偷盗的安全解决方案。主动式封条因其更强的安全性能，使得它在“9·11”后得到更多的使用和推广。自“9·11”恐怖事件后，为防止恐怖组织利用船舶携带大规模毁灭性武器或恐怖分子进入美国，确保对其贸易至关重要的海运安全、畅通，美国政府不断强化其港口和航运的保安措施。集装箱安全倡议（Container Security Initiative，CSI）就是美国政府基于此项考虑而出台的一项措施，根据协议，美方对来自纳入 CSI 对应港口的货柜实行优检，货物在美国的通关时间可大幅缩短。从深圳港出口运到美国的所有货柜，将安装电子封条，通过数据读取仪从电子封条上获取数据，然后将集装箱信息实时传送到特设的信息平台。当货柜受到损坏、运输线路变更或延迟等意外情况发生时，集装箱管理者可通过电脑、手机或 PDA 迅速接收系统的自动报警，第一时间了解相关情况。这需要港口配备相关信息网络平台及大量定位器、电子封条等外设，集装箱的运输成本会明显增加。但从长远来看，这种电子封条提高了集装箱运输的安全程度，提高了运输过程的透明度，可以缩短运输周期，供应链效率也将大幅提高，这将使综合运输成本大幅降低。

延伸阅读

基于RFID技术的智慧物流托盘开发与应用

托盘是物流行业的基本载具，是在物流作业过程中托载货物，构成单元化包装，便于货物的运输、仓储、装卸和配送而使用的负荷面和叉车作业的垫板。托盘是物流运输仓储中最基本的单元化工具，相比于周转箱出镜率更高。托盘托举着物流产业，托盘产业的标准化、数字化、智能化、绿色低碳将成为今后一个时期发展的必然趋势。

“十三五”时期我国物流行业得到了飞速发展。2020 年全国社会物流总额超 300 万亿元，相比于 2016 年的 229.7 万亿元增长了 30.6%；2020 年社会物流总费用占 GDP 的比率为 14.7%，相比于 2016 年的 14.9%，减少了 0.2%；可见我国物流行业高质量发展依然任重道远。“十三五”时期我国托盘产业的年产量、市场保有数量都在快速增长，2020 年托盘年产量和保有数量分别达到 3.4 亿片和 15.5 亿片，相对于 2016 年的 11.69 亿片，增长了 32.6%。托盘产业的发展不仅体现在产量和数量的增长上更明显地表现在托盘标准化提升循环共用托盘比率提高以及带托运输的增长上。当前托盘产业最为重要的发展方向之一就是构建智能物流托盘系统。

“十四五”期间，构建智能物流托盘系统是物流数字化升级的重要任务。智能物流托盘系统是移动智能化的重要载体。国民经济转型发展依存于技术创新驱动，将传统托盘和人工智能、区块链、物联网和 5G 技术融合的智能物流托盘系统推动着物流智能化的前进。在传统托盘或新材料托盘上加装能移动读取的智能芯片，帮助托盘完成供应链中货物的追踪，并实时提供物流和货物信息，实现物流可视化。在物流仓储和运输中，通过智能托盘传递信息，可以提高货物识别和验收效率，减少在途在库作业，加强货物监控，减少货差货损，有效降低物流成本。

通过托盘数字化智能创新实现托盘数据、物流数据和货物数据关联。在供应链中用托盘载具贯穿上下游，通过托盘序列化运输和仓储、智能化在途在库作业、数字化移动处理，真正促进供应链高效协同。

（1）RFID 技术在智能物流托盘系统中的应用

RFID 是一种射频自动识别技术，通过标签发射射频信号，经由天线传输，再由接收机获取相关数据。RFID 识别距离可从几十厘米到数百米，主要取决于 RFID 射频信号的强弱。

一般而言，采用弱电子源的RFID标签就可让信号达到十米之外。物流RFID标签通常与RFID读写器配合使用，其方便小巧，在需要的时候，将物流信息通过无线信号写入标签。RFID电子标签信息传递同样不需要直接接触，只要在辐射范围内就可以多次写入和读取物流信息及物品数据。这种电子标签内容含量和环境耐受能力都要远超纸质标签，可以重复使用，一般使用寿命是5～10年。

RFID数据识别是一种非接触识别，可在较为恶劣环境下识别也可识别高速运动的物流商品。在物流运输、仓储、加工、配送过程中，可以将物流信息和商品数量、价格、产地等信息写入并内嵌在托盘上的模组中，实现信息的传递。在物流运输、仓储过程中，作业单位可以完成对在途在库货物信息处理，向物流作业端点发布指令，选择最短路径和最佳储存位置。并且作业人员可以使用手持终端或手机移动处理相关数据，操作快捷方便。

将物流托盘和RFID技术关联，通过5G、RFID等技术把托盘和所托载的货物单元化，实现信息绑定，通过定位托盘信息来定位货物信息，并使用温湿度等环境传感器来收集物流作业过程中的货物状态，最后通过网络传递给远程作业人员。将叉车联网系统和智能物流托盘系统关联，自动记录货物的装卸搬运，并通过仓储WMS系统，传递RFID信号，使物流作业全程可视和可控，对物流托盘这个连接物流作业全过程的设备载体进行技术改造，发现智能托盘能大大降低物流行业的运营成本，提高企业的利润。在流通领域的技术改造，可以实现供应链中生产商、批发商、零售商三方智能物流相互协作，信息共享。

（2）基于RFID技术的智能物流托盘开发与应用

①智能物流托盘系统中新型托盘设计与开发

我国使用的传统托盘多是木托盘和塑料托盘，纸托盘和金属托盘较为少见。随着绿色发展概念深入人心，采用新型环保材料生产的新材料托盘和废旧塑料回收再利用的模压托盘将成为托盘行业的未来之星。在制造材料选择上，智能物流托盘系统中使用的新型托盘将秉承绿色环保理念，推动目前托盘行业新兴的“以塑代钢、以塑代木”发展趋势，并大量使用新型环保材料和废旧塑料回收再利用的混合材料制造绿色环保的新型托盘，力争实现造价成本比普通注塑托盘节约30%以上保证可循环使用。同时在国际贸易中可以免熏蒸、免消毒、免植物免疫，符合国际标准。在外形和结构设计中，智能物流托盘系统中新型托盘在模压制作时需要预留RFID芯片安置盒。RFID芯片安置盒应由托盘支撑脚环绕，外有加强筋进行保护，RFID芯片安置盒处在托盘四角之中。考虑到实际生产需求，需要保证托盘结构设计具有可拆卸性，方便RFID模块的安装与拆卸。

②智能物流托盘系统中新型托盘RFID模块设计

智能物流托盘系统就是将物联网技术应用到常规的托盘中，通过在托盘中嵌入RFID模组，包括RFID标签和天线，在标签上使用单一的弱电源装置，可以持续提供电能超过10年以上。RFID模组包括两个主控芯片，其中一个芯片为节约功耗，平时处于休眠状态，一般通过命令唤醒，主要作用是通过4G或者5G通信采集基站信息再通过网络平台进行数据传送；另一个芯片则通过蓝牙和操作进行数据交换。在物流运输、仓储、配送、流通加工等作业环节的端点，通过RFID阅读器来无线连接并读取芯片中的数据，也可以进行数据写入交换作业。

③智能物流托盘系统中新型托盘操作方法

把 RFID 标签植入智能物流托盘就是要用最小的成本对托盘进行数字“赋能”实现托盘的序列化和数字化。也可以将 RFID 标签替换为蓝牙电子信标，利用蜂窝网络系统或者窄带物联网系统实现物流信息和货物信息的自动收集和传递，最后在物流端点通过一维条码、RFID、NFC 三种方式来读取。在数据传输操作过程中，托盘和货物信息可以绑定，在带盘运输过程中形成一个物流单元信息。托盘之间也可以通过蓝牙进行彼此互联，形成一个托盘组信息。在物流作业过程中，如果一个托盘 RFID 标签出现故障，可以连接关联托盘标签，追踪故障托盘信息，使其在物流过程中起到保护货物的作用。

（3）物联网技术在智能物流托盘系统中未来开发的方向

①从单一 RFID 标签到多功能标签

随着物联网技术的发展，智能物流托盘的智能点要实现从一点到多点的增发。智能托盘不仅可以搭载 RFID 信息标签，还将配备多功能传感器。在运输和储存高价值货物时，温度、湿度、托盘中货物的承载压力和运输储存状态数据都需要随时感知并获取。以往是把承担这些功能的传感器临时放置于货物或者周转箱中，但是货物和周转箱的 RFID 标签不能内嵌，因为在运输、仓储过程中会自然污损，为阅读信息而必须人工开箱检查，增加了人工作业负担。鉴于此，将多功能传感器和 RFID 标签融为一体，构成物联网模块，保留了可随时拆卸的功能并通过弱电子提供长期动力。在物流过程中，标签功能整合，通过 RFID 标签和传感器的共同作用，使其能有效传递物流信息和货物实时信息并远程监控温湿度状态，并为用户提供了可视化管理。把多个功能汇集在智能托盘上，为管理系统提供了数据接口，实现全过程全链条监控和信息共享，降低了物流成本，并减少了人工作业，提高了物流效率和服务水平。

②从单一物流体系到多链体系

随着 5G 通信的普及覆盖，从供应链管理到物流数据处理都在 5G 应用的推动下，开启了巨大的数据洪流，实现了更为广泛的万物互联。智能物流托盘系统必将顺应技术和产业的发展，从单一物流体系走向多链体系。智能托盘将与人工智能、区块链、车联网、物联网等前沿技术产生更多的融合，创新物流作业控制技术与服务。

结语

“十四五”时期，新材料托盘本身将成为独立的信息收集传感器和通信系统，在供应链和运输、仓储等物流作业中承担着更多的使命。就当前而言，智能物流托盘系统研发最重要的任务是研究如何降低智能托盘制造成本，降低托盘使用过程中的故障概率，研究智能物流托盘标准体系，搭建在当前物流和供应链场景中适用的架构。

（资料来源：物联网智库，https://www.iot101.com/news/3039.html.）

课后思考题

（1）RFID 技术与条码技术的应用场景有什么区别？

（2）RFID 技术在实践应用中需要注意哪些问题？

（3）在危险品物流中如何应用 RFID 技术？

第5章 卫星定位技术

引导案例

GPS帮助天地纵横物流解决问题

天地纵横物流公司主要经营高速陆运、普通汽运、航空包机包舱、仓储及到达派送等综合物流业务，分别在华南、华东、华北设立了三大区域分拨中心及近20个分公司，合作网络遍布全国1000多个城市。企业员工超过2000人，共有430辆运输车辆及12万平方米的仓储和物流中心。

天地纵横物流公司采用先进的IT系统对货物的在途信息进行了实时跟进，并立足为VIP客户实现个性化的信息集成服务，全面实现网上订单、支付、查询、结算等一体化管理。专注为高附加值产品生产、制造、销售企业提供物流解决方案以及个性化的物流服务。并成功服务于TCL移动、华为技术、大族激光、三星电机、卡西欧、DHL、美特斯·邦威等国内外知名品牌企业。

该企业目前面临的问题包括以下三点。

（1）不能及时获取车辆实时信息，一旦发生意外，不能及时有效处理以保证人员、货物及车辆的安全；

（2）业务涵盖多个省市地区，车辆众多，对车辆的调度及管理效率低；

（3）对车辆违规行驶或违反行业规程不能有效监控。

通过实施GPS车辆监控系统，企业可以实现以下功能。

（1）可以实时了解货物的在途情况，并推算到达目的地的时间，解决了传统物流“货物一发出，什么都不知”的情况；客户能够在监控系统的电子地图上清晰地观察到公司车辆的位置、速度、行驶状态等重要信息，及时获取车辆的详细行车数据。

（2）车辆陷入困境时，能够主动向监控中心发送求助信息，保证司机、车辆以及人员、物品的安全。系统可以对驾驶室远程监听，语音通信，提供盗抢求助及报警服务，提供地图和Excel表格两种方式可回放车辆历史轨迹。

（3）无论车辆分布何处，都能通过监控系统了解车辆分布信息，将信息派发到附近的配送中心，就近执行监控中心下达的任务，提高工作效率。

（4）车辆违规行驶或违反行业规程时，系统能够主动提示或报警，向监控管理人员提示车辆违规信息，以便及时进行处理。

（5）系统可以实时生成10种报表（报表包括了所有企业需要关于物流经营的各种

详细数据）；报表数据可以保存为 Excel 格式等，方便企业对相关数据汇总，体现整体运行情况。

（资料来源：天地纵横物流公司合作案例，朗固智能科技有限公司，http://www.bds88.cn/h-nd-23.html.）

案例解析

在物流的运输和配送等领域中，卫星定位技术被广泛应用，该技术可以实时定位运输工具的所在位置，也可以进行路径规划，现代物流系统可以在此基础上进行多功能运行，方便物流企业进行数据分析。

案例主要知识点

卫星定位技术原理。

学习导航

◈ 掌握卫星定位技术的基本原理。

教学建议

◈ 备课要点：卫星定位技术原理、卫星定位系统的组成、四种主要的卫星定位系统。

◈ 教授方法：案例，讲授，实证，启发式。

◈ 扩展知识领域：卫星定位技术在物流中的应用领域。

5.1　卫星定位技术概述

5.1.1　卫星定位与导航技术

定位与导航技术是涉及自动控制、计算机、微电子学、光学、力学及数学等多学科的高技术，是实现飞行器特别是航天器飞行任务的关键技术，也是武器精确制导的核心技术，对于提高武器装备的机动性、反应速度和远程精确打击能力具有重要意义，在海、陆、空等现代高技术武器及武器平台中得到广泛的应用。卫星定位与导航技术是指利用卫星定位导航系统提供的位置、速度及时间等信息来完成对各种目标的定位、导航、监测和管理的技术。卫星定位导航系统是一种以卫星为基础的无线电导航系统。

随着通信技术、计算机技术、信息及航天与空间技术的迅猛发展，促使导航与定位技术、无线电导航设备及导航系统日新月异。卫星定位导航系统提供了全球、全天候、高精度、快速响应的连续导航、定位和授时信息服务，是一种可供陆、海、空领域的军民用户共享的信息资源，越来越受到人们的青睐。目前，卫星定位导航技术已基本取代了无线电导航、天文测量、传统大地测量技术，成为人类活动中普遍采用的定位导航技术。

卫星定位导航系统是以卫星为导航台的无线电导航系统，通常由卫星、地面支持网和用户设备三大部分组成。

（1）卫星

作为空间导航台，它接收和储存地面站制备的导航信息，再向用户发射。它还接收来自地面站的控制指令并向地面站发射卫星遥测数据，以便地面站了解卫星状况。

（2）地面支持网

其由多种地面站和计算中心组成，其功能是收集来自卫星及与系统工作有关的信息数据并进行处理，产生导航信号和控制指令，再由地面站发射给卫星。

（3）用户设备

用户设备用于接收和处理卫星发射的导航信号，进行定位计算，为用户提供高精度、连续的三维坐标（经度、纬度、高度）、三维速度和时间等信息。

卫星定位导航系统是一个庞大且复杂的系统。在一定的空间轨道上配置一定数量的卫星，就可实现从地面、近地空间并延至外层空间的全球性连续导航服务，且不受气象条件、昼夜和地形的影响。

5.1.2 卫星定位导航技术的产生和发展

1957 年 10 月，苏联成功发射第一颗人造地球卫星后，美国霍普金斯大学应用物理实验室的研究人员在对其发射的无线电信号进行监听时发现，当地面接收站的位置一定时，在卫星通过其视野的时间内，所接收信号的多普勒频移曲线与卫星轨道有一一对应关系。这意味着固定于地面的接收站，只要测得卫星通过其视野期间的多普勒频移曲线，就可确定卫星的轨道。若卫星运行轨道是已知的，那么根据接收站测到的多普勒频移曲线，便能确定接收站在地面的位置。于是，研究人员提出了研制卫星定位导航系统的建议。

1958 年 12 月，美国海军武器实验室开始研制海军导航卫星系统（NNSS）。该系统于 1964 年 9 月研制成功并由美国军方启用。1967 年 7 月，美国政府批准该系统解密，提供民用。该系统的卫星网由 6 颗卫星组成，其轨道通过地球南北极上空，与地球子午线相一致，因此又称子午卫星系统。该系统采用多普勒定位原理，主要服务对象是“北极星”级核潜艇，随后逐步应用于各种海面舰船。该系统可在全球范围内提供全天候连续的二维定位。由于它不受气象条件的限制，自动化程度高，具有良好的定位精度，系统建成后曾得到广泛应用。但该系统存在着定位实时性差，不能确定高程等缺陷，无法满足高精度，高动态用户的要求。

20 世纪 60 年代末至 70 年代初，美国和苏联分别开始研制全天候、全天时、连续实时提供精确定位服务的新一代全球卫星导航系统，至 20 世纪 90 年代中期，全球卫星定位导航系统 GPS 和 GLONASS 均已建成并投入运行。我国也建设了具有自主知识产权的北斗一号系统，并于 2003 年年底正式开通运行。欧盟筹建的 Galileo 全球卫星导航系统正在计划实施之中。

卫星定位导航显示出的巨大优越性，促使世界各航天大国都积极参与研究和发展工作，各国间也进行广泛的国际合作，联合研制各种卫星定位导航系统。

5.1.3 全球主要的卫星定位系统

（1）美国全球定位系统

全球定位系统（Global Positioning System，GPS）是“授时、测距导航系统 / 全球定位系统（Navigation Satellite Timing And Ranging/Global Positing System）”的简称。

GPS 的空中卫星网由 21 颗工作卫星和 3 颗备用卫星组成。卫星识别采用码分多址（CDMA），即根据调制码来区分卫星，在地球上任何地点、任何时刻都能观测到 5 ~ 8 颗卫星。每颗卫星都采用两路 L 载频传送信号，即 L1（1 575.42 MHz）和 L2（1 227.26 MHz）。每颗卫星都在完全相同的频率上传送信号，但每颗卫星的信号在到达用户之前都经过了多普勒频移。L1 承载精密（P）码和粗 / 捕获（C/A）码，L2 仅承载 P 码。导航的数据报文叠加在这些码上，两路载频上承载着相同的导航数据报文。P 码通常是加密的，只有 C/A 码可供民用。

GPS 的地面支持网由 1 个主控站、3 个注入站和 5 个监测站组成。用户部分包括 GPS 接收机和用户团体。GPS 接收机的体积很小，造价很低，这是它能够广泛应用的基础。GPS 可提供 GPS 接收机能够处理的特殊编码卫星信号，用以计算位置、速度和时间。根据三角测量法，计算位置（x、y、z）和时间需要 4 颗卫星。三维导航是 GPS 的基本功能。GPS 接收机可提供导航、定位、授时和测量等功能。

（2）俄罗斯全球导航卫星系统

全球导航卫星系统（Global Navigation Satellite System，GLONASS）的卫星星座由 24 颗卫星组成，均匀分布在 3 个近圆形的轨道平面上，每个轨道面 8 颗卫星，轨道高度 19100 km，运行周期 11h 15 min，轨道倾角 64.8°。GLONASS 采用频分多址（FDMA）方式，根据载波频率来区分不同卫星。

GLONASS 的地面支持网有 5 个跟踪站、9 个监测点和 1 个主控站，它们均设于苏联本土。GLONASS 的一个优点是卫星轨道倾斜度较高，所以在高纬度（50° 以上）地区的卫星可视性要比 GPS 好。

GLONASS 的定位技术与 GPS 相同，即以精确的定时和卫星量程计算为基准来进行。所需的精确定时由每颗卫星上的多个原子钟来提供。

GLONASS 卫星发送两个伪随机噪声代码：一个代码是民用码（标准定位服务），其码率是 511kbit/s；另一个代码是机密的军用码（精密定位服务），其码率为 5.11Mbit/s。码率数值越高，定位精度也越高。GLONASS 接收机的工作原理与 GPS 接收机大致相同。

（3）欧盟 Galileo 系统

Galileo 系统的星座由 30 颗 MEO 卫星组成。Galileo 卫星的飞行高度达到距地 24000km，倾角为 56°，分布在 3 个轨道面上，每个轨道面部署 9 颗工作星和 1 颗在轨备份星。卫星重量在 600kg 左右，功耗为 1.7 kW，系统传递的信号强度（$-155dBW/m^2$）优于

GPS（$-158dBW/m^2$），提高了抗干扰性。

在频段的使用方面，Galileo 系统根据国际合作的形式，考虑向 GPS 或 GLONASS 靠拢，以便与现有系统实现最大兼容。在建设体系结构中，主要的挑战在于定时问题，即时间同步。Galileo 使用地面上的铯原子钟，而 GPS 的这些时钟是安装在卫星上的。Galileo 卫星上配备的时钟可以提供纳秒级的定时精度，轨道的计算在地面上进行。

Galileo 系统独立于 GPS，频段分开，但将与 GPS 兼容和相互操作，包括时间基准和测地坐标系统，信号结构，以及两者的联合使用。Galileo 系统与 GPS 相比，有较大的不同和优越性。例如，Galileo 系统的卫星数量多、轨道位置高、轨道面小；Galileo 更多用于民用，可为地面用户提供 3 种类型的服务，Galileo 的用户可根据需要进行选择，且定位精度优于 GPS。

（4）中国北斗卫星定位导航系统

北斗卫星定位导航系统（BeiDou Navigation Satellite System，BDS）是中国着眼于国家安全和经济社会发展需要，自主建设运行的全球卫星导航系统，是为全球用户提供全天候、全天时、高精度的定位、导航和授时服务的国家重要时空基础设施。2020 年 6 月 23 日，北斗系统第五十五颗导航卫星发射成功，北斗三号全球卫星导航系统星座部署完成。2020 年 7 月 31 日，北斗三号全球卫星导航系统正式开通。

北斗系统将定位导航、双向数据通信和精密授时结合在一起，系统自身包含广域差分标校以提高定位精度。北斗卫星上带有信号转发装置，完成地面控制中心站和用户终端之间的双向无线带信号的中继任务。与 GPS 系统不同的是，所有用户终端位置的计算都是在地面控制中心站完成。因此，地面控制中心站可以保留全部北斗终端用户机的位置及时间信息。地面控制中心站包括地面应用系统和测控系统，具有位置报告、双向报文通信和双向授时功能。用户终端部分是直接由用户使用的设备，用于接收地面中心站经卫星转发的测距信号。根据执行任务不同，用户终端分为定位通信终端，集团用户管理站终端和差分终端，校时终端等，系统分为低动态导航和静态定位。

5.2 美国全球定位系统 GPS 的组成与工作原理

5.2.1 GPS的组成

美国 GPS 系统主要由三个部分组成：空间星座部分、地面监控部分和用户设备部分。如图 5-1 所示，空间星座部分包括 GPS 工作卫星和备用卫星；地面监控部分用于控制整个系统和时间，负责轨道监测和预报；用户设备部分主要是各种型号的接收机。

5.2.1.1　空间星座部分

（1）卫星星座及其几何分布

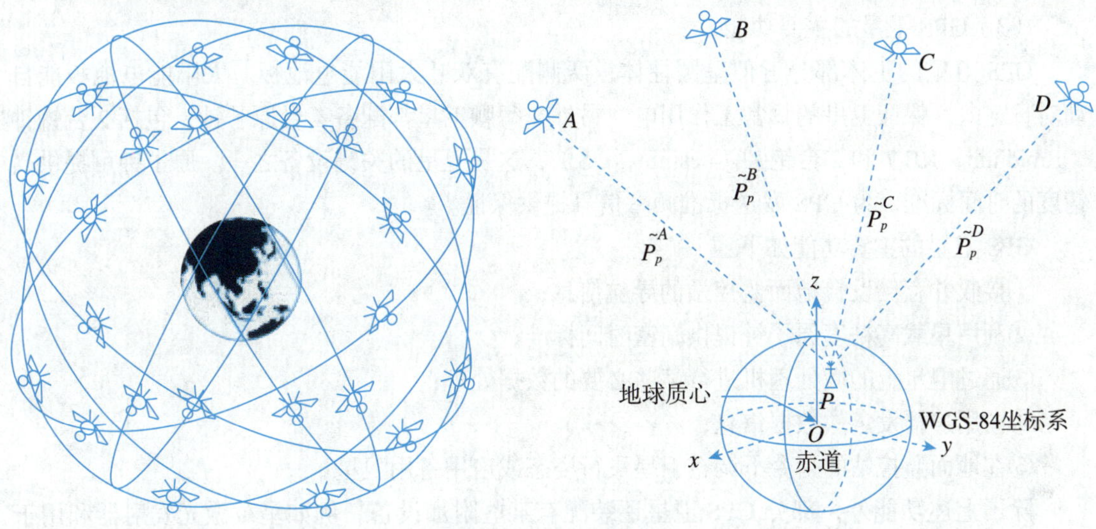

图 5–1　GPS 星座示意

如图 5–1 所示，GPS 的星座部分主要由 24 颗卫星组成，其中 21 颗为工作卫星，另外 3 颗为备用卫星。这 24 颗卫星均匀分布在 6 个轨道平面内，每个轨道面包含 4 颗卫星。轨道面相对赤道面倾角为 55°，各轨道平面的升交点赤经相差 60°。每个轨道平面内各颗卫星之间的升交角距相差 90°，一个轨道平面上的卫星比西边相邻轨道平面上的相应卫星升交角距超前 30°。卫星轨道为椭圆形，平均高度约 20200km，运行周期大约 11h 58min。在两万多公里高空中的 GPS 卫星，当地球自转一周时，它们绕地球运行两周。这样，对于地面观测者来讲，每天将提前 4min 见到同一颗 GPS 卫星，且每天见到的卫星几何分布相同。

位于地平线以上的卫星数量随着时间和地点的不同而有所不同，最少可见到 4 颗，最多可见到 11 颗。在用 GPS 信号定位导航时，为了解算点位的精度、纬度和高程，至少必须同时观测 4 颗 GPS 卫星。这 4 颗卫星在观测过程中的几何位置分布对定位精度有一定的影响。在某地某时由于地理位置和环境因素的影响或者图形结构较差时，可能难以测得精确的点位坐标，这种时间段称作“间隙段”。但这种间隙段是很短暂的，并不影响全球绝大多数地方的全天候、高精度、连续实时定位。

空间星座中有 3 颗备用卫星，可在必要时根据指令替代发生故障的卫星。这对 GPS 高效而可靠地工作是非常重要的。

（2）GPS 卫星的种类

1978—1985 年发射的第一代原型卫星（Block Ⅰ）用于全球定位系统的实验，通常称为 GPS 实验卫星。这一代共研制和发射了 11 颗，实验卫星设计寿命为 5 年，现已停止工作。1989 年开始发射第二代卫星（Block Ⅱ），用于全球定位系统的正式工作，称为 GPS 工作卫星。第二代共研制和发射了 28 颗，卫星设计寿命为 7.5 年，于 1994 年发射完毕。第二代卫星随后做了改进，包括增强型（Block I A）、完善型（Block II R）和延续型（Block III F）。第三代卫星（Block III）于 20 世纪 90 年代末期开始陆续发射，数量大约为 20 颗，以取代第二代卫星，用于改善全球定位系统。

（3）GPS 卫星的主要功能

GPS 卫星的主体部分近似呈圆柱体，两侧配有双叶太阳能电池板。太阳能电池板能自动对日定向，保证卫星的日常工作用电。另外，每颗卫星都配备 4 台原子钟，包括 2 台铷钟（rubidium，RB）和 2 台铯钟（cesium，CS），这是卫星的关键设备之一。原子钟可提供高精度的时间标准，为 GPS 发送标准频率信号提供保证。

GPS 卫星的主要功能如下：

①接收并存储发自地面监控站的导航信息；

②利用星载高精度原子钟提供精密时间标准；

③通过卫星上的微处理机进行某些必要的数据处理；

④向用户播发定位数据信息；

⑤在地面监控站的指令下调整卫星飞行姿态或启用备用卫星。

除了上述功能外，部分 GPS 卫星还装配有某些附加设备，例如星载激光发射器和用于检测核爆炸的传感器。前者可用于激光测距（satellite laser ranging，SLR），后者主要用于监视美国以外的核国家在地面或大气层中进行核试验的情况。

5.2.1.2 地面监控部分

为了确保 GPS 的良好运行，地面监控系统发挥了极其重要的作用。其主要任务是：监视卫星的运行，确定 GPS 时间系统，跟踪并预报卫星星历和卫星钟状态，向每颗卫星的数据存储器注入卫星导航数据。

地面监控部分包括一个主控站、三个监测站和五个注入站。

（1）主控站

主控站设在美国本土科罗拉多州斯普林斯空间联合执行中心。除负责管理和协调整个地面监控系统的工作外，其主要任务是根据本站和其他监测站的所有跟踪观测数据，计算各卫星的轨道参数、钟差参数及大气层的修正参数，编制成导航电文并传送至备注入站。主控站还负责调整偏离轨道的卫星，使之沿预定轨道运行。必要时启用备用卫星代替失效的工作卫星。

在美国马里兰州的盖茨堡设有一个备用主控站，它的作用和主控站完全一样，在某些特殊情况发生时启用。一旦需要，主控站的工作人员能在 24 小时内集结于备用主控站并展开工作。为了确保万无一失，备用主控站每年都要进行实际操作演练。

（2）监测站

监测站是在主控站控制下的数据自动采集中心。GPS 在全球共有五个监测站，分布在美国本土和三大洋的美军基地上，主要任务是对 GPS 卫星数据和当地的环境数据进行采集、存储并传送给主控站。站内配备有 GPS 双频接收机、高精度原子钟计算机和若干环境参数传感器。接收机用来采集 GPS 卫星数据，检测卫星工作状况；原子钟提供时间标准；环境参数传感器则收集当地有关的气象数据。所有数据经计算机初步处理后存储并传送给主控站，再由主控站做进一步的数据处理。

（3）注入站

三个注入站分别设在南大西洋的阿松森岛、印度洋的迪戈加西亚岛和南太平洋的卡瓦加兰。其主要任务是将主控站发来的卫星星历、导航电文、钟差和其他控制指令，以一定的格式注入相应卫星的存储系统，并监测注入信息的准确性。此外，注入站能自动向主控站发射信号，每分钟报告一次自己的工作状态。全球共有 3 个地面天线站，分别与 3 个监测站重合。而整个 GPS 的地面监控部分，除主控站外均无人值守。各站之间用现代化的通信网络联系起来，在原子钟和计算机的精确控制下，各项工作实现了高度的自动化和标准化。

5.2.1.3　GPS用户设备

GPS 用户设备部分主要包括 GPS 接收机及其天线、微处理器及其终端设备、电源等。其中接收机及其天线是用户设备的核心部分，一般习惯上统称为 GPS 接收机。

根据接收机的结构，可分为天线单元和接收单元两大部分。一般将两个单元分别装配成两个独立的部件，观测时将天线单元置于观测点上，接收单元置于观测点附近适当的地方，两者之间用电缆线连成一个整机。也有的接收机将天线单元和接收单元制成一个整体，观测时将其安置在观测（点）上。

天线单元由接收天线和前置放大器两个部分组成。接收天线大多采用全向天线，可接收来自任何方向的 GPS 信号，并将电磁波转化为变化规律相同的信号。前置放大器可将极微弱的 GPS 信号予以放大。

信号波道和微处理机构成接收单元的核心部件。从目前的测地型接收机来看，主要有平方型和相关型两种信号波道，所具有的波道数目从 1 个至 24 个不等。利用多个波道同时对多个卫星进行观测，能实现快速定位。微处理机具有多种数据处理软件，能选择合适的卫星进行观测，以获得最佳的几何图形；能根据观测值及卫星星历进行平差计算，求得所需的定位信息。

数据记录器用来记录接收机所采集的定位数据，以供测后数据处理之用。目前多用固态存储器取代以前的磁带记录器。

GPS 信号接收机一般采用机内和机外两种直流电源。设置机内电池的目的是在更换外接电源时可以不中断连续观测。当机外电源电压低到某一数值，会自动接通机内电池。当使用机外电源观测时，机内电池能自动地充电。关机后，机内电池为 RAM 存储器供电，以防止数据丢失。

视屏监视器包括一个显示窗和一个操作键盘，它们均设在接收单元的面板上。观测者通过键盘操作，可从显示窗上读取数据和文字。例如，查询仪器的工作状态，检核输入数据的正误，等等。

综上所述，接收机的主要功能是：迅速捕获按一定卫星截止高度角所选择的待测卫星信号，并跟踪这些卫星的运行，对所接收到的卫星信号进行变换，放大和处理，以便测定出GPS信号从卫星到接收天线的传播时间，解译出GPS卫星所发送的导航电文，实时地计算出测站的三维坐标、三维速度和时间等所需数据。

随着GPS定位技术的迅速发展及应用领域的不断开拓，世界各国对GPS接收机的研制与生产都极为重视。目前世界上GPS接收机的生产厂家约有数百家，型号超过数千种，而且越来越趋于小型化。

应当指出,GPS接收机作为一个用户设备,除了应具有接收机、天线和电源等硬件设备外,其软件部分也是构成现代GPS的重要组成部分之一。一般来说，软件包括内软件和外软件。内软件是指诸如控制接收机信号通道，按时序对各卫星信号进行测量的软件，以及内存或固化在中央处理器中的自动操作程序等。这类软件已和接收机融为一体。

外软件主要是指观测数据后处理的软件系统。一个功能齐全、品质优良的软件不仅能方便用户使用，满足用户的多方面要求，而且对于改善定位精度，提高作业效率和开拓新的应用领域都具有重要意义。软件的质量和功能已成为反映现代GPS先进水平的一个重要标志。

5.2.2 GPS的工作原理

利用GPS进行定位的基本原理是：以GPS卫星和用户接收机天线之间距离（或距离差）的观测量为基础，并根据已知的卫星瞬时坐标来确定用户接收机所对应的点位，即观测点的三维坐标。由此可见，GPS定位的关键是测定用户接收机天线至GPS卫星之间的距离。

若按用户接收机天线在测量中所处的状态来分，GPS的定位方法可分为静态定位和动态定位；若按定位的结果来分，可分为绝对定位和相对定位。

静态定位是指在定位过程中，接收机天线（观测站）的位置相对于周围地面点而言，处于静止状态；而动态定位则正好相反，即在定位过程中，接收机天线处于运动状态，定位结果是连续变化的。

绝对定位也称单点定位，是利用GPS独立确定用户接收机天线（观测站）在WGS-84坐标系中的绝对位置；相对定位则是在WGS-84坐标系中确定接收机天线（观测站）与某一地面参考点之间的相对位置，或两观测站之间相对位置的方法。

各种定位方法可有不同的组合，如静态绝对定位、静态相对定位、动态绝对定位、动态相对定位等。

（1）绝对定位

绝对定位又称单点定位。根据接收机的运动状态，绝对定位分为静态绝对定位和动态绝对定位。

对于绝对定位，只要接收机在某个时刻能获得4颗卫星的观测值，便可通过解联立方程组的方式，求得该观测点的坐标。

从长远来看，GPS动态定位的应用前景更为广阔。在车辆、船舶、飞行器和航天器的运行过程中，人们往往需要知道它们的实时位置。在运动载体上安装 GPS 接收机，实时测定载体的位置矢量、速度矢量和时间等参数，进而实现载体的定位和导航。随着 GPS 技术的发展，导航的精度已经有了较大提升。除了导航之外，动态绝对定位还在航空物探、资源勘探、环境保护和卫星遥感等多个领域有着广泛的应用前景。

与动态定位不同，静态绝对定位要求接收机静止不动。静止不动意味着在一个观测点上可取得更多的观测值，一般来说，多余观测的数量越多，相应的定位精度也就越高。但单点定位并没有与其他测站的同步观测数据比较，大气折光、卫星钟差等误差项就无法通过同步观测值的线性组合加以消除或削弱，只能依靠相应的模型改正来修正。因此，静态绝对定位目前只能达到厘米级精度。这样的精度可以为相对定位的观测点提供比较精确的起始坐标，主要用于大地测量等专业测量领域。

不论动态定位还是静态定位，都有伪距测量和载波相位测量这两种观测方式。相对而言，伪距测量实现起来更容易，便于进行实时动态定位。

（2）相对定位

GPS 相对定位方法是指在不同观测点上安置 GPS 接收机，同步观测相同的 GPS 星座，用以测定各观测点在 WGS-84 坐标系中的相对位置（即三维坐标增量，称为基线向量）的方法。GPS 相对定位又称为差分 GPS 定位。

在多个观测点上同步观测相同的 GPS 卫星的情况下，卫星轨道（星历）误差、卫星钟误差、电离层折射误差和对流层折射误差等，对不同观测站的 GPS 观测量的影响具有较强的相关性（特别是几十千米以下的短距离，其相关性更好）。因此，可以利用各观测量的不同组合进行相对定位，来有效地消除或削弱上述各项误差对定位结果的影响，从而提高测定基线向量的精度。GPS 相对定位是目前 GPS 定位中精度最高的一种方法。它被广泛应用于大地测量、精密工程测量、航空摄影测量、地球动力学研究和精密导航等领域。

根据相对定位时 GPS 接收机所处的状态不同，相对定位可划分为静态相对定位和动态相对定位两类。

GPS 静态相对定位的一般方法，是将一台 GPS 接收机安置在已知坐标的地面点（已知点）上，另一台或多台 GPS 接收机安置在未知坐标的地面点（观测点）上，并保持各接收机固定不动，同步连续观测相同的 GPS 卫星星座，用以求得未知点相对于已知点的坐标增量（基线矢量），从而由已知点坐标，推求各未知点坐标的方法。由于进行连续观测，取得了充分多余的观测量，因而可获得非常高的定位精度。

动态相对定位是将一台 GPS 接收机安置于已知坐标的固定观测站（又称基准站或参考站）上，并同步观测相同的卫星；基准接收机将瞬时观测量与由基准站已知坐标求得的相应结果进行比较，得出瞬时校正值，并用该瞬时校正值改正移动接收机的瞬时观测量，从而求得移动站相对于基准站的瞬时位置。

若由基准接收机测得的瞬时校正值等数据通过通信链传送给流动站，实施校正移动接收机的瞬时观测结果，以求得移动站相对于基本站的瞬时位置，则这种定位模式称为实时差分动态定位。若基准站与移动站之间不使用通信链适时传输数据，而是在相对定位观测之后，对基准接收机和移动接收机所采集的定位数据进行测后联合处理，以求解移动站的实时位置，则这种定位模式称为后处理差分动态定位。

5.2.3 GPS的特点

GPS 作为一种定位和导航系统，以其高精度、全天候、高效率、多功能、易操作、应用广泛等特点著称。

（1）定位精度高

大量的实践和研究表明，用载波相位测量方法进行静态相对定位，在小于 50km 的基线上，目前达到的典型精度为 1ppm，而在 100 ~ 500km 的基线上可达 0.1ppm。随着观测技术与数据处理方法的不断优化，在大于 1000km 的距离上，相对定位精度可达到 0.01ppm，其精度是惊人的。

在实时动态定位（RTK）和实时差分定位（RTD）方面，定位精度也有了显著性的突破，目前可分别达到厘米级和分米级的定位精度，能满足各种工程测量的要求。

（2）观测时间短

随着 GPS 系统的不断完善和软件水平的不断提高，观测时间已由以前的几小时缩短至现在的几十分钟，甚至几分钟。目前采用静态相对定位模式，观测 20km 以内的基线所需观测时间，双频接收机仅需 15 ~ 20min；采用快速静态相对定位模式，当每个流动站与基准站相距在 15km 以内时，流动站观测时间只需 1 ~ 2min；采取实时动态定位模式，流动站出发时观测 1 ~ 2min 进行动态初始化，然后可随时定位，每站观测仅需几秒。因此，用 GPS 技术建立控制网，可以大大提高作业效率。

（3）测站间无须通视

经典测量技术均有严格的通视要求，必须建造大量的觇标，这给经典测量的实施带来了相当的困难。GPS 测量只要求测站上空开阔，与卫星间保持通视即可，不要求测站之间互相通视，因而不需要建造觇标。这一优点既可大大减少测量工作的经费和时间（一般建造觇标费用占总经费的 30% ~ 50%），同时也使选点工作变得非常灵活，完全可以根据工作的需要来确定点位位置，也可省去经典测量中传算点、过渡点的测量工作。

（4）仪器操作简便

随着 GPS 接收机的不断改进，GPS 测量的自动化程度越来越高，有的已趋于“傻瓜化”。测量员在观测中的主要任务只是安置仪器，连接电缆线，量取天线高和气象数据，监视仪器的工作状态，而其他观测工作，如卫星的捕获、跟踪观测和记录等均由仪器自动完成。结束测量时，仅需关闭电源，收好接收机，便完成了野外数据采集任务。

如果在一个观测点上需作较长时间的连续观测，有的接收机还可以实行无人值守的数据采集，通过数据通信方式，将所采集的数据传送到数据处理中心，实现全自动化的数据采集与处理。另外，现在的接收机体积也越来越小，相应的重量也越来越轻，使得携带和搬运都很方便，极大地减轻了测量工作者的劳动强度，也使野外测量工作变得轻松。

（5）全球全天候定位

GPS卫星的数目较多，且分布均匀，保证了全球地面被连续覆盖，使得地球上任何地方的用户在任何时间至少可以同时观测到4颗GPS卫星，可以随时进行全球全天候的各项观测工作。除打雷闪电的天气不宜观测外，其他天气（如阴雨下雪，起风下雾等）均不受影响，这是经典测量手段所望尘莫及的。

（6）可提供全球统一的三维地心坐标

经典大地测量将平面与高程采用不同方法分别测量，而GPS测量可同时精确测定观测点平面位置和大地高程。目前GPS可满足四等水准测量的精度。GPS测量的这一特点，不仅为研究大地水准面的形状和确定地面点的高程开辟了新途径，同时也为其在航空物探，航空摄影测量及精密导航中的应用，提供了重要的高程数据。

另外，GPS定位是在全球统一的WGS-84坐标系统中计算的，因此全球不同地点的测量数据是相互关联的。

（7）应用广泛

随着GPS定位技术的发展，其应用的领域在不断拓宽。目前，在导航方面，它不仅广泛地用于海上、空中和陆地运动目标的导航，而且在运动目标的监控与管理及运动目标的报警与救援等方面，也已获得成功的应用；在测量方面，这一定位技术在大地测量、工程测量、变形监测、地籍测量、航空摄影测量和海洋测绘等各个领域的应用，已非常普遍。

GPS系统不仅可用于测量、导航，还可用于测速、测时。测速的精度可达0.1m/s，测时的精度可达几十毫微秒。GPS系统展现了极其广阔的应用前景。

5.3　卫星定位技术在物流领域的应用

5.3.1　北斗卫星定位技术的物流功能

（1）实时监控功能

在任意时刻通过发出指令查询运输工具所在的地理位置（经度、纬度、速度等信息），并在电子地图上直观地显示出来。

（2）双向通信功能

北斗系统的用户可使用GSM的话音功能与驾驶人员进行通话或使用北斗系统安装在运输工具上的移动设备进行汉字消息收发对话。

驾驶人员通过按下相应的服务、动作键，可将该信息反馈到企业信息中心，质量监督员可在网络北斗系统工作站的显示屏上确认其工作的正确性，了解并控制整个运输作业的准确性（发车时间、到货时间、卸货时间、返回时间等）。

（3）动态调度功能

调度人员能在任意时刻通过调度中心发出文字调度指令，并得到确认信息。

①进行运输工具待命计划管理，即调度人员通过在途信息的反馈，在运输工具未返回车队前即做好待命计划，可提前下达运输任务，减少等待时间，加快运输工具周转速度。

②进行运能管理，即将运输工具的运能信息，维修记录信息、车辆运行状况，驾驶人员信息，运输工具的在途信息等多种信息提供给调度部门决策，以提高重载率，尽量减少空车时间和空车距离，充分利用运输工具的运能。

（4）数据存储、分析功能

①实现路线规划及路线优化

即事先规划车辆的运行路线，运行区域，何时应该到达什么地方等，并将该信息记录在数据库中，以备以后查询，分析使用。

②进行可靠性分析

即通过汇报运输工具的运行状态，了解运输工具是否需要较大的修理，预先做好修理计划，计算运输工具平均差错时间（日），动态衡量该型号车辆的性能 / 价格比。

③进行服务质量跟踪

即在中心设立服务器，并将车辆的有关信息（如运行状况、在途信息、运能信息、位置信息等用户关心的信息），让有该权限的用户能异地方便地获取自己需要的信息。同时，还可对客户索取的信息中的位置信息用相对应的地图传送过去，并将运输工具的历史轨迹印在上面，使该信息更加形象化。

依据资料库储存的信息，可随时调阅每台运输工具以前的工作资料，并可根据各管理部门的不同要求制作各种不同形式的报表，使各管理部门能更快速、更准确地作出判断和发出新的指令。

5.3.2 车辆运输管理监控系统

应用北斗系统，可以解决车辆和货物在运输途中的监管问题，减少空驶消耗，提高车辆的运输效率。要实现上面的功能，需要利用覆盖全国的移动通信网，使调度中心能及时与移动的车辆建立联系，然后利用定位系统，使调度中心能随时监控车辆 / 货物的位置。一般来说，采用北斗技术、GIS 技术、GSM 技术和网络技术相结合，可为上述问题提供完整的技术解决方案。基于北斗技术的运输管理监控系统就是卫星定位技术在物流领域的主要应用。

（1）系统原理

由于地球上任一目标在任一时刻均能通过北斗系统得知其三维坐标、三维速度和准确时间，故若在车辆上安装北斗系统接收机，便能实时获知车辆位置、运行速度和运动方向，再把这些信息及一些传感器的数据通过一定的通信手段提供给主控中心，在主控中心电子地图上，能清晰地显示出车辆运行轨迹。主控中心根据车辆运行情况，再发出调度指令，以完成对车辆的集中监控。

（2）系统组成

基于北斗技术的运输管理监控系统主要由车载设备、监控中心及通信系统三个部分组成，基本工作流程是：车载设备在接收到北斗系统定位数据后，自动计算出自身所处的地理位置的坐标，每隔一段时间，车载台通过数字移动通信系统（Global System For Mobile Phones，GSM）将数据发送到主控中心；主控中心将收到的坐标数据及其他数据还原后，与GIS的电子地图相匹配，并结合其他子系统的数据库在电子地图上直观地显示车辆在途状态信息（货物在途情况、交货时间、发货地和到达地等），地图本身可以任意放大、缩小、还原、切换，可开多个窗口以分别跟踪不同的车辆；用户可根据自己的权限在互联网上通过用户接口进行信息查询或发出调度指令。

此时主控中心会将该指令发送到指定的车辆，并在其车载设备上显示出来。

（3）系统的功能

①车辆跟踪

基于北斗系统的运输管理监控系统可选定车辆进行跟踪显示。在主控中心的电子地图上选定跟踪车辆，将其运行位置在地图画面上保存，形成直观的运行轨迹。货主、物流企业可以随时清楚了解车辆的运行状况任务执行和安排情况。

②运行监控

主控中心的大屏幕可实现多窗口显示，多窗口可同时监视多辆车的运行，并可显示和存储车辆的运行轨迹，以供运行评估，进行指挥调度。主控中心可随时与跟踪的车辆进行通话，实行话务指挥与车辆跟踪相结合，实现现代化管理。通过实时监督运输车辆，可以避免驾驶人员的不良驾驶行为，防止超速、疲劳驾驶等行为的出现，保障司乘人员、货物和车辆的安全；通过实施实时远程监控、报警，可以防盗防抢，预防和阻止违法犯罪行为的发生；通过监督车辆是否按规定线路营运，可以遏制车辆在行驶途中“换货”等违规行为，提高运输管理能力；在车辆发生事故时，可将事故车辆的位置和状况等信息及时、准确地报告给主控中心，使事故损失减小到最低限度。

③信息查询

通过查询，可实时从电子地图上直观了解运输车辆所处的地理位置，以及经度、纬度、速度等数据，还可以查询行车的路线、时间、里程等信息。

系统可自动将车辆发送的数据与预设的数据进行比较，对发生的较大偏差进行报告，从而使后方管理人员可轻松准确地掌握公司的运输作业。对于一些危险品运输车辆，如果安装了额外的监测设备，用户还可以查询到货物在运输过程中的信息，以保障车辆按时、安全地到达目的地。

④指挥调度

物流企业需要为货主提供在运输过程中货物的状态、位置、到货时间等信息，对运输车辆统一集中管理和实时监控调度指挥。主控中心可监视车辆的运行状况，对系统内的所有车辆进行动态调度管理，通过车辆调度，可提高车辆的重载率，能有效降低车辆的空驶率，降低运输成本，提高运输效率。

⑤全程导航

系统通过北斗卫星定位技术、GSM及GIS，可全程提供导航信息，在驾驶人员不熟悉的路段，尤其是在城市中，能有效地减少路线差错，使驾驶人员按最优路径行驶，提高工作效率，降低成本。

⑥自动报警

在现代物流运输管理监控系统中，采用北斗卫星定位技术能对运行车辆进行准确定位，对车辆进行监控，能对不同车辆指定其允许的行驶区域和行驶路线，由软件对其进行自动监管，一旦其超出指定区域的一定距离或行驶偏离路线时，计算机将自动报警，提醒值班员注意，同时车载终端系统会发出警告声，提醒司机按正确路线行驶。

⑦紧急援助

当运输工具遇到抢劫、偷窃等情况时，驾驶人员可通过系统第一时间请求紧急援助，系统根据事件的性质及发生的时间、位置信息，及时报警，同时向主控中心发回报警信号，在地图上将对运输车辆以鲜明色彩及图标进行显示，并以声、光报警提醒值班员注意，且在屏幕上显示出该目标的用户卡片资料和处理方案，帮助值班员进行警情处理，为驾驶人员提供紧急援助，从而为企业的运输安全提供有力支持。

5.3.3 铁路运输调度管理

我国铁路部门开发的基于GPS的计算机管理信息系统，可以通过GPS和计算机网络实时收集全路列车、机车、车辆、集装箱及所运货物的动态信息，可实现列车、货物追踪管理。只要知道货车的车种、车型、车号，就可以立即从近10万km的铁路网上流动着的几十万辆货车中找到该货车，还能得知这辆货车现在何处运行或停在何处，以及所有的车载货物发货信息。铁路部门运用这项技术可大大提高铁路网及其运营的透明度，为货主提供更高质量的服务。

（1）系统原理

铁路运输调度系统需监视列车的实时位置，保证列车的安全运行。使用GPS可提高运行效率及安全性。

为了保证列车高速运行时的安全性，需要随时监测列车与列车之间运行时的距离。列车速度为200km/h时的安全间距为500 ~ 800m。

GPS是全球定位系统，它能实时、全天候地提供准确的地理坐标。它的单机定位精度目前是30m，一般的GPS接收机能每秒更新一次数据。即使是战争等原因，美国人为引入干扰时也能达到100m^{2}的精度。因此，使用GPS确定列车的位置能满足列车高速运行时对间距测量的要求。

当列车速度为200km/h时，每秒最大行驶距离是55m。因此，考虑到GPS的精度及数据更新率的因素，设定列车的安全间距为650m。

如果在铁道沿线布置一些GPS基准站，则可使GPS的定位精度达到米级，这时就能用于监视防撞。

（2）系统结构

每列列车上都安装有GPS接收机，各列车将列车车号、当前时间和坐标送到调度中心，调度中心将各列车的位置标志在显示屏上，并计算各列车之间的距离。一旦列车之间的距离小于安全间距则立即告警，并通知相应列车。各列车还同时接收调度中心发出的其他列车的位置信息，并计算与前一列车的距离。

调度中心还根据列车传来的数据计算速度和到达下一站的时间，并与数据库中的火车时刻表比较。如果发现有可能晚点，则通知列车采取相应措施以避免晚点。

调度中心包括调度显示屏、计算机、数据接收及发送设备等。每一列列车发送的信息包括时间（时、分和秒）、ID、坐标数据。

（3）系统功能

①各列车接收GPS信号，并将当前位置实时传送给调度中心。

②调度中心通过数据链实时监测各列车的位置及列车之间的距离。

③监视列车是否行驶在正确的轨道上。

④自动计算各列车之间的轨道距离。

⑤当列车之间的距离小于安全距离时，自动报警。

⑥能在调度屏上实时显示各列车的位置、速度。

⑦可在多个终端上显示各列车的位置、速度。

⑧自动将列车之间的距离随时通知各相应的列车。

⑨各列车的位置自动存入数据库中，以备必要时查询。

⑩各列车接收调度中心的数据信息，显示与前、后列车的距离。

延伸阅读

“北斗”开启智慧物流新篇章

2020年6月23日，北斗三号最后一颗卫星成功上天，完成了北斗三号的“组网”计划。据介绍，北斗三号的核心就是以更高精准、更高性能服务全球。

“北斗”使运输更安全

根据《道路运输车辆动态监督管理办法》的要求，进入运输市场的总质量12吨及以上重型载货汽车和半挂牵引车，于2015年12月31日前已全部安装、使用北斗卫星定位装置，并接入道路货运车辆公共平台。

2019年9月，交通运输部、国家税务总局联合发布的《网络平台道路货物运输经营管理暂行办法》指出，网络平台应自行或者使用第三方平台对运输地点、轨迹、状态进行动态监控。

对于货车司机来说，安装、使用北斗卫星定位装置可使运输更加安全。对比其他定位系统，“北斗”系统不仅提供位置、导航等基本功能，还提供通信功能，提供全球独家的短报文服务，北斗三号每次可短信1000个汉字，还可以传图像、打语音电话。而且，北斗系统最突出的特点是增加了高轨道卫星，卫星越高抗遮挡能力就越强，尤其在低纬度地区性能更有优势。

为符合国家政策要求、保障经营风险、保障货车司机安全，中储南京智慧物流科技有限公司（简称“中储智运”）自2017年10月起便与北京中交兴路信息科技有限公司（简称“中交兴路”）正式开展车载北斗卫星定位的技术合作。据了解，中储智运作为网络货运平台的头部企业之一，坚持履行央企责任，先试先行。中交兴路是“道路货运车辆公共平台”的建设和运营方，目前货运平台入网车辆超过610万辆，占全国重载货车的95%以上，是重载货车唯一的国家级监管平台。

“北斗”的多场景应用

在中交兴路定位数据的基础上，中储智运还同多家品牌车联网公司进行合作。据介绍，车联网设备是对“北斗”定位的一种技术补充，可用于车辆道路偏离预警，道路安全预警，以及在遭遇突发情况时作为辅助定位手段对车辆安全进行保障。

此外，中储智运的定位途径还有LBS手机基站定位与手机App定位，主要用于驾驶员在货场装卸货、车辆临停休息等人车分离情况下的补充定位，通过“四位一体”的轨迹定位，掌握更加精准的货物在途轨迹与状态监控。

网络货运平台核心竞争力之一就是实现高效率的车货匹配，精准定位则是其中最基础的数据源之一。中储智运利用定位数据通过智能配对技术，将货源以“一对多”的形式精准推荐给最为切合的承运人，充分利用承运人的返程运力资源，提升车辆运行效率，减少承运人配载找货、等货时间及成本。

网络货运平台高精度的围栏应用也是依靠强大的定位系统。当车辆进出收、发货地围栏区域时，中储智运可以对收、发货人进行提醒，以便合理安排装卸计划，同时提醒司机及时操作确认收、发货。

真实、实时、有效的“货物轨迹流”监控是网络货运平台专业化的体现，中储智运自主研发的后台智能监控系统，预置多项系统逻辑，对于车辆途中定位异常情况，包括无轨迹、异常停留、偏离路线等，自动触发前台提醒，同步后台预警。

同时，中储智运实行24小时全运程可视化监控，可实时获取定位数据、停留点信息，并智能预测剩余运程和行驶时间，相关信息均同步分享至客户端，让客户随时随地掌握货物位置。

例如，在货物运输保障方面，中储智运可通过轨迹定位进行安全预警。平台依据定位为所有在途车辆分别预测距离最短、收费最少、速度最快等多条运输线路，方便司机任意选择熟悉的路线行驶，当定位轨迹发现车辆严重偏离路线或长时间停留，便会进行在途预警，由专业客服与司机取得联系，提供必要的支持和服务。

与此同时，中储智运通过定位所记录的货物轨迹流也将作为结算开票的必要依据，以确保中储智运平台上的每个订单都能实现“五流合一”。

当运输途中出现意外导致运输出现问题时，中储智运的货物保障团队将通过定位功能快速找到故障车辆，并就近调度有效运力进行转运或安排线下维护人员到达现场进行处理。

由此可见，北斗定位系统作为中储智运"四位一体"定位体系中最为重要的一环，已在诸多物流场景下应用多年，成为网络货运平台的重要技术手段。随着"北斗"的全面应用，中储智运也将进一步提升网络货运平台的价值，通过运用"北斗"定位系统，做好司机运输途中的安全保障，做到更加精准的货物在途轨迹与状态监控，以精准高效的服务赋能行业发展。

（资料来源：国务院国有资产监督管理委员会，http://www.sasac.gov.cn/n2588025/n2588119/c15037635/content.html）

课后思考题

（1）卫星定位系统的组成部分有哪些？

（2）卫星定位系统是如何应用到现代物流中的？

（3）查阅有关资料，详细了解北斗定位系统的发展。

第6章 地理信息系统技术

引导案例

GIS在白沙物流中的应用

白沙烟草物流公司已启用的烟草配送 GIS 及线路优化系统，功能包括烟草配送线路优化、烟草配送和稽查车辆安全监控、烟草业务（访销、CRM 等）可视化分析、烟草电子地图查询等功能。该系统利用 GIS 强大的地理数据功能来完善物流分析、及时获取直观可视化的第一手综合管理信息，既可直接合理调配人力、运力资源，求得最佳的送货路线，又能有效地为综合管理决策提供依据。

白沙烟草物流开发使用 GIS 线路优化系统后，实现了以下六大应用功能。

（1）烟草配送线路优化系统。在确定订单日期和配送区域后，系统可自动完成订单数据的抽取，根据送货车辆的装载量、客户分布、配送订单、送货线路交通状况以及司机对相关送货区域的熟悉程度等因素，设定计算条件，系统进行送货线路的自动优化处理，形成最佳送货路线，保证送货成本及送货效率最佳，线路优化后允许业务人员根据配送业务具体情况进行临时线路的合并和调整，以适应送货管理的实际需要。

（2）烟草综合地图查询。系统能够基于电子地图实现客户分布的模糊查询、行政区域查询和任意区域查询，查询结果实时在电子地图上标注出来，通过使用图形操作工具（如放大、缩小、漫游、测距等）来具体查看每一客户的详细情况。

（3）烟草业务地图数据远程维护。系统提供基于地图方式的烟草业务地图数据维护功能，还可以根据采集的新变化的道路等地理数据及时更新地图。对烟草零售户点的增、删、改；对路段和客户数据的综合初始化；对地图图层的维护操作；地图服务器系统的运行故障修复和负载均衡等功能。

（4）烟草业务分析。系统实现选定区域，选定时间段的烟草订单访销区域的分布，进行复合条件查询；在选定时间段内的各种品牌香烟的销量统计和地理及烟草访销区域分布；配送车组送货区域的地图分布。通过在各种查询统计、分析现有客户分布规律的基础上，通过空间数据密度计算，挖掘潜在客户；通过对配送业务的互动分析，扩展配送业务（如第三方物流）。

（5）烟草物流 GPS 车辆监控管理。通过对烟草送货车辆的导航跟踪，提高车辆运作效率，降低车辆管理费用，抵抗风险。其中车辆跟踪功能是对任一车辆进行实时的动态跟踪监控，提供准确的车辆位置及运行状态、车组编号及当天的行车线路查询。报警功能是当司机在送货途中遇到被抢被盗或其他紧急情况时，按下车上的 GPS 报警装置向公司的信息中心报警。轨迹回放功能是根据所保存的数据，将车辆在某一历史时间段的实际行车过程重现于电子地图上，随时查看行车速度、行驶时间、位置信息等，为事后处理客户投诉、路上事故、被抢被盗提供有力证据。

（6）烟草配送车辆信息维护。根据车组和烟草配送人员的变动及时在这一模块中进行车辆、司机、送货员信息的维护操作。包括添加车辆和对现有车辆信息的编辑。

经过 GIS 计算自动生成的优化配送线路图，可指导烟草送货员大大提高送货效率，节约配送成本。

（资料来源：白沙烟草物流的 GIS 配送优化系统 [J]. 信息与电脑，2006(11):43-44.）

案例解析

GIS 系统的功能十分强大，它的主要功能是计算分析，在物流领域中，GIS 的应用范围非常广，从路径规划、选址分析到仓库布局分析、热点分析等都要用到 GIS，目前几乎所有的物流企业都需要使用 GIS 系统。GIS 还可以和 GPS 配合使用进行物流全过程透明化管理。

案例主要知识点

GIS 系统原理。

学习导航

◈ 掌握 GIS 的基本原理和应用环境。

教学建议

◈ 备课要点：GIS 的特点、GIS 的基本原理、GIS 的应用。

◈ 教授方法：案例，讲授，实证，启发式。

◈ 扩展知识领域：利用 GIS 系统进行配送中心选址分析。

6.1　地理信息系统概述

地理信息系统（Geographic Information System，GIS），又称“地学信息系统”，是一种特定的十分重要的空间信息系统。自 20 世纪 60 年代问世以来，地理信息系统已经从早期的计算机辅助地图制图技术发展成为一门涉及地理学、地图学、测量学、地球科学、计算机科学等领域的综合性交叉学科，并已逐步走向产业化和社会化，广泛应用于人口、资源与环境的规划、管理和决策，成为现代社会信息基础设施建设中的重要组成部分。

6.1.1 地理信息系统的定义

（1）地理信息与地学信息

地理信息是指与研究对象的空间地理分布有关的信息，它表示地理系统诸要素的数量、质量、分布特征，相互联系和变化规律的图、文、声、像等的总称。

地学信息是指与人类居住的地球有关的信息，具有无限性、多样性、灵活性等特点。地学信息是人们深入认识地球系统、合理开发资源、净化能源、保护环境的前提和保证。

地理信息与地学信息的区别主要在于信息源的范围不同，地理信息的信息源是地球表面的岩石圈、水圈、大气圈和人类活动等；地学信息所表示的信息范围更广泛，不仅来自地表，还包括地下、大气层甚至宇宙空间。

（2）地理信息系统

自 20 世纪 60 年代 GIS 问世以来，许多学者根据 GIS 的现状和他们自己的认识，给地理信息系统下了多种不同的定义，归纳起来主要有三个方面的观点。

第一种观点把地理信息系统描述为一个工具箱，其中包含有一套用于采集、存储、管理、处理、分析和显示地理数据的计算机软件工具。例如，Burrough 把 GIS 定义为“一套采集、存储、随意提取、转换和显示来自现实世界的空间数据的强有力工具”。Clarke 则将 GIS 定义为“采集、存储、提取、分析和显示空间数据的自动化系统”。这些可谓是功能性定义，它们定义了地理信息系统从地理数据的输入、分析、处理到输出的主要功能。

第二种观点认为地理信息系统是信息系统的特例。除了处理地理数据的特殊性以外，地理信息系统具备一般信息系统的共同特点，包括数据库管理、数据访问（如数据检索、插入、删除和修改等）和数据分析。Smith 等把 GIS 定义为“存储空间数据的数据库系统，以及一套用于检索数据库中有关空间实体的数据的程序”。这类观点认为 GIS 采用了计算机科学中的数据库管理技术，它具备一个信息系统应有的功能。不过，GIS 处理的数据对象是能在空间上表达为点、线或面的地表现象、事件或活动。换句话说，GIS 处理的是反映空间分布现象的地理数据。

第三种观点则强调地理信息系统的社会作用，认为 GIS 从根本上改变了一个组织或部门（如政府规划部门）运作的方式。建立 GIS 的目的是要提高工作效率，改进数据管理和分析的手段，从而更有效地处理和解决问题。然而，GIS 的建立往往要求组织结构的变化、人员的培训及工作流程的改进。Chrisman 就把 GIS 定义为“人们在与社会结构相互作用的同时，测量、描述地理现象，再将这些描述转换成其他形式的有组织的活动”。这类观点是在探讨 GIS 如何对社会产生影响，以及 GIS 如何在应用于辅助决策的研究过程中产生的。此外，这类观点还认为，对 GIS 功能与应用起决定作用的是人为因素而非技术因素。因为 GIS 不是孤立存在的，它必须由人来规划、管理和操作，并由人来决定它的应用及解译 GIS 输出的结果。

本书认为，地理信息系统是利用空间数据来解决复杂的规划和管理问题的信息系统，实现空间数据的采集、管理、分析和输出，以地理研究和地理决策为目的，以地理模型方法为手段，具有区域空间分析、多要素综合分析和动态预测能力。

（3）地理信息系统与其他信息系统的区别

上述定义和解释概括性地从不同角度描述了什么是地理信息系统，它们都包括了地理信息系统区别于其他信息系统和信息技术的四大特点。

① GIS 具备处理地理数据的能力

地理数据表示地球表面在特定时刻或时间内某一地区人文或自然现象的分布特征。因此，地理数据包含三个基本的要素：①地理位置（常以经、纬度或千米网表示）及现象之间在地球表面分布上的相互关系；②专题属性，如土壤的 pH 值、土地利用的类型、人口的密度等；③时间，即数据采集或记录的时间。其中地理位置特别重要，因为这是能够以地图形式表示，存储和分析地理数据的关键。

② GIS 拥有统一的地表定位坐标系统

GIS 是在统一的地表定位坐标系统下，以特定的数据模型输入、组织、存储和管理（包括更新）地理数据，并允许用户根据地理空间位置访问数据，或根据专题属性访问数据，以地图的形式表示地理数据。

③ GIS 拥有一套特殊的用于处理和分析地理数据的基本工具

这些工具可用于地理数据转换（如坐标系统的转换）、地理数据的分类与组合、地图的测量、比较和分析（如地图叠置分析）空间插值等。根据一定的目的，使用一定的程序，GIS 允许用户运用这些基本工具比较、分析地表现象的空间分布规律与相互间的联系，了解数据的空间特性，模拟地理过程及评价决策方案。GIS 的这些工具大大提高了人们使用和分析地理数据的能力。在 GIS 中，一幅表示某一专题的地图以数字形式存在，大量的相关主题的数字地图可以随意组合、叠置和自动分析，为解决问题、制定决策提供有用信息。GIS 改变了人们应用地图采集、编辑和使用地理数据的方法，使以传统地图和地图分析手段所不能解决的问题得以有效解决。

④ GIS 具有很强的地理数据的输出功能

可以地图、统计图表、多媒体等多种形式显示 GIS 所存储的数据或分析结果，帮助用户有效地解译数据，满足用户的需求。

6.1.2 GIS的分类

地理信息系统的分类有不同的标准。地理信息系统按照范围大小可分为全球的、区域的和局部的三种，分别适用于所研究对象的特征、研究对象的内容及所要解决的问题的性质。按照表达空间数据维数，可分为二维、二维半、布满整个三维空间的真三维地理信息系统，考虑时间维的时态地理信息系统和四维地理信息系统。按照地理空间数据模型或数据结构，可分为地理相关模型、地理关系模型和面向对象模型的地理信息系统。按照内容来分，可以分为专题地理信息系统、综合地理信息系统和地理信息系统工具。专题地理信息系统是主要解决局部或区域内的有限目标或专业特点的地理信息系统，提供专门目的的空间信息服务。如森林动态监测系统、土地利用信息系统、房产管理信息系统、地籍管理信息系统等。综合地理信息系统是主要解决局部或区域内的综合业务和决策服务特点的地理信息系统。如国情信息系统、省情信息系统，城市规划管理和辅助设计信息系统等。地理信息系统工具系统一般是基于商业目的开发的地理信息系统工具平台，提供实现地理信息系统二次开发的基本功能，并能使用户通过对这些功能的客户化定制开发，获得最终的目标系统。

6.1.3 GIS的特征

地理信息系统从外部来看，表现为计算机软硬件系统，而其内涵却是由计算机程序和地理数据组织而成的地理空间信息模型，是一个逻辑缩小的、高度信息化的地理系统，信息的流动及信息流动的结果完全由计算机程序的运行和数据的交换来仿真。与一般的信息系统相比，地理信息系统具有以下特征。

（1）地理信息系统具有采集、管理、分析和输出多种地理信息的能力，具有空间性和动态性。

（2）地理信息系统由计算机系统支持进行空间地理数据管理，并由计算机程序模拟常规的或专门的地理分析方法、作用与空间数据，产生有用信息。

（3）地理信息系统以地理研究和地理决策为目的，以地理模型方法为手段，具有空间分析、多要素综合分析和动态预测的能力，并能产生高层次的地理信息。

（4）地理信息系统在分析处理问题中使用了空间数据与属性数据，并通过数据库管理系统将两者联系在一起共同管理、分析和应用，从而提供了认识地理现象的一种新的思维方法。而管理信息系统则只有属性数据库的管理，即使存储了图形，也往往以文件等机械形式存储，不能进行有关空间数据的操作，如空间查询、检索、相邻分析等，更无法进行复杂的空间分析。

（5）地理信息系统强调空间分析，通过利用空间解析式模型来分析空间数据，地理信息系统的成功应用依赖于空间分析模型的研究与设计。空间分析是地理信息系统的重要特征，也是评价一个地理信息系统功能的主要指标之一。

6.1.4 GIS系统的组成

完整的 GIS 系统一般包括以下五个主要部分：计算机硬件系统、计算机软件系统、地理空间数据（数据库）、GIS 应用模型和 GIS 用户。

（1）计算机硬件系统

硬件系统是 GIS 功能实现的物质基础，包括各种硬件设备。根据 GIS 使用对象的范围的不同分为通用设备、单机设备、局域网设备和广域网设备。通用设备是指数字化仪、扫描仪、绘画仪、测绘仪、遥感设备、多媒体设备等通用、共享的硬件；单机设备是指网络中每个终端的计算机所包含的硬件设备，有硬盘（磁带机）、显示器、显卡、鼠标、键盘等；多组单机设备通过局域网的网络设备（网卡、网线、交换机）连接在一起，组成局域网设备；

多组局域网设备通过服务器连入 Internet，组成广域网设备。

（2）计算机软件系统

软件系统包括使用 GIS 所必需的各种软件和应用程序，一般分为三个部分：系统软件、基础软件和 GIS 软件。GIS 计算机软件系统金字塔形的结构如图 7-2 所示。

系统软件是指操作系统，是其他软件运行的基础。基础软件包括数据库、编程语言、算法等软件。数据库是计算机软件系统的重要组成部分，用来存储和管理空间数据与属性数据。

GIS 软件是计算机软件系统的核心。

（3）地理空间数据

地理空间数据（数据库）是地理信息的载体，是 GIS 的操作对象，实现地理世界在计算机中的抽象和模拟，由 GIS 使用者在 GIS 软件的支持下，利用数据获取设备输入计算机中。GIS 空间数据有矢量和栅格两种主要的数据结构。在矢量数据结构中，空间对象通过点、线、面等实体来表示；在栅格数据结构中，空间对象用栅格单元来表示。

GIS 特殊的空间数据结构和数据编码方法，决定了 GIS 空间数据以结构化的形式存储在计算机中。存储空间数据的数据库称为地理空间数据库（geo data base），空间数据库可以存储海量空间数据，并支持对空间数据的查询、检索、增删、修改和维护。GIS 中除了使用空间数据外，还需要利用一定的属性数据。空间数据库还必须解决空间数据与属性数据建立关联的问题。

（4）GIS 应用模型

模型是为了解决某一问题而将其抽象化表示的数学公式。GIS 应用模型是为了解决地理空间的各种实际问题而建立起来的模型，是 GIS 产生社会经济效益的关键。同时，GIS 应用模型的建立也是评价 GIS 应用成功与否的重要因素。针对各种实际问题，目前众多研究中提出了很多 GIS 技术应用模型，成为解决实际应用问题的切实有效的基本工具。常见的模型包括水土流失模型、最优化模型、选址模型、土地利用适宜性模型、人口增长模型和森林监测模型等。这些模型将现实世界中的问题抽象为数学公式，并表示在计算机中。利用 GIS 技术得到模型的解，用于解决实际问题，并能带来经济效益。GIS 应用模型是连接 GIS 与相关应用领域的纽带，两者的有机联系并不能仅仅依靠数学或技术知识，必须具备广泛的专业知识和应用领域内的专家知识，才能对实际问题的产生机理和变化过程进行深入透彻的研究，并找出各种内在的因果关系和规律，利用定性描述和定量分析的方法，才能更好地建立一个 GIS 应用模型。

（5）GIS 用户

GIS 用户可分为系统开发、管理、维护人员和 GIS 应用用户两大类。用户是 GIS 的重要组成部分，GIS 就是对用户的问题和疑惑进行解答和解释，对用户的某些想法进行实现的一门科学和技术。不同知识水平和专业背景的用户，使用 GIS 得到的结论和应用结果也不相同。为了更好地利用 GIS，需要专业化的人才来进行系统开发、管理和维护。为了面向更多的大众用户，开发 GIS 系统时应注意易操作性。在开发过程中，开发者必须根据实际问题的要求和具体的情况来解决系统开发的策略、软硬件的选择和空间数据库的构建类型等问题，而且要使得开发的系统具有管理简单、维护方便、可移植性好等优点。GIS 用户是 GIS 存在的基础，没有这些用户不断地提出需求和问题，就不会有 GIS 的存在和发展。

6.2 GIS 的运行机理

6.2.1 地理空间概述

“空间”（Space）的概念在不同的学科有不同的解释。从物理学的角度看，空间是指宇宙在三个相互垂直的方向上所具有的广延性。从天文学的角度看，空间就是指时空连续体系的一部分。在地理学上，空间是指地理空间（Geographic Space），是物质、能量、信息的存在形式在形态、结构过程、功能关系上的分布方式、格局及其在时间上的延续。

GIS 中的空间概念常用“地理空间”来表述。GIS 中的地理空间是指经过投影变换后，在笛卡儿坐标系中的地球表层特征空间，它是定义在地球表层目标集上的关系，即地理世界以实体为单位进行组织，将客观世界作为一个整体看待，每一个实体不仅具有空间位置属性和空间上的联系，更重要的是它与其他实体具有逻辑上的语义联系，它还具有时间属性。一般来说，地理空间被定义为绝对空间和相对空间两种形式。绝对空间是具有属性描述的空间位置的集合，它由一系列不同位置坐标值组成；相对空间是具有空间属性特征的实体的集合，它是由不同实体之间的空间关系构成。

GIS 中的地理空间一般包括地理空间定位框架及其所连接的地理空间特征实体。

地理空间定位框架即大地测量控制，由平面控制网和高程控制网组成。大地测量控制为建立所有的地理数据的坐标位置提供了通用参考系，将所有地理要素同平面及高程坐标系相连接。大地测量控制信息的主要要素就是大地测量控制点，这些坐标点的平面位置已被精确地测量。

地理空间特征实体表示地理空间信息的几何形态、时空分布规律及其相互之间的关系，是指具有形状、属性和时序性的空间对象或地理实体，包括点、线、面、体。它们构成地球圈层间复杂的地理综合体，也是 GIS 表示和建库的主要对象。

地理空间数据就是以地球表面作为基本定位框架的空间数据。GIS 提供了对地理空间数据进行分析和将地理空间数据实现可视化的机制。

由于计算机处理和操作的数据是离散数据，因而在 GIS 中，地理空间数据是离散化的空间数据，其表达方式根据不同应用目的由空间数据模型决定。

6.2.2 地理空间数据模型

在 GIS 中，模型尤其是数学模型起着十分重要的作用。由于模型是对客观世界中解决各种实际问题所依据的规律或过程的抽象或模拟，因此，它能有效地帮助人们从各种因素之间找出其因果关系或者联系，有利于问题的解决。模型的建立是数学或技术性的问题，但它必须以广泛、深入的专业研究为基础，专业研究的深入程度决定了所建模型的质量与效果，而模型的质量和数量又决定了系统中数据使用的效率和深度。大量模型的发展和应用实际上集中和验证了该应用领域中许多专家的经验和知识，这无疑成为一般 GIS 向专家系统发展的基础。

GIS 作为一种信息系统，是以现实世界为研究目标，以计算机内部的二进制数字世界作为存储载体。它将人们对于客观世界的理解经过一系列处理后，变成数字形式存于计算机中。现实世界极其复杂，人们一方面希望 GIS 包含充足的数据，另一方面又期望能从中方便地选择所需要的相关数据而抛开其他兴趣不大的数据。这就要求人们以一种高效的数据组织方式兼顾两个方面的要求，既尽可能地包含信息（包括对未来潜在有用的信息），又要能方便快速地选取信息。在其中，人们对于客观世界的理解及其表达，GIS 的数据模型起着至关重要的作用。从现实世界到计算机系统，人们首先要做的是概念模型的建立。概念模型反映了人们对现实世界的认知与理解，是现实世界在人们大脑中的映射，对后期 GIS 的建设起着先导性的作用。

一般而言，GIS 空间数据模型由概念数据模型、逻辑数据模型和物理数据模型三个有机联系的层次所组成。

（1）概念数据模型

由于专业不同，人们所关心的问题、研究的对象、期望的结果等方面存在着差异，因而对现实世界的描述和抽象也不同，这就形成了不同的用户视图，称之为外模式。GIS 空间数据模型的概念模型是考虑用户需求的共性，是用统一的语言描述和综合集成各用户视图。目前，广为采用的数据模型是基于平面图的矢量数据模型和基于连续铺盖的栅格数据模型。

（2）逻辑数据模型

逻辑数据模型根据概念数据模型确定的空间数据库信息内容（空间实体及相互关系），具体地表达数据项、记录等之间的关系，因而可以有若干不同的实现方法。一般来说，可将空间逻辑数据模型分为结构化逻辑数据模型和面向操作的逻辑数据模型两大类。

①结构化逻辑数据模型

结构化逻辑数据模型是表达数据实体之间关系的树形结构。其中的层次数据模型按树形结构组织数据记录，以反映数据之间的隶属或层次关系。网络数据模型是层次数据模型的一种广义形式，是若干层次结构的并集。结构化逻辑数据模型的优点是能反映现实世界中极为常见的多对多的联系，缺点是复杂。一般而言，结构化逻辑数据模型能直接地反映现实世界中空间实体之间的联系。

②面向操作的逻辑数据模型

关系数据模型用二维表格表达数据实体之间的关系，用关系操作提取或查询数据实体之间的关系，因此称之为面向操作的逻辑数据模型。面向操作的逻辑数据模型的优点是灵活简单；缺点是在表示复杂关系时比其他数据模型困难，且当数据构成多层联系时，存储空间利用效率较低。

当前的一种发展趋势是将两者的优点集中起来，形成新的或改进的逻辑数据模型，如扩展的网络模型。

（3）物理数据模型

逻辑数据模型并不涉及底层的物理实现细节，但计算机处理的是二进制数据，必须将逻辑数据模型转换为物理数据模型，即要设计空间数据的物理组织、空间数据存取方法及数据库总体存储结构等。

①物理表示与组织

层次逻辑数据模型的物理表示方法主要有物理邻接法、表结构法和目录法。网络数据模型的物理表示方法主要有变长指针表、位图法、目录法等。关系数据模型的物理表示是用关系表进行的。数据的物理组织主要是考虑如何在外存储器上以最优的形式存放数据，通常要考虑操作效率、响应时间、空间利用和总的开销。

②空间数据存取

数据库的“存”是指从内存（计算机内部存储器）写一块到外存（计算机外部存储器，如磁盘等），“取”指从外存读一段到内存。常用的存取方法有以下三种。

A. 文件结构法。其包括顺序结构（如二分查找、插值查找）、表结构（线性表、倒排表）和随机结构。

B. 索引文件。它是提高数据存取效率的基本方法。对索引的插入、删除等只涉及索引记录本身，而对数据记录的操作要看具体的数据组织策略。如果索引本身很大，就要对索引文件再索引，建立多级索引，如B树、B+树[1]等。B树是基于主关键字的索引，若要根据次关键字进行索引，必须建立倒排索引表。但是，如果这种基于次关键字的搜索是主要操作，这类索引就不适合了。

C. 点索引结构。由于B树在进行基于次关键字的搜索时不适合，为此，将空间定位数据及其属性看成多维空间中的点，采用栅格索引、KD树、四叉树、R树等多维点索引结构进行索引。目前，空间存取方法及查询优化仍是GIS研究中的一个重要课题。

6.2.3 地理空间的数据结构

地理空间的数据结构分为基于矢量模型的数据结构和基于栅格模型的数据结构。按照传统的观念，矢量和栅格似乎是两类完全不同性质的数据结构。矢量数据是面向地物的结构，即对于每一个具体的目标都直接赋有位置和属性信息及目标之间的拓扑关系说明。但是，矢

[1] B树、B+树都是数据结构中的平衡多路查找树，主要是为磁盘等外存储设备设计的。

量数据仅有一些离散点的坐标，在空间表达方面，它没有直接建立位置与地物的关系，如多边形的中间区域是“洞”或“岛”，其间的任何一点并没有与某个地物发生联系。与此相反，栅格数据是面向位置的结构，平面空间上的任何一点都直接联系到某一个或某一类地物。但对于某一个具体的目标又没有直接聚集所有信息，只能通过遍历栅格矩阵逐一寻找，它也不能完整地建立地物之间的拓扑关系。因而，从概念上形成了基于矢量和基于栅格两种类型的数据结构，分别用于不同的目的。

（1）矢量数据结构

基于矢量模型的数据结构简称为矢量数据结构。矢量又称向量，数学上称“具有大小和方向的量”为向量。在计算机图形中，相邻两节点间的弧段长度表示大小，弧段两端点的顺序表示方向，因此弧段是一个直观的矢量。

矢量数据结构是通过记录坐标的方式来表示点、线、面等地理实体空间分布的一种数据组织方式。这种数据组织方式定位明显，属性隐含，能最好地逼近地理实体的空间分布特征；数据精度高，数据存储的冗余度低，便于进行地理实体的网络分析；但对多层空间数据的叠合分析比较困难。矢量数据结构的获取方法主要有手工数字化法、手持跟踪数字化法、数据结构转换法。

（2）栅格数据结构

栅格数据结构是最简单、最直观的空间数据结构，又称为网格结构（Raster 或 Grid Cell）或象元结构（Pixel），是指将地球表面划分为大小均匀紧密相邻的网格阵列，每个网格作为一个象元或像素，由行、列号定义，并包含一个代码，表示该像素的属性类型或量值，或仅仅包含指向其属性记录的指针。因此，栅格数据结构是以规则的阵列来表示空间地物或现象分布的数据组织，组织中的每个数据表示地物或现象的非几何属性特征。

栅格数据结构的显著特点是：属性明显，定位隐含，即数据直接记录属性的指针或属性本身，而所在位置则根据行列号转换为相应的坐标给出，也就是说定位是根据数据在数据集中的位置得到的。由于栅格数据结构是按一定的规则排列的，因而所表示的实体的位置很容易隐含在网格文件的存储结构中。在后面讲述栅格数据结构编码时可以看到，每个存储单元的行列位置可以方便地根据其在文件中的记录位置得到，且行列坐标可以很容易地转为其他坐标系下的坐标。在网格文件中，每个代码本身就明确地代表了实体的属性或属性的编码。如果为属性的编码，则该编码可作为指向实体属性表的指针。由于栅格行列容易为计算机存储、操作和显示，因此这种结构容易实现，算法简单，且易于扩充、修改，也很直观，特别是易于同遥感影像结合处理，给地理空间数据处理带来了极大的方便，受到普遍欢迎。许多系统都部分和全部采取了栅格数据结构。栅格数据结构的另一个优点是，特别适合于FORTRAN、BASIC 等高级语言进行文件或矩阵处理，这也是栅格数据结构易于为多数 GIS 设计者接受的原因之一。栅格数据结构主要可由以下四个途径得到。

①目读法

即在专题图上均匀划分网格，逐个网格地决定其代码，最后形成栅格数字地图文件。

②转换

即数字化仪手持或自动跟踪数字化地图，得到矢量数据结构后，再转换为栅格数据结构。

③扫描数字化

即逐点扫描专题地图，将扫描数据重采样和再编码得到栅格数据文件。

④分类影像输入

即将经过分类解译的遥感影像数据直接或重采样后输入系统，作为栅格数据结构的专题地图。

（3）矢量—栅格一体化数据结构

矢量数据结构和栅格数据结构都各有优缺点。因此，希望找到一种能够具有矢量和栅格两种结构特征的一体化数据结构。

假设在对一个线目标数字化采样时，恰好在所经过的栅格内都获取了样点，这样的取样数据就具有矢量和栅格双重性质。一方面，它保留了矢量数据的全部特性，一个目标跟随了所有位量信息，并能建立拓扑关系；另一方面，它建立了路径栅格与地物的关系，即路径上的任意一点都与目标直接建立了联系。这样，用填满线状目标路径和充填面状目标空间的表达方法作为矢量—栅格一体化数据结构的基础。每个线目标除记录原始取样点外，还包括所通过的栅格，每个面状地物除记录它的多边形周边以外，还包括中间的面栅格。无论是点状地物、线状地物，还是面状地物，均采用面向目标的描述方法，即直接跟随位置描述信息并进行拓扑关系说明，因而它可以完全保持矢量的特征，建立了位置与地物的联系，使之具有栅格的性质。这样的数据结构就是矢量—栅格一体化的数据结构。

6.2.4 GIS 数据库

数据库是对数据存储管理的基本工具，是从建立数据模型、设计数据结构到数据存储与管理过程的必然结果。建立数据库的目的不仅仅是保存数据，扩展人的记忆，而且是为了帮助人们去管理和控制与这些数据相关联的事物。GIS 的数据库具有明显的空间特征，它与传统的非空间数据库是有区别的。

综合目前国内外学术界的基本观点，GIS 数据库是指以特定的信息结构和数据模型（关系模型、面向对象模型等）来表达、存储和管理从地理空间中获取的某类空间信息，以满足 Internet 和 Intranet 上的不同用户对空间信息需求的数据库。GIS 数据库是空间数据有组织的集合，除了具有一般数据特征外，还具有一些区别于其他一般数据库的特征，这些特征表现在以下七个方面。

（1）空间特征

空间特征是空间数据最主要的特征，它描述了空间物体的位置、形态，甚至需要描述物体的空间拓扑关系。如描述一条河流，一般数据侧重于河流的流域面积、水流量、枯水期，而空间数据则侧重于描述河流的位置、长度、发源地等和空间位置有关的信息，复杂的还要处理河流与流域内各河流间的距离、方位等空间关系。

（2）抽象特征

空间数据描述的是真实世界所具有的综合特征，非常复杂，必须经过抽象处理。不同主题的 GIS 数据库，人们所关心的内容也有差别。在不同的抽象中，同一自然地物可能会有不同的语义，如河流既可以被抽象为水系要素，也可以被抽象为行政边界，如省界、县界等。

（3）空间关系特征

空间数据除了空间坐标隐含了空间分布关系外，空间数据中也记录了拓扑数据结构表达的多种空间关系。这种拓扑数据结构一方面方便了空间数据的查询和空间分析，另一方面也增加了空间数据的一致性和完整性维护的复杂程度。特别是有些几何对象没有直接记录空间坐标的信息，如拓扑的面状目标仅记录组成它的弧段的标志，因而在进行查找、显示和分析操作时，都要操纵和检索多个数据文件。

（4）多尺度与多态性

不同观察尺度具有不同的比例尺和精度，同一地物在不同情况下会有形态差异。如任何城市在地理空间都占据一定范围的区域，可以被作为面状空间对象。在比例尺较小的 GIS 数据库中，城市是作为点状空间对象来处理的。

（5）非结构化特征

在当前通用的关系数据库管理系统中，数据记录一般是结构化的，即它满足关系数据模型的第一范式要求。也就是说，每一条记录是定长的，数据项表达的只能是原始数据，不允许嵌套记录。而空间数据则不能满足这种结构化要求。若将一条记录表达成一个空间对象，它的数据项可能是变长的。例如，1 条弧段的坐标，其长度是不可限定的，它可能是 2 对坐标，也可能是 10 万对坐标。此外，1 个对象可能包含另外的 1 个或多个对象，如 1 个多边形，它可能含有多条弧段。若 1 条记录表示几条弧段，在这种情况下，2 条多边形的记录就可能嵌套多条弧段的记录，所以它不满足关系数据模型的范式要求，这也就是为什么空间图形数据难以直接采用通用的关系数据管理系统的主要原因之一。

（6）分类编码特征

一般而言，每一个空间对象都有一个分类编码，而这种分类编码往往属于国家标准或行业标准或地区标准，每一种地物的类型在某个 GIS 中的属性项个数是相同的。因而在许多情况下，一种地物类型对应于一个属性数据表文件。当然，如果几种地物类型的属性项相同，也可以有多种地物类型共用一个属性数据表文件。

（7）海量数据特征

空间数据量通常称海量数据。之所以称为海量数据，是因为它的数据量比一般的通用数据库要大得多。一个城市 GIS 的数据量可能达几十个 GB，如果考虑影像数据的存储，可能达几百个 GB 乃至 TB 级。这样的数据量在城市管理的其他数据库中是很少见的。正因为空间数据量大，所以需要在二维空间上划分块或者图幅，在垂直方向上划分层来进行组织。

6.2.5 地理数据的分类与编码

（1）地理数据的分类

在 GIS 中，地理数据的采集和输入都是根据一定的分类标准和编码体系进行的。分类是指根据属性或特征将地理实体划分为各种类型。同一类型地理实体的数据可以构成一个图层。也就是说，GIS 是根据地理实体的类型通过数字化采集和组织地理数据的。

地理数据的分类体系由两个部分组成：类型名称和描述。类型名称可以根据地理实体的形态（form）或功能（function）而定。例如，在一个土地利用分类体系中，一幢 20 层的住宅楼根据其形态可以将它划归为“高层建筑”类；根据其功能，则可以将它划归为“居住用地”类。一个分类体系究竟应该以形态分类还是以功能分类，主要取决于地理数据的应用。分类体系的描述部分描述各类地理实体的基本功能和性质。

建立一个地理数据分类体系是一个比较复杂和严格的过程，不同的分类原则和方法会产生不同的分类体系。在一个大型的 GIS 项目中，除非已有一个合适的分类系统，否则需要在广泛和深入地理解用户需求的基础上，建立一个完整的地理数据分类体系，为地理数据的采集、编码和存储提供标准。一个理想的地理数据分类体系应当具有科学性、系统性、完整性和一致性，并能做到简明扼要，充分满足地理数据应用的要求。分类过细或过粗都会导致一些潜在的实际问题。例如，分类体系层次过多、类型过细，会产生大量的数据冗余，在使用数据前，可能会涉及大量的数据类型综合和简化的处理工作，甚至要将数据重新分类，打乱已建立的分类体系。在地理数据采集和输入工作开始以后，分类体系中任何一个很小的变化都可能要求将已采集的所有数据作重新分类，并重新输入数据，这将是一个费工耗时的过程。因此，地理数据的分类体系对于地理数据的质量和使用价值有着很大的影响。以下列出的是地理数据分类的九项基本原则。

①分类体系中的各种类型必须具有唯一性，即任何一个地理实体只能属于一个类型。

②必须满足主要用户的具体要求，尽可能地满足其他用户的需要。

③必须简明扼要，易于理解，便于利用。

④必须具有层次结构，以满足不同地区在不同级别、不同比例尺或不同详细程度上的分类。

⑤必须具有明确的、可测量的分类标准，以保证数据分类结果的一致性。

⑥必须具有足够的稳定性，从而允许比较和综合使用在不同时期采集和输入的地理数据。

⑦必须具有结构上的灵活性或可扩展性，即能在不打乱现有的分类体系的前提下容纳新的分类类型。

⑧必须充分考虑某些地理实体在特性上的季节性或其他周期性的变化。

⑨在可能的情况下，尽量采用定量的分类标准。

此外，地理数据的分类体系还应尽量采用普遍沿用或公认的科学分类与名称，与现行的国家标准、专业标准协调一致，从而使地理数据在学科之间和部门之间能得到充分的共享。

（2）地理数据的编码

地理数据编码是在数据分类的基础上，以易于计算机和人识别的代码（code）唯一标志地理实体的类型。代码由字符（数字或字母）构成。例如，代码“5SLH”标志时令湖，这里5表示水系，SLH为时令湖三个汉字拼音的第一个字母。由于代码简单、准确，易于计算机操作和管理，在地理数据库中，地理实体的类别大多以代码表示。在地理数据的数字化采集过程中，数据编码，即以代码标志地理实体的类型和属性，是不可缺少的一步。地理数据代码又常常称为属性码（Attribute code）或实体码（Feature code）。

地理数据编码体系的设计必须注意到代码的唯一性、完整性、简单易读性、统一性和规范性。编码体系应当与分类体系相适应，代码类型、结构和编码格式应当统一、规范，一个代码只能唯一表示一个地理实体类，且代码的字符长度应尽量缩短，以便于输入和减少计算机存储空间。根据这些原则设计的代码主要用于控制地理数据数字化采集和输入，用于在地理数据库中系统地表示地理实体及它们的同性。代码及相应的描述通常也存储在地理数据库中作为元数据的一部分，以帮助用户理解、分析、管理和显示地理数据。

6.2.6 地理空间数据的获取和处理

数据的获取与处理是建设GIS的基础工作。空间数据的来源不同，数据存在的类型和格式不同，数据的获取方法也不同。由于数据在获取过程中不同程度地存在错误或误差，以及空间数据库对数据组织管理的需要，实际中都需要对数据进行编辑和处理。

（1）数据源

数据源是指建立GIS地理信息数据库所需的各种数据的来源，主要包括地图、遥感图像、文本资料、统计资料、实测数据、多媒体数据、已有系统的数据等，可归纳为原始采集数据、再生数据和交换数据三种来源。近年来，由于国家相关数据生产部门（如测绘局、城市测绘院）、一些专业应用部门（如土地局、房产局、规划局）都产生了大量的数字化数据，多数以数字线画图（DLG）、数字扫描图（DRG）、数字正射影像（DOM）和数字高程模型（DEM）的形式存在，通过数据交换获取GIS数据的方式将会越来越普遍。通过互联网，在创建新的数据或是购买数据之前，看看哪些数据可以共享将是必要的。这些框架性（或基础性）和专业性地理数据已经成为商业产品，同时它们也成为一种战略资源。

（2）空间数据的采集

空间数据采集的任务是将现有的地图、外界观测成果、航空相片、遥感图像、文本资料等转换成GIS可以处理与接收的数字形式，通常要经过验证、修改、编辑等处理。

不同类型的数据输入需要用到不同的设备。例如，文本数据通常用键盘录入，也可用扫描仪扫描后用字符识别软件自动录入；矢量地图数据可用平板数字化仪，采用手持跟踪的方法输入，也可用扫描仪扫描成图像后，用栅格数据矢量化的方法自动追踪输入，等等。GIS软件的这一部分还应具有数据转换装载的功能，即能把其他GIS或专题数据库中的数据通过转换装载到当前的GIS系统中。

在空间数据的采集过程中，有些数据的采集结果本身就是数字数据，它们只需通过软件进行格式转换即可。如遥感影像经图像处理，系统处理和解译后得到的数字结果，数字测图成果也一般是以 CAD 格式存在。实测的数据一般也是以数字形式记录的，多媒体数据、已有系统的数据等本身就是数字形式，它们经过格式转换，进行数据编辑和处理后，即可满足 GIS 数据库建库的需要。而属性数据则主要是通过键盘或读取文件的方法输入，方法比较简单。

（3）空间数据的处理

①图形变换

在地图录入完毕后，经常需要进行投影变换，得到经纬度参照系下的地图。对各种投影进行坐标变换的原因主要是输入地图时是一种投影，而输出的地图产物是另外一种投影。进行投影变换有两种方式：一种是直接应用投影变换公式进行变换；另一种是利用多项式拟合，类似于图像几何纠正。

②图幅拼接

在对底图进行数字化处理以后，由于图幅比较大或者使用小型数字化仪时，难以将研究区域的底图以整幅的形式来完成，这时需要将整个图幅划分成几部分分别输入。在所有部分都输入完毕并进行拼接时，在相邻图幅的边缘部分，由于数字化本身的误差，使得同一实体的线段或弧段的坐标数据不能相互衔接，或是由于坐标系统、编码方式等不统一，常常会有边界不一致的情况，需要进行边缘匹配处理。这都可以由计算机自动完成，或者辅助以手工半自动完成。

③图像纠正

此处的图像主要指通过扫描得到的地形图和遥感影像。由于遥感影像本身就存在着几何变形、地形图受介质及存放条件限制、扫描过程中工作人员的操作误差（如扫描时，地形图或遥感影像没被压紧）等原因，图像会产生一定的变形，需进行图像纠正。

④图像解释

图像解释过程一般是建立在对图像及其解译区域进行系统研究的基础之上，具体包括图像的成像原理、图像的成像事件、图像的解译标志和成像地区的地理特征、地图、植被、气候学及区域内有关人类活动的各种信息。

⑤数据格式的转换

数据格式的转换一般分为两大类：第一类是不同数据介质之间的转换，即将各种不同的素材信息（如地图、照片、各种文字及表格）转为计算机可以兼容的格式，主要采用数字化、扫描、键盘输入等方式；第二类是数据结构之间的转换，包括同一数据结构不同组织形式间的转换和不同数据结构间的转换。

6.3　地理信息系统在物流领域中的应用

6.3.1　GIS技术在交通物流中的应用

当前城市经济在发展的过程中，对于 GIS 技术的应用较多。GIS 技术的应用有效地促进了城市经济的发展。实际发展的过程中，城市交通物流现状是城市经济发展的主要影响因素之一。因此 GIS 技术在应用的过程中，对于城市交通物流现状，也产生了较大的促进作用。实际应用的过程中，主要涉及的应用内容有：物流中心选址、成本控制、配送路线设计、交通疏散。

（1）物流中心选址

城市交通物流在发展的过程中，主要涉及的内容项目较多。实际发展的过程中，物流中心的选址问题，则为核心问题之一。物流中心承载了繁多的物流物品，因此在实际建设的过程中，对于建设空间、面积的要求较高。综合考虑，较大的面积以及空间位置，涉及了较多的资金投入现状。因此在实际发展的过程中，通过 GIS 技术进行综合的分析判断。以此选定物流中心建设位置，促进城市交通物流的发展。

（2）成本控制

交通物流在发展的过程中，由于整体的单体收益较低。因此在实际发展的过程中，为了保障其实际收益。对于其成本的控制，为交通物流发展中的重要手段。当前在实际发展的过程中，GIS 技术的应用有效地控制了运输成本。通过地理位置选择，保障了物流的最大效率，提升了企业的实际收益。

（3）配送路线设计

交通物流在运行的过程中，首要的问题之一即为：交通问题。交通问题对于物流的准确送达，以及成本的控制意义重大。当前在实际发展的过程中，GIS 技术结合 GPS 技术，综合进行城市道路的规划。并且综合交通现状，选择合理的配送线路。以此增强物流企业的稳定发展，并且提升企业在发展过程中的实际收益。

（4）交通疏散

城市在发展的过程中，通常情况下，上下班期间是城市交通压力最大的时期。此时间段内，也是交通事故的高发时间。GIS 技术在城市交通发展的过程中，主要的应用点则为：交通疏散。通过对区域道路交通现状的分析，进行一定指令的发送。结合地面交通管理人员，进行交通拥堵状况的疏散。

6.3.2 GIS在农产品物流中的应用

把GIS技术应用于农产品物流配送系统中，能够将人力、物力资源进行最大程度的利用，有助于提升农产品的配送效率、节约成本。对于农产品物流配送中的许多重要问题进行有效的营销管理和决策分析，如配送中心的选址、运输车辆的调度、运输的最佳路径、合理装卸策略等。

（1）车辆路线模型

用于解决一个出发点、多个结束点的农产品运输中，如何降低物流作业成本，并且保证服务质量的问题，以及使用车辆的数量和每辆车各自的路线等。

（2）最短路径模型

可以用作决定运输农产品过程中的起点、途径点和终点，包括路程、所耗费时间和费用等的最优选择，从而确定最有效的路径。

（3）网络物流模型

可以根据实际的需求分布，有效地进行农产品路径分配，优化具体行驶路径，实现路径最优化，也就是农产品物流网点布局问题。如从N个配送中心发货，将农产品分别运往到M个客户手中，每个客户的需求量不同，因此需要确定具体由哪个配送中心提货、送给该客户所耗费的运输成本最低。

（4）分配集合模型

可以根据不同要素之间相同的地方把同一层上的所有或部分要素分为几个组，用以解决确定服务范围和销售市场范围等问题。如某一公司要设立X个分销点，要求这些分销点要覆盖某一地区，而且要使每个分销点的顾客数目大致相等。

（5）设施定位模型

主要在于对各个设施的具体位置的设置。在农产品运输的物流系统中，配送中心和运输路线是主要的组成部分，配送中心是运输网络的节点，对线路的规划起着决定性的作用。设施定位模型的主要作用就在于，坚持满足实际供求需要、提高经济效益作为原则的基础上，解决在既定区域内设立合理数目的仓库或其他设施，并确定每个设施的位置、规模以及设施之间的物流关系等。

（6）空间查询模块

GIS系统在城市或地区中的广泛使用，可以建立符合管理要求的电子地图，将道路和街道的具体情况准确地进行反映，为企业精确判断配送点和客户位置提供了极大的帮助。如可以对以某商业网点为圆心的半径内配送点的数目进行确定，从而以此为依据，判断出距离最近的配送点，从而为安排配送做详细准备。

除此之外，在农产品物流配送领域中可以用GIS技术与其他技术集成。GIS和信息管理系统（IMS）结合为例，GIS可以使用不同比例尺的电子地图加上其属性数据库，能直观清楚地显示出原料生产地和产品销售地的分布信息；地理信息系统和全球定位系统（GPS）的结合可以建立良好的“监控系统”，从而实现对农产品运输的跟踪和对车辆的监控和指挥，实时掌握具体动态；通过 GIS 还可以对农产品物流系统进行仿真模拟，以便于具体了解农产品的运输及储存静态、动态过程的各种统计性能，例如是否合理利用了运输设备、是否通畅、是否合理地安排了运输的路线、是否按照约定的时间将农产品送到等。

延伸阅读

建设智慧物流园，为国际物流产业注入新能量

近年来，随着全球化、网络化的发展，人们的生产、生活模式正逐渐打破时间、空间的限制，向着更加便捷、高效的方向发展。作为社会物资流通的主要载体，现代国际空运物流业也在不断与信息技术相融合，其中物联网、大数据、云计算的发展，为传统物流业转型升级、拥抱互联网大数据、融入全球供应链体系提供了新的机遇。随着移动互联网、人工智能、大数据等技术应用的成熟，国际物流业将经历智慧化、科技化转变的时代变革。

北京环宇程信国际货运代理有限公司董事长兼总经理费纯科女士认为："未来，随着物流行业的快速发展，新技术、新模式、新业态不断涌现，物联网、大数据、云计算、人工智能等新一代信息技术和设备将在物流领域得到广泛应用。通过物联网和物流业的深度融合，我们可以实现国际物流产业的智能化发展，提高物流运营效率和服务水平，最终实现全球供应链的扩大化。"

费纯科女士对国际物流市场有着极具前瞻性的洞悉，凭借多年的国际物流行业管理和项目经验，在国际空运行业有着卓绝的管理能力，同时，她也密切关注国际空运行业的创新性发展，希望通过发展国际空运行业创新技术，带领行业转型升级。

随着国际物流的迅猛发展，行业对仓储效率的要求越来越高，仓储成本也在发生变化。防潮、防霉、防腐、防爆是物流仓储日常工作的重要内容，是衡量物流仓储管理质量的重要指标。传统的方法是用各种仪表通过人工进行检测，但这种人工测试方法费时费力、效率低，且测试的仓储环境各项参数误差大，随机性大。针对国际物流行业发展存在的仓储问题，费纯科女士设计了"基于智能监控的物流仓储信息管理系统"。该系统将具有强大图像处理能力、简单便捷和极高安全性的智能视频监控技术应用到物流仓储监控及环境管理中，设计了系统的功能结构，包括异常行为管理、监控信息管理、系统设置、综合统计查询等功能，实现了对物流仓储监控视频数据的采集、分析和处理。系统还构建了一种及时、精确、安全的智能仓库监控系统，解决了传统监控系统布局复杂、配置成本高、图像模糊等诸多问题。

费纯科女士表示，"'基于智能监控的物流仓储信息管理系统'的研发有利于物流仓储企业实时监控数据采集、持续动态监测、有利于降低物流仓储企业安全事故风险，提升安全性和工作效率。因此，推广应用后给现代仓库监控及管理带来了方便，提高了物流仓储技术的智能化水平，促进了国际物流行业的发展。"

国际物流行业的快速发展，使物流园区成为大量物流企业集聚区域，如何对园区内的交通进行管理以及提供实时的交通信息服务成为智慧物流园建设的重要课题。

费纯科女士表示当前物流园区管理系统面临以下问题：园区内的物流产业集群，具有高度专业分工的特点，各企业间转运频繁，对企业间交通信息传递提出了很高的要求；传统物流园区内车流量大且交通秩序混乱，交通管理系统信息化程度低且效率低下，管理通常通过固定的交通信号灯时长设定来控制各区域车流量，缺乏弹性的智能化交通管理机制；传统物流企业统计和管理手段单一，缺乏相应资源及人才来构建大数据分析平台。

针对物流园区面临的以上问题，费纯科女士以 GIS 空间地理信息技术为核心研发了“基于 GIS 空间地理技术的智慧物流交通服务系统”。作为智慧物流园交通管理服务系统，它包括基于地理信息技术及大数据分析的信息管理平台、运输监控子系统、交通信号灯系统以及园区综合调度服务子系统；园区综合调度服务子系统布设于用户的移动终端，运输监控子系统和基于地理信息技术及大数据分析的信息管理平台布设于云计算服务器上，交通信号灯系统布设于各路口，并由基于地理信息技术及大数据分析的信息管理平台的子模块控制。每个模块及系统针对物流园区系统的不同功能。运输监控子系统包括用于车流量检测方法的门岗信息采集模块、路口及车位高清监控模块和车载 GPS 信息采集模块；门岗信息采集模块用于采集车辆流入及流出数据等。

“基于 GIS 空间地理技术的智慧物流交通服务系统”将园区交通服务平台和管理平台进行整合，提高了管理效率和服务质量，同时也降低了服务成本。其可以为传统的物流企业提供车辆到达时刻、园区货物吞吐量、货物流向统计、单车运量分析以及企业库存统计等大数据服务，将有效解决传统物流企业缺乏相应资源及人才来构建大数据分析平台的问题。同时，系统通过园区内的交通流量优化以及车流量的主动引导，大大缓解了物流园区交通拥挤的现象，提高物流企业的运营效率。

费纯科女士强调，创新技术将为国际物流行业注入新的活力，影响甚至是决定着未来物流行业的发展进程，数字化升级已经是行业发展的必选项。

（资料来源：中国日报中文网，http://ex.chinadaily.com.cn/exchange/partners/82/rss/channel/cn/columns/sz8srm/stories/WS63899487a3102ada8b224f01.html）

课后思考题

（1）GIS 的主要应用场景是什么？

（2）在智慧物流建设中，GIS 可以完成什么工作？

第7章　物流信息系统

引导案例

萧山："中国物流大脑"加速形成

传化集团与中国电信集团投资有限公司正式签署合作协议，双方将强强联手成立合资公司。成立合资公司的目的，是要共同研发服务于货物物流的智慧供应链解决方案、车联网等技术产品，让"传化网"越来越聪明。

与许多互联网企业服务"人"有所不同，"传化网"服务的是实体产业，它打造的是一个公路网络的运营系统，发展物流大数据，形成"中国物流大脑"。

这中间，有两组数据让传化强烈地感觉到这里将是一片物流领域实践人工智能的试验田：中国商品的物流成本占总成本的30% ~ 40%，而欧美国家只占10% ~ 15%；中国的信息技术在生产端与生活端的运用是1：12，美国则是7：6。

传化集团董事长徐冠巨说，"传化网相当于给公路物流装了一个智能调度系统，就跟高铁、航空都有自己的调度系统一样。"而以往，公路物流没有系统来配套，都是卡车司机自己跑、没有人服务。

目前，"传化网"是一张已经布局了200多个城市的智慧网络。它不仅有线下的公路港城市物流中心，还有线上的智能物流平台，比如"陆鲸"和"易货嘀"，前者是城际干线O2O平台，是一个为司机和货主打造的配货平台；后者是城配O2O平台，主要管理同城配送。

站在传化物流大数据中心大屏面前，点击这里的触屏，可以看到全国各地的"公路港物流中心"，人、车、货三大应用场景形成实时在线的大量数据，构成了一张巨大的"数据网"。有了这些数据，在"传化网"后台就能进行实时的智能调度。据了解，"传化网"基于全链条的数据和计算，可以实现全网调度、全网监控、一单到底、智能决策。

当然，"传化网"最大的特点，在于连接，在于共享。它还可以将铁路、水运、航空都连接起来，打通供应链各环节，形成业务协同共享平台。

一个港，一张网，一个平台，有了这三个"一"之后，就形成了第四个"一"，那就是"物流大脑"。它可以通过全国运力分布图，了解全国的司机分布；通过全国货源流向图，了解到货从哪来，到哪去，有多远；甚至通过传化网大数据还可清楚知道某一个具体的区域和城市的货源分布情况、产业分布情况等。此外，通过计算和应用，传化平台上还有很多数据，可以产生更大的价值：如风险控制，行业趋势与预判等。

截至2017年年底，"传化网"聚集了400多万卡车司机会员，连接了上百万家的货主企业以及 16.2 万的物流服务商。在此过程中，“传化网”也产生了一系列社会效益和经济效应，比如降低所在区域工商企业综合物流成本 40%；平台内金牌司机收入从每月数千元提升至超 2 万元；每年减少空载行驶里程数十亿公里，单港减少二氧化碳排放 19.2 万吨等。

现在，全国每年有价值 230 万亿元的货物在流动，这构成了国家实体经济运行的主要基础，减少大量重复无效的流动，能够让整个经济运行体系更加有序和高效。而社会物流总费用占 GDP 的比率，每降低 1 个百分点，就能够给国家带来万亿级的新增效益。徐冠巨表示，未来将是货运物流快速发展的十年，通过人工智能技术形成“中国物流大脑”，也将更好地服务中国制造 2025 和智能城市建设。

（资料来源：“中国物流大脑”加速形成，浙江在线，https://zjnews.zjol.com.cn/zjnews/hznews/201801/t20180110_6292390_ext.shtml.）

案例解析

物流信息系统是物流企业的重要工具。传化网依托其庞大的物流信息系统实现了人、车、货的联通，系统可以自动进行处理，并将结果反馈给管理者，以便于管理者及时了解对物流运行状况，为物流决策提供依据。

案例主要知识点

物流信息系统的组成、物流信息系统特点。

学习导航

◈ 掌握物流信息系统的体系结构。

教学建议

◈ 备课要点：物流信息系统的组成、物流信息系统的体系结构。

◈ 教授方法：案例，讲授，实证，启发式。

◈ 扩展知识领域：怎样设计一个物流信息系统。

7.1 物流信息系统概述

7.1.1 物流信息系统的概念与特征

物流信息系统（Logistics Information System，LIS）是由人员，计算机软件、硬件，网络通信设备及其他办公设备组成的人机交互系统，其主要功能是进行物流信息的收集、存储、加工、维护和输出，为物流管理者及其他组织管理人员提供战略、战术和运作决策支持，以达到物流活动的战略目标，提高物流运作的效率和效益。

物流信息系统除了具有信息系统的一般特征，即系统的整体性、层次性、目的性外，还具有以下典型特征。

（1）集成化

集成化是指物流信息系统将相互连接的各个物流环节连接在一起，为企业的物流运作提供集成化的信息处理平台。

（2）标准化

一方面是指物流信息系统的结构、接口、基本模块的基本同一性；另一方面是指物流信息本身的标准，如数据格式、语言、传输协议，处理程序的标准化。

（3）模块化

模块化是指把物流信息系统划分为各个不同功能模块的子系统，各个子系统通过统一的标准来进行功能模块开发，然后集成，组合起来使用，从而满足企业不同部门的管理需要，也保证各个子系统的使用和访问权限。

（4）智能化

智能化是物流信息系统的发展方向，通过综合运用数据挖掘技术、知识管理、人工智能技术、现代决策科学技术等，为物流系统运行、管理和决策提供有效支持。

（5）网络化

通过 Internet 将分布在不同地理位置的物流分支结构、供应商、客户连接起来，形成一个复杂但又密切联系的信息共享网络，便于各方实时了解各地业务运作情况，提高物流运作的效率。

（6）实时化

现代物流信息系统借助于编码技术、自动识别技术（条码、RFID）、GPS/GIS 等现代物流信息技术，对物流活动信息实时、准确地进行采集，并应用先进的计算机和网络通信技术，及时地进行数据传输和处理，将供应链合作方在业务上连接起来。

7.1.2 物流信息系统的功能

从宏观意义上来说，拥有了一套物流管理的业务系统就可以开展物流的服务。可以说信息系统比拥有车队和仓库更为重要。如国外许多著名的物流公司本身并没有车队和仓库，但它们每年的承运量却可以达到惊人的数字；而许多有着强大的承运能力的国内运输公司或拥有大片空余仓位的储运公司由于没有一套能够让客户满意的信息系统而失去了大量与客户合作的机会。

因此，物流信息系统是现代物流系统的“神经中枢”，它作为整个物流系统的指挥和控制系统，具有以下五项基本功能，缺一不可。

（1）数据收集和输入

首先是将物流数据通过收集子系统从系统内部或者外部收集到预处理系统中，并整理成为系统要求的格式，然后再通过输入子系统输入物流信息系统中，这一过程是其他功能发挥作用的重要前提。因此，在衡量一个信息系统性能时，应注意它收集数据的完善性、准确性、校验能力和抵抗破坏能力等方面。

（2）信息的存储

物流数据经过收集和输入后，必须在系统中存储下来。即使在处理之后，若信息还有利用价值，也要将其保存下来，以供以后使用。物流信息系统的存储功能就是要保证已得到的物流信息能够不丢失、不泄露、整理得当、随时可用。无论何种物流信息系统，在涉及信息的存储问题时，都要考虑到存储量、信息格式、存储方式、使用方式、存储时间、安全保密等方面。

（3）信息的传输

在物流系统中，物流信息一定要准确、及时地传输到各个职能环节，否则信息就会失去使用价值。物流信息系统在实际运行前，必须充分考虑所要传递的信息种类、数量、频率、可靠性要求等因素。

（4）信息的处理

物流信息系统的最根本目的就是要将输入的数据加工处理成物流系统所需要的、有应用价值的物流信息。数据往往不能直接利用，而信息是从数据加工中得到的，它可以直接利用。只有得到了具有实际使用价值的物流信息，物流信息系统的功能才能正常发挥。

（5）信息的输出

信息的输出是物流信息系统的最后一项功能，实现这个功能后，物流信息系统的任务才算完成。信息的输出必须采用便于人或计算机理解的形式，在输出形式上力求易读易懂，直观醒目。

7.1.3 物流信息系统的组成

（1）硬件

从系统的观点来看，构成物流信息系统的主要要素有硬件、软件、信息资源、相关人员及企业管理思想和理念、管理制度与规范等。

硬件包括计算机部分及必要的通信设施等，例如计算机主机、外存、服务器、打印机、通信电缆、通信设施，它是物流信息系统的物理设备、硬件资源，是实现物流信息系统的基础，构成了物流信息系统运行的硬件平台。

（2）软件

①系统软件

系统软件主要有操作系统、网络操作系统等，它们主要用来控制协调硬件资源，是物流信息系统必不可少的软件。

②实用软件

实用软件的种类很多，对于物流信息系统，主要有数据库管理系统、各种开发工具包、浏览器软件等，主要用于开发应用软件和管理数据资源等。

③应用软件

应用软件是面向企业物流业务运作相关的软件，帮助实现企业管理的功能。不同的企业可以根据应用需求来开发或购买应用软件。

通常系统软件和实用软件由计算机厂商或专门的软件公司开发，它们构成物流信息系统开发和运行的软件平台，企业可在市场上配置和选购。实用软件的品种多，用户的选择余地较大。在市场上也有应用软件可供选购，例如财务管理软件、仓储管理软件等。

（3）信息资源

信息资源是指以文字、图形、图像、声音、动画和视频等形式储存在一定的载体上并可供利用的信息。与物流运作相关的数据、信息、知识和模型都是企业的无形资产。

（4）相关人员

系统开发涉及多方面的人员，如企业管理人员、信息主管、业务主管、业务人员、系统分析员、系统设计员、程序设计员、系统维护人员等，这些都是从事企业物流信息资源管理的专业人员。不同的人员在物流信息系统开发过程中起着不同的作用。对于企业来说，应该配备什么样的专业队伍，取决于企业对 LIS 的认识和企业对 LIS 开发的管理模式。

（5）企业管理思想和理念、管理制度与规范

在各个行业，新的管理思想和理念不断产生和赋予实践，例如供应链管理理念、供应商管理库存、第三方物流等。企业本身决策者和管理者及其客户所能接受的管理思想和理念的程度决定 LIS 的结构，是 LIS 的灵魂。企业管理制度与规范通常包括组织机构、部门职责、业务流程、规章制度等，它是物流信息系统成功开发和运行的管理基础和保障，是构造物流信息系统模型的主要参考依据，制约着系统硬件平台的结构、应用软件的功能和系统的计算模式。

7.2　物流信息系统的体系结构

物流信息系统的体系结构就是指组成信息系统各部分之间的相互关系的总和。体系结构反映了信息系统所具有的特点、功能及现阶段人们对信息系统的认识和技术发展水平。信息系统虽然是组织信息流的综合体，但其结构与组织的结构不一定相同。组织结构一般是树状的，是为完成组织各项目标而形成的管理体系，而信息系统的结构可以不受组织结构的束缚，多是网状的，是为满足信息采集、处理、存储、分析、传递等需要建立起来的体系。随着信息技术的发展，信息系统的结构也经历了由低级向高级、由简单到复杂、由单项到综合的发展过程。同时，在物流信息系统体系结构设计中，应遵循以下原则。

（1）具有开放性、模块化及适应性等特点。

（2）满足各系统间的数据交换，数据交换的方法必须确保数据的完整性及安全性。

（3）数据交换只需通过通用的数据定义、信息格式及通信协议来完成。这样可以确保不同部门各自独立开发的系统具有互操作性。

（4）具有与现有系统及较新通信技术兼容的特点。

（5）尽可能兼容已有的技术及已开发的系统。

（6）在物流信息技术上，让企业在竞争的市场中具有广泛的选择。

7.2.1 概念结构

物流信息系统的概念结构由四个部件组成，即信息源、信息处理器、信息使用者和信息管理者，如图 7-1 所示。

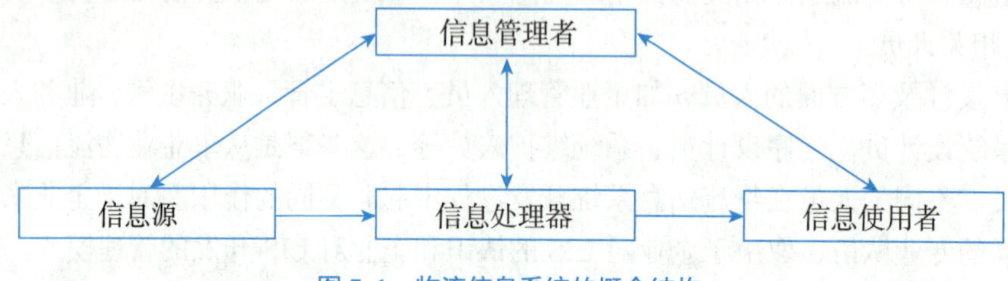

图 7-1 物流信息系统的概念结构

信息源是指原始数据的产生地，也是物流信息系统的基础。信息处理器利用计算机软硬件对原始数据进行收集、加工、整理和存储，把它转化为有用的信息，再将信息传输给信息使用者。信息使用者是信息的用户，不同的信息使用者根据收到的信息进行决策。信息管理者负责管理信息系统的设计和维护工作，在物流信息系统实现以后，还要负责协调信息系统的各个组成部分，保证信息系统的正常运行和使用。信息系统越复杂，信息管理者的作用就越重要。

7.2.2 层次结构

在物流信息系统的实际应用中，根据信息处理的内容及决策的层次一般把管理活动分为三个不同的层次：操作层、管理层和战略层。一般来说，下层系统的处理量比较大，上层系统的处理量相对小一些，所以就形成了一个金字塔式的结构。不同的管理层次需要不同的信息服务，为它们提供服务的信息系统就可以按这些管理层次来相应地进行划分。为不同管理层次所设计的信息系统在数据来源和所提供的信息方面都是完全不同的。

（1）操作层

操作层的任务是有效利用现有资源展开各项活动，包括作业控制和业务处理。它按照管理层所制订的计划与进度表，具体组织人力和物力去完成任务，如订单处理、计划管理、运输管理、采购管理等。因此，操作层的信息系统处理过程都是比较稳定的，可以按预先设计好的程序和规则进行相应的信息处理。在这一层次上的信息系统一般由事务处理、报告处理和查询处理三种处理方式组成。这三种处理方式的工作过程十分相似。首先将处理请求输入处理系统中，系统自动从文件中搜寻相关的信息进行分析处理，最后输出处理结果或报告。操作层所面对的信息通常是确定性的，决策过程是程序化的，而决策问题多数是结构化的。

（2）管理层

管理层的主要任务是根据高层管理者所确定的总目标，对组织内所拥有的各种资源制订出分配计划及实施进度表，并组织基层单位来实现。这是面向各个部门负责人的，是为他们提供所需要的信息服务，以支持他们在管理控制活动中能正确地制订各项计划和了解计划的完成情况的层次。管理层所需要的信息和数据来源主要有三个渠道：一方面是控制企业活动的预算、标准、计划等；另一方面是作业活动所提供的数据和信息；还有一些是其他信息，如市场商情信息等。管理层的信息系统所提供的信息主要包括决策所需要的模型，对各部门的工作计划和预测，对计划执行情况的定期和不定期的偏差报告，对问题的分析评价，对各项查询的响应等。管理层一般处理的决策问题是半结构化的。

（3）战略层

战略层的任务是确定企业的总体目标和长远发展规划。为战略层服务的物流信息系统需要比较广泛的数据来源。其中，除了内部数据外，还主要包括相当数量的外部数据。例如，当前社会的政治形势、经济发展趋势、国家的政策、企业自身在国内外市场上所处的位置和竞争能力等。此外，战略层信息系统所提供的信息是为企业制订战略计划服务的，所以具有高度的概括性和综合性。例如，对企业当前能力的评价和对未来能力的预测，对市场需求和竞争对手的分析等。这些信息对企业制订战略计划都有很大的参考价值。由于外部信息的不确定性强，战略层要解决的决策问题多数是非结构化的。

7.2.3 功能结构

从使用者的角度来看，物流管理信息系统具有明确的目标，并且具有多种功能，各种功能之间又有各种信息联系，构成一个有机结合的整体，形成一个功能结构。

物流管理信息系统的功能，可以根据物流性质划分为供应、生产、销售和回收物流等，也可以从流通环节划分为包装、装卸搬运、存储、运输等。

根据功能将物流管理信息系统划分为一系列子系统。这些子系统下面还要继续划分子系统，称为二级子系统。职能往往是通过过程来完成的，过程是逻辑性相关的活动的集合，可以把管理信息系统的功能结构表示成为一个功能—过程结构。这样，从垂直方向进行层次划分，从水平方向进行功能划分，物流管理信息系统形成了一种金字塔结构，如图 7-2 所示。

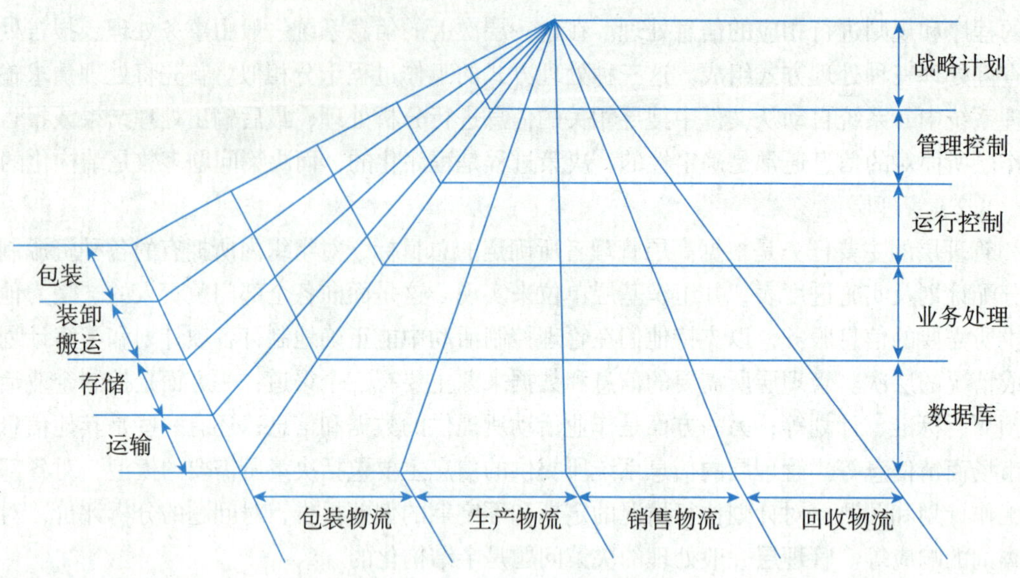

图 7-2　物流管理信息系统的金字塔结构

7.2.4 软件结构

支持物流管理信息系统各种功能的软件系统或软件模块所组成的结构，就是物流管理信息系统的软件结构。可用功能 / 层次矩阵来表示，在水平方向列出包装、装卸搬运、存储、运输等管理职能，在垂直方向列出战略计划、管理控制、运行控制、业务处理等管理层次。例如，对应于运输管理，物流管理信息系统中的相关软件或模块组成一个软件结构，该软件结构由支持战略计划的模块、支持管理控制的模块、支持运行控制的模块、支持业务处理的模块以及它自己的专用数据文件所组成。

此外，物流管理信息系统的软件结构中还包括为全系统所共享的数据和程序，包括公用数据、公用程序、公用模型库及数据库管理系统等，如图 7-3 所示。

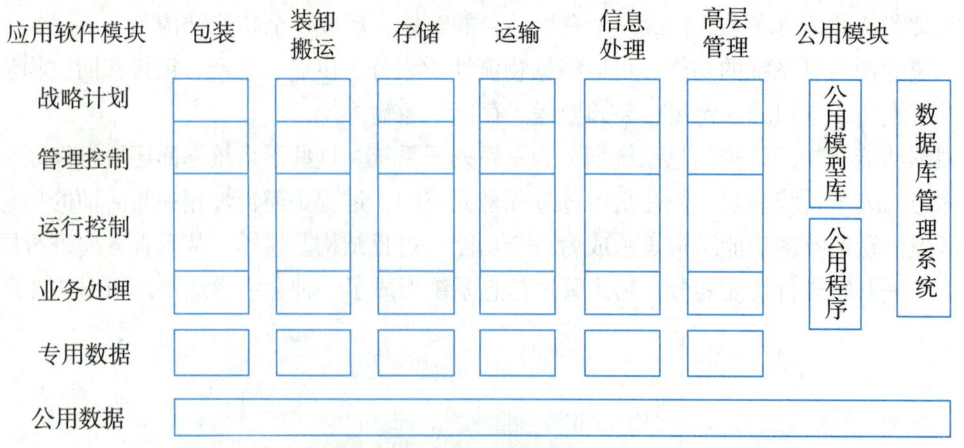

图 7-3　物流管理信息系统的软件结构

7.2.5 物理结构

信息系统的物理结构是指避开信息系统各部分的实际工作和软件结构，只抽象地考察其硬件系统的拓扑结构。信息系统的物理结构一般包括 3 种类型：集中式、分散—集中式和分布式。

（1）集中式

由于计算机和通信设备所限，早期的信息系统都采用集中式的结构。集中式是由一台主机带若干终端，运行多用户操作系统供多个用户使用。主机承担系统所有的数据处理、数据存储和应用管理，因此必须有大存储容量、超高速 IVO 传输速率，一般由小型机甚至中大型机担任；终端一般是非智能的，即没有信息处理能力，只是将键盘输入的信息送主机和将主机输出的信息送显示器显示；多用户操作系统有很多，不同的机型都有专用的多用户操作系统，唯一能在不同机型上运行的是 UNIX，但不同机型上的版本也是不兼容的。这种系统结构的优点是数据高度集中，便于管理控制；缺点是系统灵活性差，扩展能力有限，且维护困难，一旦主机出现故障则造成整个系统的瘫痪。为保证系统的可靠性，通常需采用高代价的双机系统或容错机。

（2）分散—集中式

20 世纪七八十年代出现了微型计算机和计算机网络系统，但由于当时的微机功能十分有限，故多采用分散—集中式系统。这就是用微机或工作站执行应用软件和数据库管理软件，通过局域网与由一台或几台作为整个系统的主机和信息处理交换中枢的小型机乃至大型机相连。这种结构的优点是：主机主要作为文件服务器负责根据用户的请求读取传送文件，并可集中管理共享资源，使各个工作站既能相互独立地处理各自的业务，必要时又能成为一个整体，可相互传递信息、共享数据，因而较灵活、易扩展；缺点是：文件服务器提供服务的能力有限，它仅以将整个文件在网络中传输的方式进行服务，因而导致网络通信负荷重，系统维护较困难。

（3）分布式

20 世纪八九十年代，在计算机网络技术和分布式计算的基础上出现了一种新的客户端 / 服务器模式，对信息系统的结构体系产生了极大的影响：这种结构由微机、工作站充当客户机，负责执行前台功能，如管理用户接口、采集数据和报告请求等；由一台或分散在不同地点的多台微机、工作站、小型机或大型机充当服务器，负责执行后台功能，如管理共享外设、控制对共享数据库的存取、接受并回答客户机的请求等，再用总线结构的网络把客户机和服务器连接起来。

它与分散—集中式的区别在于将系统的任务一分为二，即客户机承担每个用户专有的外围应用功能，负责处理用户的应用程序，服务器承担数据库系统的数据服务功能，负责执行数据库管理软件。这样，两种设备功能明确，可以高度优化系统的功能。数据库服务器处理客户机的请求，然后只返回结果，这就大大减少了网络的传输负担，避免了网络堵塞。这种结构任务分布合理，资源利用率高，有较强的可伸缩性和可扩展性，系统开发与维护较为方便，而且可靠性也相对较高。

随着互联网的飞速发展，移动办公和分布式办公越来越普遍，这就需要我们的系统具有扩展性。这种远程访问方式需要专门的技术，要对系统进行专门的设计来处理分布式的数据。同时，客户端需要安装专用的客户端软件。其中，需要解决几个方面问题：一是涉及安装的工作量；二是任何一台计算机出问题，如病毒、硬件损坏，都需要进行安装或维护；三是当系统软件升级时，每一台客户机需要重新安装，其维护和升级成本都非常高。随着 Internet 技术的兴起，出现了浏览器 / 服务器模式，它是对 C/S 结构的一种改进。在这种结构下，软件应用的业务逻辑完全在应用服务器端实现，用户表现完全在 Web 服务器实现，客户端只需要浏览器即可进行业务处理，是一种全新的软件系统构造技术。这种结构更成为当今应用软件的首选体系结构。

这种 B/S 模式具有分布性特点，可以随时随地进行查询、浏览等业务处理；业务扩展简单方便，通过增加网页即可增加服务器功能；维护简单方便，只需要改变网页，即可实现所有用户的同步更新；开发简单，共享性强等优点。同时，B/S 模式个性化特点明显降低，无法实现具有个性化的功能要求；操作是以鼠标为最基本的操作方式，无法满足快速操作的要求；页面动态刷新，响应速度明显降低；功能弱化，难以实现传统模式下的特殊功能要求。C/S 与 B/S 模式进行以下几个方面的比较。

①维护和升级方式

目前，软件系统的改进和升级越来越频繁，C/S 系统的各模块中有一部分改变，就要关联到其他模块的变动，且使系统升级成本比较大。B/S 与 C/S 处理模式相比，则大大简化了客户端，只要客户端机器能上网就可以。对于 B/S 而言，开发、维护等几乎所有工作都集中在服务器端，当企业对网络应用进行升级时，只需更新服务器端的软件即可，这降低了异地用户系统维护与升级的成本。如果客户端的软件系统升级比较频繁，那么 B/S 模式的产品优势明显，所有的升级操作只需要针对服务器进行，这对那些点多面广的应用是很有价值的，例如一些招聘网站就需要采用 B/S 模式，因为它们客户端较分散且应用简单，只需要进行简单的浏览和少量信息的录入。

②系统的性能

在系统的性能方面，B/S 占有优势的是其异地浏览和信息采集的灵活性。任何时间、任何地点、任何系统，只要可以使用浏览器上网，就可以使用 B/S 系统的终端。不过，采用 B/S 结构，客户端只能完成浏览、查询、数据输入等简单功能，绝大部分工作由服务器承担，这使得服务器的负担很重。采用 C/S 结构时，客户端和服务器端都能够处理任务，这虽然对客户端的要求较高，但因此可以减轻服务器的压力。而且，由于客户端使用浏览器，使得网上发布的信息必须以 HTML 格式为主，其他格式文件多半是以附件的形式存放。而 HTML 格式文件（也就是 Web 页面）不便于编辑修改，给文件管理带来了许多不便。

③系统的开发

C/S 结构是建立在中间件产品基础之上的，要求应用开发者亲自去处理事务管理、消息队列、数据的复制和同步、通信安全等系统级的问题。这对应用开发者提出了较高的要求，而且迫使应用开发者投入很多精力来解决应用程序以外的问题。这使得应用程序的维护、移植和互操作变得复杂。如果客户端是在不同的操作系统上，C/S 结构的软件需要开发不同版本的客户端软件。但是，与 B/S 结构相比，C/S 技术发展历史更为悠久。从技术成熟度及软件设计、开发人员的掌握水平来看，C/S 技术应是更成熟、更可靠的。

7.3 物流信息系统的开发

7.3.1 物流信息系统的开发方法

（1）结构化开发方法

结构化开发方法的定义：用系统工程的思想和工程化的方法，按用户至上的原则，结构化、模块化、自顶向下地对系统进行分析和设计的方法。

结构化开发方法是一种面向过程的开发方法。将整个信息系统开发过程划分出五个阶段：系统规划、系统分析、系统设计、系统实施、系统运行与维护。前三个阶段坚持自顶向下地对系统进行结构化划分。在进行系统需求调查或理顺管理业务时，应从最顶层的管理业务入手，逐步深入至最底层。在系统分析阶段，提出新系统方案和系统设计时，应从宏观整体考虑入手，先考虑系统整体的优化，然后再考虑局部的优化问题。在系统实施阶段，则应坚持自底向上地逐步实施，先完成最底层的模块，然后按照系统设计的结构，将模块一个个拼接到一起进行调试，自底向上、逐渐地构成整体系统。

结构化开发方法强调开发人员与用户的紧密结合，强调自顶向下和自底向上相结合，注重开发过程的整体性和全局性，适合于各种类型物流信息系统的开发，尤其是大型系统。缺点是开发周期长，系统开发的灵活性较差。

（2）原型法

原型法（Prototyping）是 20 世纪 80 年代随着计算机软件技术的发展，特别是在关系数据库系统、第四代程序生成语言（4th Generation Language，4GL）和各种系统开发生成环境产生的基础上，提出的一种从设计思想、工具、手段都全新的系统开发方法。

原型法凭借系统分析人员对物流企业要求的理解，在强有力的软件环境支持下，快速地给出一个原型，然后与用户反复协商修改，最终形成实际物流信息系统。原型法是物流信息系统开发过程中应用非常广泛的一种方法。原型法开发过程见图 7-4。

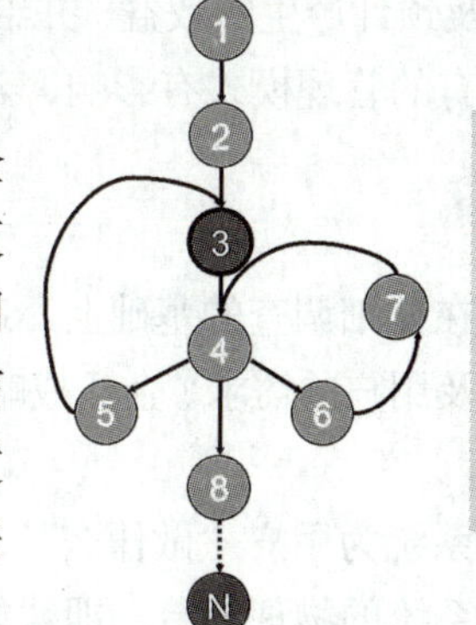

图 7-4 原型法开发过程

原型法摒弃了那种一步步周密细致

地调查分析，然后逐步整理出文字档案，最后才能让用户看到结果的烦琐做法。

原型法适合用于难以肯定详细需求、物流业务发展迅速，且准备积极参与新系统开发工作的用户，不适用于对已经运行的系统进行扩充。

（3）面向对象开发方法

面向对象开发方法是一种分析方法、设计方法和思维方法。面向对象开发方法的出发点和所追求的基本目标是使人们分析、设计与实现一个系统的方法，尽可能地接近人们认识一个系统的方法，也就是说，使描述问题的问题空间和解决问题的方法空间在结构上尽可能一致。其基本思想是：对问题空间进行自然分割，以更接近人类思维的方式建立问题域模型，以便对客观实体进行结构模拟和行为模拟，从而使设计出的软件尽可能直接地描述现实世界，构造出模块化的、可重用的、维护性好的软件，同时限制软件的复杂性和降低开发维护费用。

7.3.2 物流信息系统的开发过程

物流信息系统的开发过程大致可以分为可行性研究、系统分析、系统设计、系统实施和系统维护与评价 5 个阶段。

（1）可行性研究

物流信息系统在开发之前，为了减少和避免因决策失误造成的人、财、物等方面的损失，事先必须组织有关部门内有实际工作经验的领导和管理人员，对拟开发的物流信息系统的主要问题从技术、经济和管理三个方面进行全面深入的调查、研究、分析和比较。对新建或者现行的一个管理信息系统在管理上需不需要、资源上有没有条件、经济上值不值得的问题进行论证，提出若干个可行方案，并向决策者推荐其中投资少、进度快、效益高的最佳方案，这就是系统可行性研究。

可行性研究的作用主要表现在四个方面：一是确定系统开发的依据；二是筹集资金的依据；三是与有关单位 / 人员互订协议、签订合同的依据；四是系统验收的依据。

系统可行性研究需要研究的问题主要有：开发的目的、新系统的定界、开发所采用的技术规范、开发的时机和所需要的时间、开发的方式、系统平台的初步设计方案、需要的投资总额和投资的时间、费用以及预计产生的效益，并给出开发的方案，提交给企业决策者决策。还要研究开发系统是否对现有的管理模式有影响，若现行模式不能满足系统开发的要求，则应该提出解决的方案。

（2）系统分析

系统分析的主要任务是在详细调查的基础上，通过对现行系统详细调查资料的分析，分析企业生产经营管理工作以及用户的需求、企业战略发展的要求，从数据和功能上进行抽象，从而确定新系统的逻辑模型。

系统的逻辑模型描述新系统为用户“做什么”，用“什么”去做，前者即为功能，后者即为结构。它一般不涉及新系统的物理细节，即“如何去做”等问题，其工作与系统运行的平台关系不大。由于逻辑模型设计不涉及或较少涉及具体的物理设备和软件，只设计出系统的逻辑构造，设计出各个构造成分应该做什么、完成什么任务，而不考虑每一个构造成分由什么物理设备构成，每一项任务由什么设备实现及其实现的方法，因此从事系统分析的人员必须纵观全局，抓住关键，不能陷入细节设计之中。

（3）系统设计

系统设计阶段的主要任务是针对新系统的目标，依据系统分析阶段所建立的逻辑结构，确定新系统的软件总体结构和功能模块之间的关系，设计系统实现的物理方案。系统分析阶段解决系统“做什么”的问题，而系统设计阶段解决系统“怎么实现”的问题，即系统的“物理模型”。其主要工作内容包括以下四个方面。

①系统的平台设计

根据系统分析阶段建立的系统逻辑模型，在系统的平台设计（包括硬件平台和软件平台）时，应提交多个方案，供企业决策者选择。设计中还应该从实用、经济的角度出发，优先考虑现有平台。

②软件结构设计

根据系统分析阶段建立的功能模型以及所选用的系统平台，按照软件工程的思想，对实现功能的模块进行设计，包括模块的分解和调用关系，并对每一个模块进行详细设计。程序设计说明书以一个功能模块为单位进行编写，它是程序员进行程序设计的依据。说明书务必清楚明确，使程序员能正确无误地理解。程序设计说明书应该包括：程序名、所属子系统、程序的功能、数据关系图、输入输出文件的格式、程序处理过程说明（包括计算公式、控制方法）和所用计算机语言等内容。

③输出 / 输入设计

系统设计的顺序是先进行输出设计，再进行输入设计，正好与信息传递的方向相反。输出设计的内容包括：输出信息的内容（输出项目、位数和数据形式）、输出设备的选择（行式打印机、终端屏幕显示和卡片输出机等）、采用的介质（磁盘、磁带和输出用纸）、输出报告的格式。

④安全设计

根据业务要求，选择、确定采取合适的安全技术。

（4）系统实施

系统实施阶段包括程序设计、程序和系统调试、新旧系统的切换。

①程序编码

程序编码是工作量相当大的一项工作，一般由多个程序员分别进行。

②程序和系统调试

程序调试包括语法调试和逻辑检查。进行逻辑检查时，需要输入一些测试数据，这些数据分为有错误的和无错误的两类，用以考察程序的正确性。

功能测试按功能模块进行调试，这种调试的目的是保证模块内部控制关系的正确和数据处理内容的正确。

系统调试包括主控调度程序调试和系统程序总调，检查控制通路和参数传递的正确性，对系统的各种功能使用形态及其组合进行考察。

③系统转换

系统开发的最后一项工作是新旧系统转换，也叫新旧切换。系统转换的方法有直接方式、并行方式、分段方式和试运行方式。对物流管理信息系统来说，采用并行转换比较合理，即让新旧两个系统同时运行一段时间。这种方法一方面可以用旧系统验证新系统的正确性，另一方面新系统还不完善而出现差错时，可由旧系统予以弥补，避免造成损失。

（5）系统维护与评价

①系统维护

系统维护作为系统研制生命周期中的最后一个阶段，其主要任务是对系统进行必要的修改和调整，以及对系统的运行状态进行检查和控制。

系统维护是指在系统已经交付使用以后，为了改正错误、完善系统或满足新的应用需求而修改系统的过程。严格地说，系统维护工作往往又包括调查、分析、设计和实施等工作，是一个不断迭代完善的过程。系统的维护可能需要修正数据或改变软件。修正数据常常由环境的改变引起，首先要修改或更换训练集，然后重新训练和评估。改变软件可能是改变界面、程序或系统结构本身。如果系统结构本身发生了改变，有必要重复部分设计工作和大部分实现工作，以重新建立起一个满足系统需求的系统。

按照系统维护对象划分，分为硬件维护、软件维护和数据维护；按系统的组成划分，分为平台维护、应用程序维护和 DB 维护；按维护的时间划分，分为日常维护、新系统开发；按影响的程度、涉及投资的多少划分，分为校正性维护、完善性维护和适应性维护。

②系统评价

系统评价一般采取召开专家和管理人员鉴定会的方式进行，评价的内容主要包括以下三个方面。

A. 性能方面：如功能是否达到预期目标，输出信息的可靠性和精确度，处理的速度，工作人员操作的繁简程度以及扩展性等。

B. 技术资料方面：主要指技术资料、文件是否完善和规格化。

C. 经济效益方面：包括一次性投资、使用维护费用、给生产和管理活动带来的经济效益等。

对物流信息系统来说，直接的经济效益不容易看到，间接效益又不太好衡量，因此，对这方面的评价，应该用发展的眼光和全局的观点去看待和分析，只有这样才能有利于推广物流信息系统的应用。

7.4 物流公共信息平台

7.4.1 物流公共信息平台的概念

物流公共信息平台是指为物流企业、物流需求企业和政府及其他相关部门提供物流信息服务的公共商业性平台，其本质是为物流生产提供信息化手段的支持和保障。这里的“公共”是强调平台的独立性，是指用户具有普遍性，不是面对特定的对象；这里的“物流信息”是广义上的物流信息；这里的“平台”是强调该平台的开放性和可扩展性。

7.4.2 物流公共信息平台的构成

物流公共信息平台可以分成两层，即底层是公共物流信息基础平台，上层是公共物流信息系统平台。

物流公共信息平台的底层——公共物流信息基础平台是提供物流基础信息和数据的，而物流信息平台的上层——公共物流信息系统平台就是对底层信息进行加工处理，并向用户提供服务的，从而形成一个完整的体系。

物流公共信息平台的建设必须有充分的增值服务作为支持，否则很难得到推广。提供丰富的增值服务是公共物流信息系统平台取得成功的必要策略。

在物流公共信息平台的发展过程中，降低开展增值服务的难度，使平台用户能够得到充足的增值服务，这就要充分发展平台的上层——公共物流信息系统平台。

物流公共信息服务平台代表了现代电子商务物流的发展方向，具有很大的发展潜力，但是在目标定位、功能开发和发展方向上，还需要进行深入的需求分析和全面规划。

7.4.3 物流公共信息平台目标定位

（1）用户主体定位

物流公共信息平台必须依靠市场主体实现其应用和作用，系统用户主体应该定位于物流主管部门、中小型物流企业，还有货运枢纽和场站。政府部门掌握着物流核心业务的管理资源；而中小型物流企业更需要各种物流、货源信息和扩大市场；货运枢纽和场站则是物流活动过程中重要的流通、信息交互节点。

（2）市场定位

物流公共信息平台是运用了信息技术的虚拟市场，需要借鉴传统货运市场的成功经验，实现市场功能的跨越，因此发展物流公共信息服务平台上的特色专业市场是重要思路。从货物类型的角度，可以发展具有当地特色的专门货品市场；从物流功能类型的角度，可以发展联合运输、多式联运、航运、配送、仓储等功能型市场等。进行市场细分以后可以大大提高物流交易的效率、降低交易成本。同时，也能把信息流与物流有效地结合起来，在通关、质检、结算等诸多环节利用信息网络优势，缩短物流时间和降低物流费用。

（3）服务区域定位

物流只有紧密依靠区域产业经济，才能创新优势、巩固阵地，物流公共信息平台只有抓住区域物流价值链中的关键环节，才能吸引客户，实现自身应用价值。不同的经济区域需要不同特色的物流服务，如海港需要航运物流、保税仓储加工物流，而内陆需要汽车、铁路运输物流、转关物流，特色经济区需要煤炭物流、粮食物流、水果深加工物流，等等。缩小物流公共信息服务平台服务区域，使定位更加明确，服务更有针对性，能够争取到地方物流供需客户，有效地为地方经济服务。

（4）功能定位

物流公共信息平台的功能体系总体定位应是：以数据获取、整合和共享为核心，以信息安全为基础，面向决策支持、行业主管部门、运输与物流企业和社会公众提供可靠、有效、实时的信息服务。物流公共信息服务平台通过信息采集、信息融合、信息存储、信息共享及信息发布，为企业提供公共信息，满足和适应企业信息系统多种功能的实现；促进企业群体间协同经营机制和战略合作关系的建立；为支撑政府部门间行业管理、市场规范管理等交互协同工作机制的建立及科学决策提供依据；提供多样化的物流信息增值服务。

7.4.4 物流公共信息平台功能需求

物流公共信息平台提供的物流信息是整个物流供应链协调、管理客货运输过程所产生的信息流，用来支持保证货物运输高效率地完成，促进社会运力的有效整合和良性发展。由于物流公共信息服务平台要面对不同参与者对共用信息的各种需求，因此，物流公共信息平台在总体上应具有多种功能，通过用信息平台支撑政府部门间、政府与物流企业间共用信息需求，满足具有核心业务能力的物流企业信息需求。

建立“物流公共信息平台”，可充分运用现代化的通信技术、计算机技术和网络技术对传统的货运模式进行改革，如EDI技术、条码识别系统、地理信息系统（GIS）、全球卫星定位系统（GPS）、图像识别系统和射频技术等，整合目前较为紊乱和低效的货运市场，发展电子商务的新型模式，有效地对车源、货源进行重组，充分利用运输工具的定额能力，减少空载率和空载时间，提高实载率，降低物流企业的销售成本，提高企业自身的效率和管理水平。

在对物流公共信息平台参与者的职能和关系进行分析的基础上，其应满足的总体功能需求如下所示。

（1）提高社会物流服务运行效率，降低物流成本。

（2）提供货物与车辆的全过程跟踪，增强运输的准确性。

（3）提高物流企业业务运营效率。

（4）满足多种用户需求，提高物流服务水平。

（5）使物流资源配置合理化，辅助区位布局、容量及生产设施安排。

（6）提高政府行业管理部门工作的协同性，为相关引导政策的制定提供决策支持。

7.4.5 物流公共信息平台的逻辑层次

规划区域物流公共信息服务平台可以统一规划、整合现有物流信息资源，满足宏观管理和调控部门获得物流发展的宏观信息及总量信息、物流企业获得物流需求信息和货物跟踪信息、一般工商企业获得物流供给信息等的需求，实现不同的数据格式、不同的数据库系统、不同的通信系统之间的交互，提高区域物流系统的运作效率。这些要求决定了物流公共信息服务平台的体系结构要整合区域目前的物流信息资源和实现与物流供应链各个环节的互联互通。

以某省为例，该省级物流公共信息平台的逻辑层次如图 7–5 所示。

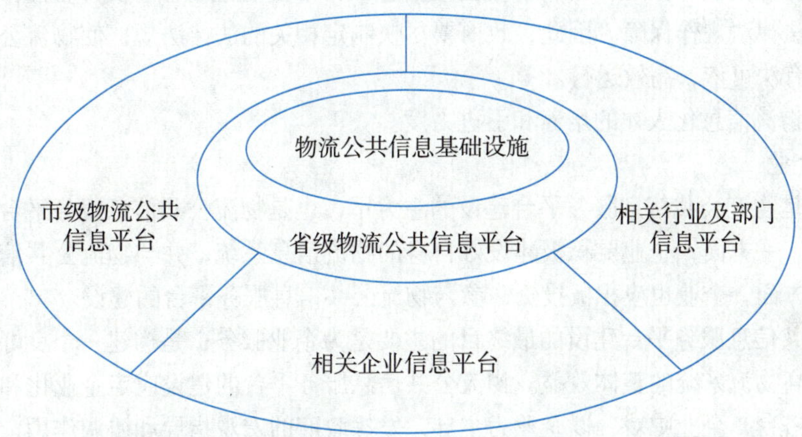

图 7–5　省级物流公共信息平台逻辑层次

从图 7–5 可以看出，该省级物流公共信息服务平台具有以下三层结构：一是物流公共信息基础设施；二是省级物流公共信息服务平台；三是市级物流公共信息平台、相关企业信息平台和相关行业及部门信息平台。

7.4.6 物流公共信息平台建设方式

物流公共信息平台的建设，应该由政府推动、第三方实施、市场化运作来进行。平台建设的开拓性及其本身的复杂性，决定了它需要在政府的宏观指导和统一协调下，充分调动各方面的力量，集中社会有效资源来共同完成。平台建设的参与者包括各级政府、企业、物流相关政府职能部门、相关行业协会、高等院校和科研院所等。

（1）各级政府

政府是区域物流公共信息服务平台的规划者、平台建设的组织者和领导者，其主要工作包括以下几个方面。

①宏观指导，重点扶持，以推动全省物流信息基础设施建设的协调发展。

②筹集资金。筹集专项建设引导资金，推动物流公共信息服务平台的建设。

③制定物流公共信息服务平台建设的相关优惠政策，如一般应尽快制定包括融资、税收等相关优惠政策。

④推进物流信息标准化建设。目前，物流信息的标准化是物流业发展的瓶颈，需要政府的大力推进。政府要把物流信息的标准化、规范化工作当作一项长远的、重要的战略任务来抓，加强区域物流信息标准化、EDI 系统标准化、交易订单标准化、运输标签标准化、条码标准化等各种与物流信息相关的标准化工作。

⑤推动电子政务工程。进一步促进各级政府电子政务工程步伐，创造高效的物流系统运行的基础，促进政府对于平台运行的管理。

⑥制定相关的法律法规。全省物流公共信息服务平台的运作会涉及许多法律纠纷问题，需要相关的法律法规作保障。因此，政府要尽快制定相关的法律法规，使物流公共信息服务平台的运作有法可依，高效运行。

⑦加大物流信息化人才的培养和引进力度。

（2）企业

企业应是物流公共信息服务平台建设的主力军，也是物流公共信息服务平台的主要使用者和受益者。一方面，企业要积极建设好自身的物流信息系统，并与物流公共信息服务平台对接；另一方面，企业也应积极投资，参与物流公共信息服务平台的建设。

物流公共信息服务平台建设的最终目的主要是为企业服务，是构建一个良好、公平的竞争环境，提高物流系统的整体效益。物流公共信息服务平台的建设应走企业化和市场化的道路，即政府搭台，企业唱戏，以企业为主导，发挥政府的宏观指导和协调作用，原则上“谁建设，谁运营”。只有这样，才能使物流公共信息服务平台具有旺盛的生命力。

（3）物流相关政府职能部门

现代物流的运作涉及多个政府职能部门。因此，各政府职能部门也是建设物流公共信息服务平台的重要力量，其主要工作包括以下几个方面。

①负责物流公共信息服务平台不同职能部门子系统的建设

物流公共信息服务平台涉及多个职能部门子系统的建设，各职能子系统的建设原则上应由相应的职能部门负责，但同时要加强相互之间的协调和沟通，避免开发的功能重复，造成不必要的资源浪费。

②提供物流公共信息服务平台所需的职能部门共享信息

物流公共信息服务平台要为所有物流参与者提供大量的共享信息，以满足不同参与者的信息需求。这些共享信息很多来自物流相关的政府职能部门，其中包括各职能部门出台的政策、规定等，以实现物流相关政府职能部门间的信息共享和协同工作。

③配合物流公共信息服务平台总体规划的协调工作

在进行物流公共信息服务平台总体规划时,需要得到物流相关政府职能部门的积极配合。在总体规划时，需要对各物流相关政府职能部门的功能进行全面深入的分析，了解其信息需求和功能需求，明确其各自在物流公共信息服务平台建设中的职责和任务。

④负责物流公共信息服务平台各职能部门子系统的信息更新和维护

各职能部门子系统的建设一般都是由相应的职能部门来完成的，而且共享信息来自相应的政府职能部门子系统。因此，各物流相关政府职能部门要担当起在物流公共信息服务平台建设中的信息维护和更新职责，以确保共享信息的一致性。

（4）相关行业协会

国外物流产业发展的成功经验显示,物流相关的行业协会及组织在其中发挥了重要作用。交通协会、仓储协会、运输协会等物流相关的行业协会及组织，在物流公共信息服务平台建设过程中，能对各自行业诸项事宜进行协调，是企业与政府联系的桥梁和纽带，有利于推进物流信息标准化建设和企业信息系统的接入。

（5）高等院校与科研院所

物流公共信息服务平台的建设涉及多学科的高新技术，如空间定位技术、智能标签技术、网络和通信技术、数据采集技术、数据仓库技术、数据检索技术、决策支持技术等，建设中会遇到很多难题。因此，应当充分发挥高等院校、科研院所的重要作用，就一些关键技术进行攻关，为平台的建设提供技术支撑。

延伸阅读

智慧物流平台：让海外仓更聪明

外贸企业发往海外仓的货物是否会丢失？国内的工作人员能否实时“查看”海外仓货物的相关动态？企业能否通过海外仓形成的数据开发更多适销对路的产品？……摆在外贸企业面前的这一连串疑问，正有望通过智慧物流平台得到解答。

近期国务院常务会议在部署进一步稳外贸稳外资举措、提升对外开放水平时强调，要支持海外仓企业建设智慧物流平台。对此，业内人士认为，建设智慧物流平台不仅可以提升海外仓的管理水平，帮助外贸企业缓解物流难，而且可以提高外贸企业智慧获客的能力，对外贸高质量发展有着重要意义。

（1）智慧物流平台好处多

位于中国的商家可以对远隔重洋的海外仓里的货物进行实时管理与动态监控，一旦库存出现异常，系统将提醒商家及时补货或清理库存；商家还可以在网上一键获悉跨境物流的履约详情，一键实现海外仓储配送报价测算。目前，菜鸟海外仓智慧供应链系统“货运参谋”正式上线。该系统由菜鸟自主研发，集海外仓储配送价格测算、备货指导、库存管理、优品建议等多重功能于一身，受到外贸企业好评。

佛山一大型家具厂商负责人表示，此前，公司在菜鸟某海外仓备货的一款沙发销量低于预期，令人着急，公司随后购买了“货运参谋”服务。该系统用算法与公开数据，拟合类比了头部电商平台上相同品类的销售数据和消费者反馈，提供了产品改进建议。公司根据建议增加了沙发坐垫厚度等，经过改良后的产品，销量显著提升。

这是智慧物流平台给外贸企业开展业务带来利好的一个例子。宁波豪雅进出口集团有限公司常务副总裁蔡井泉在接受国际商报记者采访时表示，智慧物流平台形式多样，主要是运用信息化和智慧化手段提升海外仓管理的效率，让海外仓运作降本增效，不仅能够便利外贸企业，也能为外贸高质量发展赋能。

首批入选“商务部优秀海外仓实践案例”的艾姆勒海外仓储深圳有限公司也在加快建设智慧物流平台，这是一家专注于俄罗斯电商市场的第三方供应链服务商。该公司总经理张文廷在接受国际商报记者采访时表示，智慧物流平台是通过数字化技术和大数据，将外贸企业与海外仓的物流、信息流等打通，做到全程可视化，外贸企业可实时了解货物运输及库存状态。而且数据打通后，海量数据流将产生更大价值，比如可将数据作为保险公司降低保费或银行授信的依据等。

国内一站式国际物流服务平台“运去哪”通过互联网、数字化技术打造了“一站式”在线服务平台，连接跨境供应链中各个节点，积极推动智慧物流平台和海外仓融合，以帮助大量外贸企业降本增效。该平台创始人兼首席执行官周诗豪表示，在支持外贸高质量发展上，智慧物流平台至少可发挥三个方面作用：一是融合跨境供应链上的更多环节，为外贸企业提供日益丰富的物流解决方案和产品，助力企业降本增效。二是可以让发货企业更直观、迅速地了解货物流转、仓储等各节点动态，提高对物流和货物的管理、规划效率。三是方便整合物流、信息流、商流，帮助外贸企业更精准、高效地捕捉商机。

（2）从外贸企业需求出发

近年来，海外仓作为中国外贸新业态之一，蓬勃发展，持续创新。商务部此前发布的数据显示，截至 2021 年，海外仓数量已超过 2000 个，海外仓的面积已超过 1600 万平方米，其中 90% 分布在北美、欧洲和亚洲市场。

海外仓经过多年发展，在规模快速扩大的同时，也存在质量参差不齐、标准以及服务流程有待规范、软硬件亟待升级等问题。智慧物流平台建设为海外仓高质量发展提供了重要契机，海外仓建设要抓住这一契机加快实现升级。

当前海外仓企业建设智慧物流平台有着诸多有利条件：一是中国是外贸出口大国，市场需求大，并且海外仓数量多，容易形成规模效益。二是中国在数字化以及 IT 软硬件设备等领域快速发展，技术成熟。最关键的是，智慧物流平台建设要更加符合企业深度需求、能经受住实践和时间的检验，这也是海外仓未来发展的方向。

周诗豪表示，“运去哪”目前还在加快布局海外仓建设，推动海外仓和智慧物流平台融合发展，让更多外贸企业受益，主要经验做法包括：通过智慧物流平台加强对产业链各环节资源的连接、融合，为更多外贸企业提供全链路服务；加强数字化产品研发，比如船期预测、物流追踪等，降低运输、流转过程中产生的损耗；通过数字化技术手段提升海外仓与国际物流头程配送环节的衔接效率，提升跨境电商业务的物流效率。

在政策建议上，智慧物流平台建设可以让海外仓发展更规范、数据更透明更有价值，建议商务、海关、银保监会等相关部门进一步加大支持力度，并形成政策合力。

此外，多家海外仓企业表示，在建设智慧物流平台的过程中，企业从硬件、软件的投入到技术人员的聘用，都需要大量资金支撑，因此期待得到更多的资金支持。

（资料来源：中工网，https://www.workercn.cn/c/2022-06-16/6980485.shtml）

课后思考题

（1）物流信息系统的功能有哪些？

（2）物流信息系统的组成部分有哪些？

（3）怎样开发一个物流信息系统？

（4）你了解哪些物流公共信息平台？

第8章　物联网基础

引导案例

物联网改变电子供应链

从工业应用到消费产品再到电子汽车，物联网正在迅速改变每个人与物理和数字世界的互动方式。供应链也不例外，物联网技术现在为供应链管理者提供了对其在途货物的全新可视性。

这种新的物联网支持可见性使管理人员能够采用数据驱动的优化思维模式，利用其货物的实时位置和条件数据，主动制定决策和运营。因此，制造商可以依靠定量分析方法来减少浪费，提高效率并提高整个供应链的可视性，而不是直觉。

以下是朗锐智科列出的最好的四个物联网改电子供应链的例子。例证了物联网如何改变（和改进）电子供应链：

（1）提高质量

物联网支持的数字供应链的最大好处之一是能够识别产品损坏的来源，并且在许多情况下，甚至在损坏发生之前消除这些问题。例如，通过实时状态监控，管理人员可以跟踪货件的准确温度和湿度。如果传感器检测到超过可接受阈值的情况，他们可以立即发出警报，以便在产品损坏之前解决问题（无论是温度受控的容器还是在阳光下意外遗留的包装）。

（2）减少延误

随着质量控制的改进，物联网跟踪还使电子制造商能够减少延迟和提前到达，这两者都可能非常昂贵。意外的延迟或早期交付可能导致安装或装配人员等待或无法接收货物。通过实时位置跟踪，制造商可以提前知道货物送达是早还是晚，并可以相应地调整计划。

（3）改善关系

提高质量和减少延迟最终可以与供应商和最终客户建立更好的关系。在供应商方面，物联网跟踪器可以通过精确查明问题发生的时间和地点来确定人们的责任。制造商可以确定问题的根源并与供应商合作解决问题，而不是在货物到达损坏或迟到时盲目指责。

（4）大规模优化

随着电子制造商投资覆盖供应链各个环节的物联网解决方案，实现宏观规模优化变得可能。随着关于所有路线的全面数据，管理人员可以开始根据大规模趋势进行识别和优化。这种系统范围的优化只有在制造商可以访问这些以前不可见的数据时才有可能。

（资料来源：4个物联网改变电子供应链的例子，搜狐网 https://m.sohu.com/a/324123638_793144）

案例解析

物联网被认为是现代社会的一个新技术领域，通过物联网可以将现实世界中的许多事物通过互联网来操作，人们可以随时随地控制任何一个可以接入物联网的物品。将物联网技术引入物流领域，为智慧物流的发展和实施创造了基础。

案例主要知识点

物联网原理。

学习导航

◈ 掌握物联网的基本结构和基本原理。

教学建议

◈ 备课要点：物联网的起源，物联网的特点、物联网的基本结构、物联网的应用。

◈ 教授方法：案例、讲授、实证、启发式。

◈ 扩展知识领域：物流（供应链系统）中物联网的应用。

8.1　物联网概述

8.1.1　物联网的起源

早在 1995 年，比尔 · 盖茨在他的《未来之路》一书中写到对未来的描述时，有这样一段话："你不会忘记带走你遗留在办公室或教室里的网络连接用品，它将不仅仅是你随身携带的一个小物件，或是你购买的一个用具，而且是你进入一个新的，媒介生活方式的通行证。"这也许就是比尔 · 盖茨心中所想象的网络世界能给人们的生活带来的变化，这个大胆的设想在那个年代只能是一个"梦想"，因为那个年代，计算机水平和网络水平远远没有达到能实现比尔 · 盖茨梦想的条件。

在《未来之路》中还有这样一段话："不久的将来，会有这么一天，你可能不必离开你的书桌或扶手椅，就可以办公，学习，探索这个世界和它的各种文化，进行各种娱乐，交朋友，逛附近的商场，向远方的亲戚展示照片，等等。"这说明在当时，信息的传递还是不便利的，人与人之间在互联网上的交流还是有局限性的。

除了计算机水平和网络水平外，物联网的核心技术之一——RFID 的发展情况又怎么样呢？1994 年 RFID（射频识别技术）进入中国，从此才引发了中国 RFID 的应用革命，可见当时与物联网相关的 RFID 技术还处于发展初期，并没有得到广泛的使用，同时与物联网相关的其他技术在当时也没有出现广泛的应用，或者应用于人们的生活之中，对于绝大多数人而言，它们都是陌生的、不清楚的。因此，在当时，还没有发展物联网的技术基础。

同时，由于当时技术水平的不发达，人与人的联系还不是很便利和快捷，所以当时人们的关注点还在如何实现人与人的联系上，还没有将这种联系蔓延到物与物的联系这一个层面，而比尔·盖茨作为一个软件工程师、一个企业家、微软公司的董事长，他从互联网技术的发展前景角度和市场角度为我们的未来生活勾勒出一幅美丽的画卷。

1999 年，美国麻省理工学院的自动识别中心（Auto-ID Labs）提出了网络无线射频识别系统。当时由于 RFID 可能应用于各种不同领域，针对共同项目制定一套标准并予以明确的规范是十分必要的，而且若干业界组织已经发起相关活动，并朝此标准化的目标努力，此时美国麻省理工学院 MIT 实验室就带头成立自动化识别系统中心（Auto-ID Center）。Auto-ID 实验室是一个研究单位的联盟，专业从事自动识别，智能对象和 EPC 系统方面的研究，开发和推广，进行与工业相关的基础研究和应用研究，研究和开发 EPC 系统和工具以及进行 EPC 概念的推广。

当时的物联网主要是建立在物品编码、RFID 技术和互联网的基础上。它是以 Auto-ID 中心研究的产品电子代码 EPC（Electronic Product Code）为核心，利用射频识别、无线数据通信等技术，基于计算机互联网构造的实物互联网。简单地说，物联网就是将各种信息传感设备（如射频识别装置、红外感应器等）与互联网结合形成的一个巨大网络，让相关物品都与网络连接在一起，以实现物品的自动识别和信息的互联共享。

Auto-ID 中心作为一个研究中心，在学术研究领域有一定的分量，虽然 Auto-ID 主要从事 RFID 技术及相关领域的研究，但是物联网概念提出已经是从学术角度、技术应用角度提出的一种解决方案，并不是仅仅从对未来的一种遐想。所以，时至今日，人们还是公认物联网概念的起源始于 1999 年 Auto-ID 中心提出物联网之说。

8.1.2 物联网的定义

物联网这一概念从 1999 年诞生至今，不同的组织机构、不同的专家学者、不同的企业都曾赋予了它不同的定义。在这里介绍物联网的不同定义，有助于帮助我们更加深刻地理解物联网。

（1）Auto-ID

最早关于物联网的定义是 1999 年由 Auto-ID 提出，将物联网定义为：“物联网就是把所有物品通过射频识别（RFID）和条码等信息传感设备与互联网连接起来，实现智能化识别和管理。其实质就是将 RFID 技术与互联网相结合加以应用。”

（2）国际电信联盟（International Telecommunication Union，ITU）

2005 年 11 月 17 日，在信息社会世界峰会（World Summit on the Information Society，WSIS）上，国际电信联盟发布了《ITU 互联网报告 2005：物联网》，提出了“物联网”的概念。报告指出：无所不在的“物联网”通信时代即将来临，世界上所有的物体从轮胎到牙刷、从房屋到纸巾都可以通过因特网主动进行信息交换。射频识别技术、传感器技术、纳米技术、智能嵌入技术将得到更加广泛的应用。2005 年，国际电信联盟在“The Internet of Things”报告中对物联网概念进行扩展，提出任何时刻、任何地点、任意物体之间的互联，无所不在的网络和无所不在计算的发展愿景，除 RFID 技术外，传感器技术、纳米技术、智能终端等技术将得到更加广泛的应用。

国际电信联盟对物联网的定义：“物联网主要解决物品到物品（Thing to Thing，T2T）、人到物品（Human to Thing，H2T）、人到人（Human to Human，H2H）之间的互联。”这里与传统互联网不同的是，H2T 是指人利用通用装置与物品之间的连接，H2H 是指人之间不依赖于个人电脑而进行的互联。

（3）欧洲智能系统集成技术平台（the European Technology Platform on Smart Systems Integration，EPoSS）

2008 年 5 月 27 日，EPoSS 在发布的“Internet of Things in 2020”报告中对物联网的定义：“物联网是由具有标识，虚拟个性的物体 / 对象所组成的网络，这些标识和个性等信息在智能空间使用智慧的接口与用户、社会和环境进行通信。”

（4）欧盟第 7 框架下 RFID 和物联网研究项目组

2009 年 9 月，欧盟第 7 框架下 RFID 和物联网研究项目组在其发布的研究报告中提出的物联网定义：“物联网是未来互联网的一个组成部分，可以被定义为基于标准的和可互操作的通信协议，且具有自配置能力的，动态的全球网络基础架构。物联网中的‘物’都具有标识、物理属性和实质上的个性，使用智能接口实现与信息网络的无缝整合。”

（5）中国政府关于物联网的定义

2010 年，我国的政府工作报告所附的注释中对物联网有如下说明：“物联网是通过传感设备按照约定的协议，把各种网络连接起来，进行信息交换和通信，以实现智能化识别、定位、跟踪、监控和管理的一种网络。”

8.1.3 物联网的关键技术

物联网是物与物相连的网络，通过为物体加装二维码、RFID 标签、传感器等，就可以实现物体身份唯一标识和各种信息的采集，再结合各种类型网络连接，就可以实现人和物、物和物之间的信息交换。因此，物联网中的关键技术包括识别和感知技术（二维码、RFID、传感器等）、网络与通信技术、数据挖掘与融合技术等。

（1）识别和感知技术

二维码是物联网中一种很重要的自动识别技术，是在一维条码基础上扩展出来的条码技术。二维码包括堆叠式 / 行排式二维码和矩阵式二维码，后者较为常见。矩阵式二维码在一个矩形空间中通过黑、白像素的不同分布进行编码。在矩阵相应元素位置上，用点（方点、圆点或其他形状）的出现表示二进制“1”，点的不出现表示二进制的“0”，点的排列组合确定了矩阵式二维码所代表的意义。二维码具有信息容量大、编码范围广、容错能力强、译码可靠性高、成本低易制作等良好特性，已经得到了广泛的应用。

RFID 技术用于静止或移动物体的无接触自动识别，具有全天候、无接触、可同时实现多个物体自动识别等特点。RFID 技术在生产和生活中得到了广泛的应用，大大推动了物联网的发展，常见的公交卡、门禁卡、校园卡等都嵌入了 RFID 芯片，可以实现迅速、便捷的数据交换。从结构上讲，RFID 是一种简单的无线通信系统，由 RFID 读写器和 RFID 标签两个部分组成。RFID 标签是由天线、耦合元件、芯片组成的，是一个能够传输信息、回复信息的电子模块。RFID 读写器是由天线、耦合元件、芯片组成的，用来读取（或者有时也可以写入）RFID 标签中的信息。RFID 使用读写器及可附着于目标物的 RFID 标签，利用频率信号将信息 RFID 标签传送至 RFID 读写器。以公交卡为例，市民持有的公交卡就是一个 RFID 标签，公交车上安装的刷卡设备就是 RFID 读写器，当我们执行刷卡动作时，就完成了一次 RFID 标签和 RFID 读写器之间的非接触式通信和数据交换。

传感器是一种能感受规定的被测量件并按照一定的规律（数学函数法则）转换成可用信号的器件或装置，具有微型化、数字化、智能化、网络化等特点。人类需要借助于耳朵、鼻子、眼睛等感觉器官感受外部物理世界，类似地，物联网也需要借助于传感器实现对物理世界的感知。物联网中常见的传感器类型有光敏传感器、声敏传感器，气敏传感器、化学传感器、压敏传感器、温敏传感器、流体传感器等，可以用来模仿人类的视觉、听觉、嗅觉、味觉和触觉。

（2）网络与通信技术

物联网中的网络与通信技术包括短距离无线通信技术和远程通信技术。短距离无线通信技术包括紫蜂（ZigBee，一种低速短距无线通信协议）、近场通信（Near Field Communication，NFC）、蓝牙、Wi-Fi、RFID 等。远程通信技术包括互联网、移动通信网络、卫星通信网络等。

（3）数据挖掘与融合技术

物联网中存在大量数据来源、各种异构网络和不同类型的系统，大量不同类型的数据，如何实现有效整合、处理和挖掘，是物联网处理层需要解决的关键技术问题。云计算和大数据技术的出现，为物联网存储、处理和分析数据提供了强大的技术支撑，海量物联网数据可以借助于庞大的云计算基础设施实现廉价存储，利用大数据技术实现快速处理和分析，满足各种实际应用需求。

8.1.4 物物联网的架构

物联网系统有三个层次。一是感知层，即利用 RFID、传感器、二维码等随时随地获取物体的信息；二是网络层，通过各种电信网络与互联网的融合，将物体的信息实时准确地传递出去；三是应用层，把感知层得到的信息进行处理，实现智能化识别、定位、跟踪、监控和管理等实际应用。

如果把物联网系统和人体做比较，感知层好比人体的四肢，传输层好比人的身体和内脏，那么应用层就好比人的大脑，软件和中间件是物联网系统的灵魂和中枢神经。

感知层包括信息采集和组网与协同信息处理，通过传感器、一维 / 二维码，RFID 以及其他多媒体信息自动识别并采集信息，采集到的信息如何计入网络层呢？需要将采集到的信息向上位端传输，这时就需要利用组网技术和协同信息处理技术，包括远距离与近距离数据传输技术、自组织组网技术，协同信息处理技术以及信息采集中间件技术。网络层主要指的是由移动通信网、广电网、互联网以及其他专网组成的网络体系，实现数据的传输。应用层包括物联网应用的支撑技术和物联网的实际应用。在物联网系统架构中，物联网涉及公共技术，例如编码、标识、解析、信息服务、安全以及中间件技术。物联网架构见图 8-1。

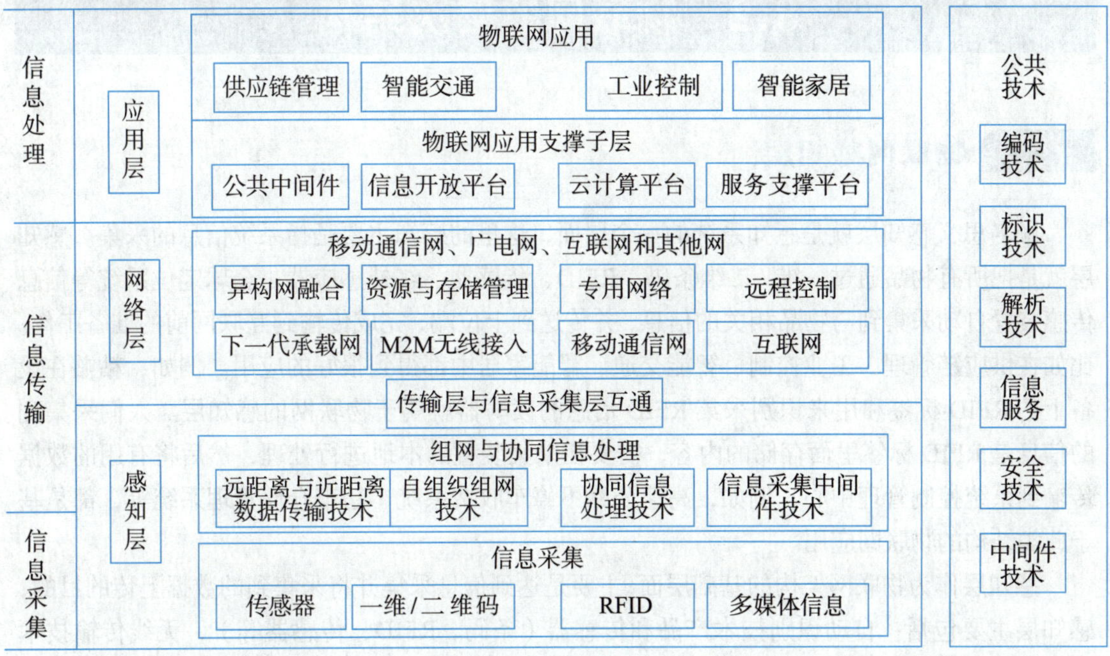

图 8-1 物联网架构

物联网接入技术是指凡是能够实现物物相连，无论是通过有线方式还是无线方式接入互联网的数据传输技术，包括如图 8-2 所示的诸多技术。

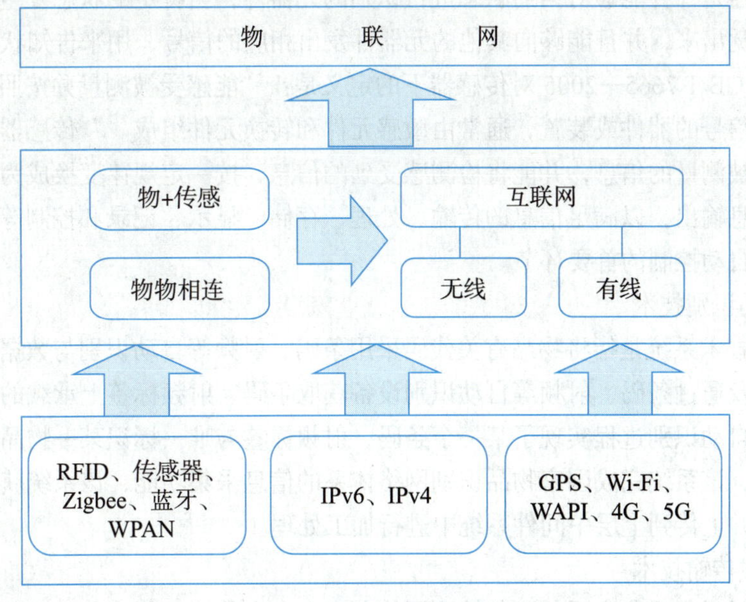

图 8-2 物联网接入技术架构

8.2 物联网的层次结构

8.2.1 物联网感知层

顾名思义感知层就是感知系统的一个层面，这里的感知主要是指系统信息的采集。感知层就是把所有物品通过一维 / 二维条码、RFID、传感器、红外感应器、全球定位系统等信息传感装置自动采集到与物品相关的信息，并传送到上位端，完成传输到互联网前的准备工作。比如在供应链管理、工业控制、智能交通、智能家居中都得到很好的应用。例如，粘贴在设备上的 RFID 标签和用来识别采集 RFID 信息的读写器就属于物联网的感知层。人们采集到的信息是 RFID 标签里面存储的内容，需要在采集装置的本地进行处理，然后将有用的数据传输到系统控制管理中心，例如，高速公路不停车收费系统、超市仓储管理系统等，都是基于此类结构的物联网应用。

感知层作为物联网架构的基础层面，主要是达到信息采集并将采集到的数据上传的目的，感知层主要包括：自动识别技术产品和传感器（条码、RFID、传感器等），无线传输技术（WLAN、蓝牙、ZigBee、超宽带技术），自组织组网技术和中间件技术。

（1）传感器

传感器是构成物联网的基础单元，是物联网的耳目，是物联网获取相关信息的来源。具体来说，传感器是一种能够对当前状态进行识别的元器件，当特定的状态发生变化时，传感器能够立即察觉出来，并且能够向其他的元器件发出相应的信号，用来告知状态的变化。

国家标准 GB/T 7665—2005 对传感器下的定义是：“能感受被测量并按照一定的规律转换成可用输出信号的器件或装置，通常由敏感元件和转换元件组成。”传感器是一种检测装置，能感受到被测量的信息，并能将检测感受到的信息，按一定规律变换成为电信号或其他所需形式的信息输出，以满足信息的传输、处理、存储、显示、记录和控制等要求。它是实现自动检测和自动控制的首要环节。

（2）自动识别技术

自动识别技术系统是指将物品有关代码采用条码、射频等自动识别与数据采集技术载体进行承载，以及通过条码、射频等自动识别设备获取条码、射频标签上承载的物品编码信息的技术体系，自动识别过程实现了某一个条码、射频标签与唯一标识某一物品的物品编码的一一对应关系，该系统完成国家物品识别网络体系的信息采集功能，该系统获取物品编码系统中的信息，并上传到上层中间件系统中进行加工处理。

（3）无线传输技术

信息在通过设备采集之后就要传输到网络节点上，在传输过程中分为近距离传输和远距离传输，这里提到的近距离传输和远距离传输主要是指采集设备到传输节点的距离的长短。通过传输距离远近和传输环境的不同，可以采用不同的传输技术。一般情况下，如果在应用场所已经接通了物联网，即可实现数据的传输，下面特指的是在没有物联网接入连线的情况下，可以采用的几种技术：

①WLAN 与 Wi-Fi

WLAN（Wireless Local Area Network，无线局域网）的历史起源可以追溯到60年前，当时美军首先开始采用无线信号传输资料，并且采用相当高强度的加密技术。这项技术让许多学者得到了一些灵感。WLAN 是利用无线技术在空中传输数据、话音和视频信号。作为传统布线网络的一种替代方案或延伸，无线局域网使人们可以随时随地获取信息，提高了办公效率。

此外，它能够方便地实施联网技术，因为 WLAN 可以便捷、迅速地接纳新加入的雇员，而不必对网络的用户管理配置进行过多的变动。在物联网中 WLAN 可以利用在有线网络布线困难的地方，使用 WLAN 方案，则不必再实施打孔敷线作业，因而不会对建筑设施造成任何损害。Wi-Fi 是无线保真（Wireless Fidelity）的缩写，是属于无线局域网（WLAN）的一种，是一种可以将个人计算机、手持设备（如 PDA、手机）等终端以无线方式互相连接的技术。Wi-Fi 的主要特点是传输速率高、可靠性高、建网快速、便捷、可移动性好、网络结构弹性化、组网灵活、组网价格较低等。物联网中可以通过 Wi-Fi 网络联通 RFID 识读器等手持终端和信息传输节点。

②蓝牙（Bluetooth）

蓝牙是一个开放性的、短距离无线通信技术标准，创始人是瑞典爱立信公司，爱立信早在 1994 年就已进行研发。蓝牙可以在较小的范围内，通过无线连接的方式安全、低成本、低功耗的网络互联，使得近距离内各种通信设备能够实现无缝资源共享，也可以实现在各种数字设备之间的语音和数据通信。由于蓝牙技术可以方便地嵌入单一的 CMOS 芯片（Complementary Metal-Oxide-Semiconductor，互补金属氧化物半导体，计算机系统内一种重要的芯片，用以保存系统引导最基本的资料）中，因此，特别适用于小型的移动通信设备，使设备去掉了连接电缆的不便，通过无线建立通信。

③紫蜂（ZigBee）技术

2002 年，ZigBee Alliance 成立，这一名称来源于蜜蜂的八字舞，由于蜜蜂（Bee）是靠飞翔和“嗡嗡”（Zig）地抖动翅膀的“舞蹈”来与同伴传递花粉所在方位信息，也就是说蜜蜂依靠这样的方式构成了群体中的通信网络。紫蜂技术的特点是近距离、低复杂度、自组织、低功耗、低数据速率、低成本。在自动控制和远程控制领域比蓝牙的效果要好，并且可以嵌入各种设备。

④超宽带（Ultra-wide band，UWB）技术

超宽带技术起源于 20 世纪 50 年代末，此前主要作为军事技术在雷达等通信设备中使用。从理论上讲，UWB 可以与现有无线电设备共享带宽。UWB 是一种高速而又低功耗的数据

通信方式。UWB 的特点如下：抗干扰性能强；传输速率高；带宽极宽；消耗电能少；保密性好；发送功率非常小；成本低。

（4）自组织组网技术

在物联网感知层中还应用到了自组织组网技术，自组织组网技术的起源可追溯到1968 年的 ALOHA 网络和 1973 年美国国防部高级研究计划署（Defense Advanced Research Projects Agency，DARPA）资助研究的“无线分组数据网（Packet Radio Network，PR-NET）”。主要的特点是网络拓扑结构动态变化；分布式控制方式；具有自组织性；多跳通信（一种无线网络通信方式，数据传输过程中需要经过多个中继节点的中继）；节点的处理能力和能源受限；信道质量较差。在物联网中主要应用在一些企业中，通过自组织组网技术，组织、创建了公司内部的网络，在与外界进行信息交换，特别是在物联网的应用中需要了解这样的组网技术，以便于其公司信息的采集。

（5）协同信息采集技术

在信息采集的过程中由于所需的控制信息储存在不同的数据库表中，如果需要这样的信息就要从不同的表中调取，这时就需要用到协同信息采集技术。协同信息采集技术是将系统协同学的相关理论运用于信息采集中。协同学是 20 世纪 70 年代初联邦德国理论物理学家哈肯创立的。如要在一定温度和湿度下控制空调或者是浇水系统的开关，则需要调用温度信息和湿度信息，这时的信息就需要运用协同技术整合到一起来达到控制条件。

（6）信息采集中间件技术

在感知层作业中，采集到的信息还要通过相应的中间件传输到网络节点上，这个时候信息采集中间件技术就派上了用场，通过标准的程序接口和协议，针对不同的操作设备和硬件接收平台，中间件可以有符合接口和协议规范的多种实现。通过这样的中间件，就能将物品信息准确无误地传输到网络节点中区。

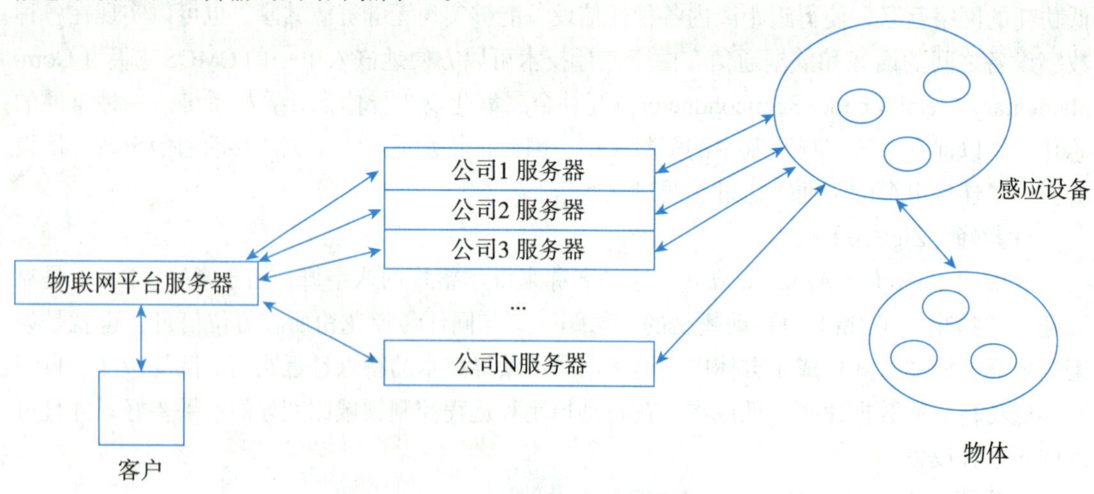

图 8-3　物联网感知层架构

图 8-3 中所显示的主要实体有客户、服务器、感应设备和物体。假设有 N 个公司，每个公司有自己的产品，公司通过感应设备得到物体的相关信息，再由传输网络传递到服务器

的节点上去，这样各公司内部的服务器就获取了物体的信息。但这些信息现在还是被公司自己所有，如果要想让客户知道不同公司的物品信息，就要通过一个物联网平台的服务器，将各个公司服务器上的信息整合在一起，使得客户可以在这个物联网平台的服务器上查询到不同公司物品的信息，达到物物相连的目的。

8.2.2 物联网网络层

物联网的网络层可以理解为搭建物联网的网络平台，建立在现有的移动通信网、互联网和其他专网的基础上，通过各种接入设备与上述网络相连，如手机付费系统中由刷卡设备将内置手机的 RFID 信息采集上传到互联网，网络层完成后台鉴权认证并从银行网络划账。

在如图 8-1 所示的物联网架构中，我们可以清楚地看到位于第二层的网络层起到了连接上下两层的作用。网络层的作用就是当感知层中的感应设备将物品信息传输到网络节点后，再通过网络层中的移动通信网、互联网和其他专用网络连接各个服务器，以此来使客户可以根据自己的需要获取物品信息。

网络层在整个物联网架构中起着承上启下的作用，主要作用包括以下两个方面。

（1）异构网融合

异构网（Heterogeneous Network）是指网络不具有相同的传输性质和通信协议。通信技术近些年来得到了迅猛的发展，层出不穷的无线通信系统为用户提供了异构的网络环境，包括无线个域网（如 Bluetooth）、无线局域网（如 Wi-Fi）、无线城域网（如 WiMAX）、公众移动通信网（如 4G/5G）、卫星网络，以及 AdHoc 网络（自组织对等式多跳移动通信网络），无线传感器网络等。尽管这些无线网络为用户提供了多种多样的通信方式、接入手段和无处不在的接入服务，但是，要实现真正意义的自组织、自适应，并且实现具有端到端服务质量（Quality of Service，QoS）保证的服务，还需要充分利用不同网络间的互补特性，实现异构无线网络技术的有机融合。

（2）资源存储与网络管理

网络层中的感知数据管理与处理技术是实现以数据为中心的物联网的核心技术。感知数据管理与处理技术包括传感网数据的存储、查询、分析、挖掘、理解以及基于感知数据决策和行为的理论和技术。

在网络层要能够达到资源存储的功能，因为在感知网采集到信息之后，需要存储在网络层中，以便于用户和操作者对于信息的收集和调出等。比如操作人员能够通过访问 IP 地址，输入用户名和密码之后，调用指定摄像机拍摄到的视频资料，并且能够达到对摄像机的机位和角度等进行远程的控制功能。

8.2.3 物联网应用层

物联网概念的问世，打破了之前的传统思维。过去的思路一直是将物理基础设施和 IT

基础设施分开：一方面是机场、公路、建筑物；另一方面是数据中心、个人电脑、宽带等。而在物联网时代，钢筋混凝土、电缆将与芯片、宽带整合为统一的基础设施，在此意义上，基础设施更像是一块新的地球工地，世界的运转就在它上面进行，其中包括经济管理、生产运行、社会管理乃至个人生活。

物联网应用层利用经过分析处理的感知数据，为用户提供丰富的特定服务，以实现智能化识别、定位、跟踪、监控和管理。应用层是物联网发展的目的。目前，已经有不少物联网范畴的应用，譬如通过一种感应器感应到某个物体触发信息，然后按设定通过网络完成一系列动作。当你早上拿车钥匙出门上班，在计算机旁待命的感应器检测到之后就会通过互联网自动发起一系列事件：通过短信或者喇叭自动报今天的天气，在计算机上显示快捷通畅的开车路径并估算路上所花时间，同时通过短信或者即时聊天工具告知同事你将马上到达。各种行业和家庭应用的开发将会推动物联网的普及，也给整个物联网产业链带来利润。

应用层主要包含应用支撑平台子层和应用服务子层。其中应用支撑平台子层用于支撑跨行业、跨应用、跨系统之间的信息协同，共享、互通的功能，主要包括公共中间件、信息开放平台、云计算平台和服务支撑平台。应用服务子层包括智能交通、供应链管理、智能家居、工业控制等行业应用。

（1）公共中间件

在应用支撑平台子层中，当遇到操作平台和应用程序之间无法直接连接的时候就要应用到中间件作为通信服务的提供者。这样是为了能够让平台（包括操作系统和硬件系统）在与应用连接的时候不会因为接口标准不同等问题导致无法通信。

在应用层中的公共中间件与感知层中的信息采集中间件技术不同，信息采集中间件主要应用于整个物联网末端的信息采集中，如 RFID、传感器等采集设备与数据传输节点之间连接时候的通信服务。采集设备与传输节点之间必然也存在接口标准不同的问题，所以同样需要中间件，但由于应用的环节不同，如上所提到的两种中间件技术也不同。

（2）云计算

云计算概念是由 Google 提出的，这是一个美丽的网络应用模式。狭义云计算是指 IT 基础设施的交互和使用模式，指通过网络以按需、易扩展的方式获得所需的资源；广义云计算是指服务的交互和使用模式，指通过网络以按需、易扩展的方式获得所需的服务。这种服务可以是 IT 和软件、互联网相关的，也可以是任意其他的服务，它具有超大规模、虚拟化、可靠安全等独特功效。

云计算（Cloud Computing）是分布式计算技术的一种，其最基本的概念是透过网络将庞大的计算处理程序自动分拆成无数个较小的子程序，再交由多部服务器所组成的庞大系统经搜寻，计算分析之后将处理结果回传给用户。通过这项技术，网络服务提供者可以在数秒之内，达到处理数以千万计甚至亿计的信息，达到和“超级计算机”同样强大效能的网络服务。最简单的云计算技术在网络服务中已经随处可见，例如搜寻引擎、网络信箱等，使用者只要输入简单指令即能得到大量信息。

云计算的特点主要有以下几点。

①云计算提供了最可靠、最安全的数据存储中心，用户不用再担心数据丢失、病毒入侵等问题。

②云计算对用户端的设备要求最低，使用起来也最方便。

③云计算可以轻松实现不同设备间的数据与应用共享。

④云计算为存储和管理数据提供了几乎无限多的空间，也为我们完成各类应用提供了几乎无限强大的计算能力。

8.3 EPC系统

8.3.1 EPC 的发展背景

20 世纪 70 年代开始大规模应用的商品条码，现在已经深入到日常生活的每个角落中，以商品条码为核心的国际编码协会（EAN/UCC）全球统一标志系统已成为全球通用的商务语言。目前已有 100 多个国家和地区的 120 多万家企业和公司加入了 EAN/UCC 系统，上千万种商品应用了条码标志。EAN/UCC 系统在全球的推广加快了全球流通领域信息化、现代物流及电子商务的发展进程，提升了整个供应链的效率，对全球经济及其信息化的发展起到了举足轻重的推动作用。商品条码的编码体系是对每一种商品项目的唯一编码，信息编码的载体是条码。随着市场的发展，传统的商品条码逐渐显示出一些不足之处。

首先，从 EAN/UCC 系统编码体系的角度来讲，它主要以全球贸易项目代码（GTIN）体系为主，而 GTIN 体系是对一组产品和服务，即所谓的“贸易项目”，在买卖、运输、仓储、零售与贸易运输结算过程中提供唯一标志。虽然 GTIN 标准在产品识别领域得到了广泛应用，但它却无法做到对单个商品的全球唯一标志。而新一代的 EPC 编码则因为编码容量的极度扩展，从而能够从根本上解决这一问题。

其次，虽然条码技术是 EAN/UCC 系统的主要数据载体技术，并已成为识别产品的主要手段，但条码技术存在如下缺点。

（1）条码是可视的数据载体，阅读器必须“看见”条码才能读取它，必须将阅读器对准条码才有效。相反，无线电频率识别并不需要可视传输技术，RFID 标签只要在阅读器的读取范围内就能进行数据读 / 写；

（2）如果因有条码的横条被撕裂、污损或脱落，阅读器就无法扫描这些商品，而 RFID 标签只要与阅读器保持在既定的识读距离内，就能进行数据识读；

（3）现实生活中对某些商品进行唯一的标志越来越重要，如食品、危险品和贵重物品的追溯。而条码只能识别制造商和产品类别，而不包含具体的商品。牛奶纸盒上的条码到处都一样，想要自动识别哪盒牛奶已经超过保质期是不可能的。

随着网络技术和信息技术的飞速发展以及射频技术的日趋成熟，EPC 系统的产生开始为供应链提供前所未有的、近乎完美的解决方案。EPC 技术的出现，革命性地解决了以上诸多问题，同时还发挥了 RFID 与互联网的诸多优势，使得对供应链的管理和控制水平大大增强。它通过对实体对象的唯一标志，并借助计算机网络系统来完成对单个商品的访问，突破性地实现了 EAN/UCC 系统 GTIN 体系所不能完成的对单个商品的跟踪和管理任务，丰富了原有的以商品条码为基础的全球统一标志系统（即 EAN/UCC 系统）。

8.3.2 EPC概念和技术特性

（1）EPC 概念

EPC 为产品电子代码，是基于 RFID 与 Internet 的一项物流信息管理新技术，它通过给每一个实体对象（包括零售商品、物流单元、集装箱、货运包装等）分配一个全球唯一的代码来构建一个全球物品信息实时共享的实物互联网（Internet of things）简称“物联网”。

EPC 的概念最初由麻省理工学院 Auto-ID 中心在 1999 年提出。随后，该中心开展了一系列的研究和测试，直至 2003 年 5 月，使 EPC 及其应用走出了实验室。2003 年 11 月 1 日，国际物品编码协会（EAN）和统一代码委员会（UCC）成立全球产品电子代码管理中心（EPC global），正式接手了 EPC 在全球的推广应用工作。EPC global 旨在搭建一个可以自动识别任何地方、任何事物的开放性的全球网络，EPC 系统也被形象地称为物联网。2004 年 4 月 22 日，EPC global China 正式成立，负责我国 EPC 的注册、管理与实施工作，从组织机构上保障了我国 EPC 事业的有效推进。标志着我国在跟踪 EPC 与物联网技术的发展动态、研究 EPC 技术、推进 EPC 技术的标准化，推广 EPC 技术的应用等方面工作的全面启动。

（2）EPC 技术特性

EPC 是条码技术的延伸和拓展，已成为 EAN/UCC 全球统一标志系统的重要组成部分，被视为继条码后的第二代货品识别技术。它可以极大地提高物流效率，降低物流成本，是物品追踪、供应链管理、物流现代化的关键。EPC 技术是集编码技术、射频识别技术和网络技术为一体的新兴技术，EPC 系统的推广和应用将引起物流管理过程的革命。EPC 的编码体系完全与 EAN/UCC 编码体系相兼容。

新一代的 EPC 编码创造性地解决了条码无法做到的单件商品识别问题，而且 EPC 是以互联网为信息资源的支撑，因此 EPC 能在更广泛的领域得到深入的应用。

EPC 编码结构适合描述几乎所有的货品，同时通过 IP 地址可以识别网络节点上存有货品信息的计算机。EPC 标签芯片的面积不足 $1mm^2$，可实现二进制 96（128）字节信息存储。EPC 编码结构容量巨大，以 96 位的 EPC 编码结构为例，它可以对全球 2.68 亿家公司，每个公司可以对 1600 万种商品，每种商品可以对 680 亿个单品进行唯一标志。这意味着每类产品的每个单品都能分配一个标志身份的唯一电子代码。

EPC 编码中不包含有关识别货品的具体信息，只提供指向这些目标信息的有效的网络指针，人们只需要识别拥有这些目标参考信息的组织及其计算机服务器即可。通过指针所指向的 IP 地址，可以访问网络节点上存有货品信息的计算机，从而获得所需要的货品信息。

与条形码相比，EPC 的优势还在于超强的标志能力。EPC 系统电子标签与阅读器之间是利用无线感应方式进行信息交换的，因此，可以进行无接触识别，“视线”所及，可以穿过水、油漆、木材甚至人体进行识别。使用 EPC 技术在 1 秒内可以识别 50 ~ 150 件物品。

EPC 应用的是芯片，它存储的信息量和信息类别是条形码无法企及的。未来 EPC 在标志产品的时候将要达到单品层次。如果制造商愿意，还可以对物品的成分、工艺、生产日期、作业班组，甚至是作业环境进行描述。EPC 以互联网为平台，能实现全球物品信息的实时共享，这将是继条码技术之后，再次变革商品零售结算、物流配送及产品跟踪管理模式的一项新技术。

8.3.3 EPC系统的组成及工作流程

（1）EPC 系统的组成

EPC 系统是一个非常先进的、综合性的、复杂的系统，其最终目标是为每一单品建立全球的、开放的标志标准。它由全球产品电子代码（EPC）编码体系、射频识别系统及信息网络系统三个部分构成，主要包括六个方面，如表 8-1 所示。

表 8-1 EPC 系统的组成

系统构成	名 称	注 释
全球产品电子代码的编码体系	EPC 编码标准	识别目标的特定代码
射频识别系统	EPC 标签	贴在物品上或内嵌在物品中
	阅读器	识读 EPC 标签
信息网络系统	Savant 管理软件	EPC 体系的软件支持系统
	对象名称解析服务（ONS）	
	实体标记语言（PML）	

① EPC 编码体系

全球产品电子代码 EPC 编码体系是 EAN/UCC 全球统一标志系统的拓展和延伸，是全球统一标志系统的重要组成部分，是 EPC 系统的核心与关键。

EPC 编码仅对生产厂商和产品进行编码，而不嵌入有关产品的其他信息，如货品重量、尺寸、有效期、目的地等。EPC 编码给批次内的每一单件产品分配唯一的 EPC 代码，同时该批次也可视为一个单一的实体对象，分配一个批次的 EPC 代码。

EPC 代码是由版本号（标头）、域名管理者（厂商识别代码）、对象分类，序列号等数据字段组成的一组数字。其中版本号标志 EPC 的版本号，它使得 EPC 随后的码段可以有不同的长度；域名管理是描述与此 EPC 相关的生产厂商的信息，例如“可口可乐公司”；对象分类记录产品精确类型的信息，例如“美国生产的 330mL 罐装减肥可乐”；序列号唯一标示货品，它会精确地告诉我们所说的究竟是哪一罐可乐。

EPC 代码具有以下特性。

a. 唯一性：EPC 提供对实体对象的全球唯一标志，一个 EPC 代码只标示一个实体对象。

b. 科学性：结构明确，易于使用和维护。

c. 兼容性：EPC 编码标准与目前广泛应用的 EAN/UCC 编码标准是兼容的，GTIN 是 EPC 编码结构中的重要组成部分，目前广泛使用的 GTIN、SSCC、GLN 等都可以顺利转换到 EPC 中去。

d. 全面性：可在生产、流通、存储、结算、跟踪、召回等供应链各环节全面应用。

e 合理性：由 EPC global、各国 EPC 管理机构，被标志物品的管理者分段管理，共同维护、统一应用，具有合理性。

f. 国际性：不以具体国家、企业为核心，编码标准全球一致，具有国际性。

g. 无歧视性：编码采用全数字形式，不受地方色彩、语言、经济水平、政治观点的限制，是无歧视性的编码。

当前，出于成本等因素的考虑，参与 EPC 测试所使用的编码标准采用的是 64 位数据结构，未来将采用 96 位及 256 位的编码结构。

②射频识别系统

EPC 射频识别系统是实现 EPC 代码自动采集的功能模块，由电子标签和射频阅读器组成。电子标签是产品电子代码（EPC）的载体，附着于可跟踪的货品上，在全球流通。射频阅读器与信息系统相连，是读取标签中的 EPC 代码并将其输入网络信息系统的电子设备。EPC 系统电子标签与射频阅读器之间利用无线感应方式进行信息交换。射频识别具有非接触识别，快速移动物品识别和多个物品同时识别等特点。

③信息网络系统

信息网络系统由本地网络和全球互联网组成，是实现信息管理、信息流通的功能模块。EPC 系统的信息网络系统是在 Internet 的基础上，通过 EPC 中间件（又称 Savant 管理软件）、对象名称解析服务（Object Naming Service，ONS）和实体标记语言（Physical Markup Language，PML）三大部分的组成来实现全球“实物互联”。其中，EPC 中间件起了系统管理的作用，ONS 起了寻址的作用，PML 起了描述产品信息的作用。

a. 中间件

EPC 中间件是连接阅读器和企业应用程序的纽带，是一个网络的数据交换软件，用于加工和处理来自阅读器的所有信息和事件流。主要任务是在将数据送往企业应用程序之前进行标签数据校对，阅读器协调、数据传送、数据存储和任务管理。

b. 对象名称解析服务（ONS）

EPC 标签对于一个开放式的、全球性的追踪货品的网络需要一些特殊的网络结构。因为 EPC 只存储了产品电子代码，计算机还需要一些与产品电子代码匹配的相应商品信息。这个角色就由对象名称解析服务（ONS）担当，它是一个自动的网络服务系统，类似于域名解析服务（DNS）。当读一个电子标签 EPC 码时，是不能立即知道这个 EPC 码所表示的意思的，这个 EPC 码所代表物品的详细信息是存在整个互联网上的。EPC 的这个编码是它寻找这些详细信息的一个指针或者标志，ONS 的服务就是根据从这个电子标签所得到的 EPC

码，告诉这个码所对应物品的详细信息是存在于哪个计算机（服务器）上，ONS 每收到一个 EPC 码，即回送一个 IP 地址。ONS 给 EPC 中间件指明了存储该产品相关信息的所在服务器，ONS 服务是联系 EPC 中间件和 EPC 信息服务的网络枢纽。

c. 实体标记语言（PML）

实体标记语言（PML）是基于人们广为接受的可扩展标志语言（XML）发展而来的，是一种用于描述有关产品信息的计算机语言。

（2）工作流程

EPC 物联网是一个基于互联网并能够查询全球范围内每一件物品信息的网络平台，物联网的索引就是 EPC 代码。在由 EPC 标签、阅读器、EPC 中间件、Internet、ONS 服务器、EPC 信息服务（EPC IS）及众多数据库组成的实物互联网中，阅读器读出的 EPC 只是一个信息参考（指针），由这个信息参考从 Internet 找到 IP 地址并获取该地址中存放的相关的物品信息，并采用分布式的 EPC 中间件处理由阅读器读取的一连串 EPC 信息。由于在标签上只有一个 EPC 码，计算机需要知道与该 EPC 匹配的其他信息，这就需要 ONS 来提供一种自动化的网络数据库服务，EPC 中间件将 EPC 代码传给 ONS，ONS 指示 EPC 中间件到一个保存着产品文件的 PML 服务器里查找，该文件可由 EPC 中间件复制，因而文件中的产品信息就能传到供应链上。

如将 EPC 标签放到一本书上，这本书通过阅读器把 EPC 标签的信息采集进来，阅读器和计算机网络连接起来，通过 EPC 中间件送到物联网中，存到 EPC 信息服务器里，再通过一个中间件就可以实现对这本书其他信息的咨询。EPC 系统的工作流程如图 8-4 所示。

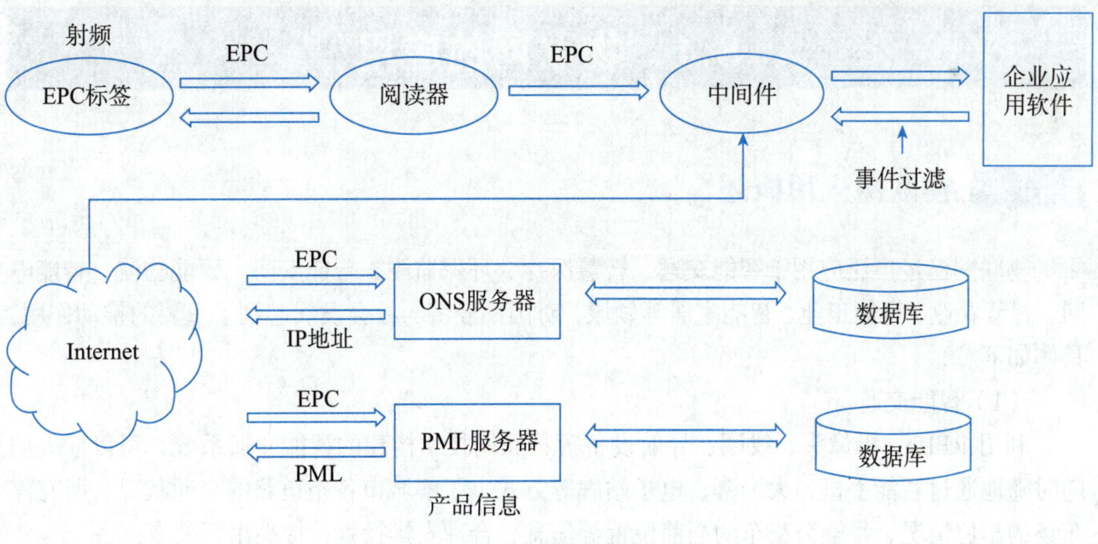

图 8-4　EPC 系统的工作流程

8.3.4 EPC系统的特点

EPC 系统以其独特的构想和技术特点赢得了广泛的关注，其主要特点如下。

（1）开放的结构体系

EPC 系统采用全球最大的公用 Internet 网络系统，这就避免了系统的复杂性，同时也大大降低了系统的成本，并且还有利于系统的增值。

（2）独立的平台与高度的互动性

EPC 系统识别的对象是一个十分广泛的实体对象，因此，不可能有哪一种技术适用所有的识别对象。同时，不同地区、不同国家的射频识别技术标准也不相同。因此，开放的结构体系必须具有独立的平台和高度的交互操作性。EPC 系统网络建立在 Internet 网络系统上，并且可以与 Internet 网络所有可能的组成部分协同工作。

（3）灵活的可持续发展的体系

EPC 系统是一个灵活的、开放的、可持续发展的体系，可在不替换原有体系的情况下做到系统升级。

EPC 系统是一个全球的大系统，供应链的各个环节、各个节点、各个方面都可受益。但对低价值的识别对象来说，如食品、消费品等，它们对 EPC 系统引起的附加价格十分敏感。EPC 系统正在考虑通过本身技术的进步，进一步降低成本，同时通过系统的整体改进使供应链管理得到更好的应用，提高效益，以便抵消和降低附加价格。

8.4 物联网的应用

8.4.1 物联网应用概述

物联网已经广泛应用于智能交通、智慧医疗、环保监测、智能安防、智能物流、智能电网、智慧农业、智能工业、智能家居等领域，对国民经济与社会发展起到了重要的推动作用，具体如下。

（1）智能交通

利用 RFID、摄像头、线圈、导航设备等物联网技术构建的智能交通系统，可以让人们随时随地通过智能手机、大屏幕、电子站牌等方式，了解城市各条道路的交通状况、所有停车场的车位情况、每辆公交车的当前位置等信息、合理安排行程，提高出行效率。

（2）智慧医疗

医生利用平板电脑、智能手机等手持设备，通过无线网络，可以随时连接访问各种诊疗仪器，实时掌握每个病人的各项生理指标数据，科学、合理地制订诊疗方案，甚至可以支持远程诊疗。

（3）环保监测

可以在重点区域放置监控摄像头或水质土壤成分检测仪器，相关数据可以实时传输到监控中心，出现问题时实时发出警报。

（4）智能安防

采用红外线、监控摄像头、RFID 等物联网设备，实现小区出入口智能识别和控制、意外情况自动识别和报警、安保巡逻智能化管理等功能。

（5）智能物流

利用集成智能化技术，使物流系统能模仿人的智能，具有思维、感知、学习、推理判断和自行解决物流中某些问题的能力（如选择最佳行车路线，选择最佳包裹装车方案），从而实现物流资源优化调度和有效配置，提升物流系统效率。

（6）智能电网

通过智能电表，不仅可以免去抄表工的大量工作，还可以实时获得用户用电信息，提前预测用电高峰和低谷，为合理设计电力需求响应系统提供依据。

（7）智慧农业

利用温度传感器、湿度传感器和光线传感器，实时获得种植大棚内的农作物生长环境信息，远程控制大棚遮光板、通风口、喷水口的开启和关闭，让农作物始终处于最优生长环境，提高农作物产量和品质。

（8）智能工业

将具有环境感知能力的各类终端、基于泛在技术的计算模式、移动通信技术等不断融入工业生产的各个环节，大幅提高制造效率，改善产品质量，提高产品成本和资源消耗，将传统工业提升到智能化的新阶段。

（9）智能家居

利用物联网技术提升家居安全性、便利性、舒适性、艺术性，并实现环保节能的居住环境。比如，可以在工作单位通过智能手机远程开启家里的电饭煲、空调、门锁、监控、窗帘和电灯等，家里的窗帘和电灯也可以根据光线变化自动开启和关闭。

8.4.2 物联网产业

完整的物联网产业链主要包括核心感应器件提供商、感知层末端设备提供商、网络提供商、软件与行业解决方案提供商、系统集成商、运营及服务提供商等环节，具体如图 8-5 所示。

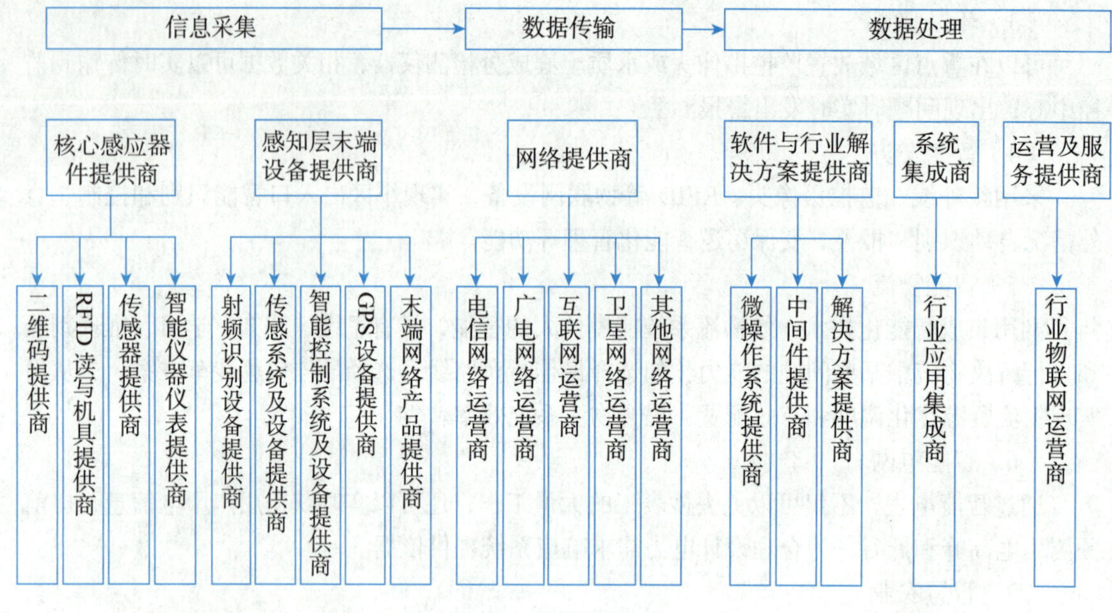

图 8-5 物联网产业链

（1）核心感应器件提供商

提供二维码、RFID 及读写机具、传感器、智能仪器仪表等物联网核心感应器件。

（2）感知层末端设备提供商

提供射频识别设备、传感系统及设备、智能控制系统及设备、GPS 设备、末端网络产品等。

（3）网络提供商

包括电信网络运营商、广电网络运营商、互联网运营商、卫星网络运营商和其他网络运营商等。

（4）软件与行业解决方案提供商

提供微操作系统、中间件、解决方案等。

（5）系统集成商

提供行业应用集成服务。

（6）运营及服务提供商

开展行业物联网运营及服务。

8.4.3 物联网在供应链中的应用

在物联网中，产品在生产完成时，贴上存储有 EPC 码的电子标签，此后在产品的整个生命周期，该 EPC 代码成为产品的唯一标识。以此 EPC 编码为索引能实时的在物联网上查询和更新产品的相关信息，也能以它为线索，在供应链各个流通环节对产品进行定位追踪。在运输、销售、使用、回收等任何环节，当某个读写器在其读取范围内监测到标签的存在就会将标签所含 EPC 数据传往与其相连的 Savant 中间件，Savant 首先以该 EPC 数据为键值，在本地ONS服务器（或者Internet上的ONS服务器）获取包含该产品信息的EPC信息服务器的网络地址（即IP地址）。然后Savant根据该地址查询EPC信息服务器，获得产品的特定信息，进行必要的处理后，把信息传送到后端企业应用程序做更深层次的计算处理。同时，本地EPC信息服务器和源EPC信息服务器对本次读写器读取进行记录和修改相应数据。由于供应链管理中各个环节都是处于运动或松散的状态，因此，信息和方向常常随实际活动在空间和时间上转移，结果影响了信息的可得性、共享性、实时性及精确性。

基于EPC技术的物联网的应用，很好地克服了上述问题。EPC标签具有可读写能力，对于供应链这种需要频繁改变数据内容的场合尤为适用。它发挥的作用是数据采集和系统指令的传达。广泛用于供应链上的仓库管理、运输管理、生产管理、物料跟踪，运载工具和货架识别、商店，特别是超市中商品防盗等场合。同时，在减少库存、有效客户反应（ECR）、提高工作效率和操作的智能化方面取得了很好的效果，并能够大大降低供应链中存在的“牛鞭效应”。

从整个供应链来看，EPC系统使供应链的透明度大大提高，物品在供应链的任何地方都被实时追踪。安装在工厂配送中心、仓库及商品货架上的读写器能够自动记录物品在整个供应链的流动——从生产线到最终的消费者。

EPC技术将在物流的诸多环节上发挥重大的作用，其具体应用价值主要体现在以下几个环节。

（1）生产环节

整个生产线上对原材料，零部件、半成品和产成品的识别与跟踪，减少人工在生产制造环节应用EPC技术，可以完成自动化生产线运作，实现在整个生产线上对原材料、零部件、半成品和产成品的识别与跟踪，降低人工识别成本和出错率，提高效率和效益。采用EPC技术之后，就能通过识别电子标签来快速从品类繁多的库存中准确地找出生产线上所需的原材料和零部件。EPC技术还能帮助管理人员及时根据生产进度发出补货信息，实现流水线均衡、稳步生产，同时也加强了对产品质量的控制与追踪。

（2）运输环节

在运输管理中对在途运输的货物和车辆贴上EPC标签，运输线的一些检查点安装上RFID接收转发装置。因此，当货物在运输途中，无论是供应商还是经销商都能很好地了解货物目前所处的位置及预计到达时间。

（3）存储环节

在仓库里EPC技术最广泛的使用是存取货物与库存盘点，它能用来实现自动化的存货和取货等操作。

基于EPC的实时盘点和智能货架技术保证了发货退货的正确性以及补货的及时性；而仓储区内商品可以实现自由放置，提高仓储区的空间利用率，并能够提供有关库存情况的准确信息；从而降低了库存，增强了作业的准确性和快捷性，提高了服务质量，降低了储存成本，节省了劳动力和库存空间，同时减少了整个物流中由于商品误置、送错、被窃、丢失和库存、出货错误等造成的损耗。

（4）零售环节

物联网可以改进零售商的库存管理，实现适时补货。有效跟踪运输与库存，提高效率，减少出错。

比如，当贴有标签的物件发生移动时，货架自动识别并向系统报告这些货物的移动。智能货架会扫描货架上摆放的商品，若是存货数量降到偏低的水位，或是侦测到有人偷窃，就会通过计算机提醒店员注意。因此，能够实现适时补货，减少库存成本，还能起到货物防盗的作用。

智能秤能根据果蔬的表皮特征、外观形状、颜色、大小等自动识别水果和蔬菜的类别，并对该商品计量、计价和打印小票。在商场出口处，带有射频识别标签的商标由读写器将整车货物一次性扫描，并能从顾客的结算卡上自动扣除相应的金额。这些操作无须人工参与，节约了大量人工成本，提高了效率，加快了结账流程，同时提高了顾客的满意度。

另外，EPC 标签包含了极其丰富的产品信息，例如生产日期、保质期、储存方法以及与其不能共存的商品，这样，可以最大限度地减少商品耗损。

（5）配送 / 分销环节

在配送环节采用 EPC 技术能大大加快配送的速度和提高拣选与分发过程的效率与准确率，并能减少人工、降低配送成本。

如果到达配送中心的所有商品都贴有 EPC 标签，在进入配送中心时，装在门上的读写器就会读取托盘上所有货箱上的标签内容并存入数据库。

系统将这些信息与发货记录进行核对，以检测出可能的错误，然后将 EPC 标签更新为最新的商品存放地点和状态。这样管理员只需操作电脑就可以轻松了解库存，通过物联网查询货品信息及通知供应商商品已到或缺货。这样就确保了精确的库存控制，甚至可确切了解目前有多少货箱处于转运途中，转运的始发地和目的地，以及预期的到达时间等信息。

延伸阅读

万纬物流智慧园区建设项目

一、企业简介

万纬物流成立于 2015 年，是万科集团旗下成员企业，经过 7 年发展，已经成为国内出色的多温区综合物流解决方案服务商。

万纬物流致力于为客户提供高标准的仓储设施及多元化的冷链物流服务。万纬的核心业务聚焦全国六大城市群，覆盖全国 47 个主要城市，拥有 170 个物流园区，运营管理全国 50 个专业冷链物流园区，仓储规模超过千万平方米。

我们助力企业供应链效能提升，服务人民美好生活，致力成为客户信赖的物流战略合作伙伴。

二、建设背景

万纬智慧园区项目建设的总体目的围绕着园区运营方、园区客户、业务 / 股东三个重要参与方展开。

1. 赋能园区运营方更好地服务客户，在市场上赢得客户，保证安全质量，降本增效，建立标准管理体系，打造万纬品牌。

2. 为园区客户提供透明化、高品质、低成本、风险最小化的服务，让客户安心托付，建立紧密开放的合作伙伴关系。

3. 随着商业模式由重到轻，科技赋能的智慧园区服务将成为核心竞争力，为投资创造价值：通过输出智慧园区支撑的运营团队和服务，转型为科技赋能的服务型企业；通过科技为基本盘和服务插上翅膀，提升企业 PE。

三、建设内容

1. 平台基础情况

智慧园区技术架构主要由感知层、连接层和技术平台层三层构成。

（1）感知层：连接到技术平台的各类传感装置、机电设备、智能硬件、软件系统等。目前接入的设备有视频监控、人闸及人脸通行测温设备、车闸及车牌摄像机、制冷机组、智能电表、各类叉车、月台传感器及 AI 摄像机、穿堂及库区温湿度传感器，正在对接的设备有智能水表、各类消防传感器、周界系统、执法记录仪、安防 AI 摄像机、冷库各类门、穿堂货物监控 AI 摄像机等。

（2）联接层：用于数据传输的通信技术和设备，包含交换机、路由器、网关等设备及 4G、5G、Wi-Fi、NBIoT、LoRa 等通信方式。可实现全园区 100%Wi-Fi 覆盖，各类通信设备支持多方式通信，以保证园区各环节各地点作业时数据实时性和准确性。

（3）技术平台层：由 IoT 平台、算法平台、数据平台和流程模块化低代码开发平台构成。IOT 平台连接和管理感知层的各类设备，主要功能有设备接入、设备管理、消息通信、运维监控、数据分析、安全认证 & 权限策略。算法平台封装各类算法，以支持 IoT 平台、算法平台及各类应用调用复用。数据平台对接各软件系统，建立标准数据、建设园区和总部控制塔，自动化生成推送各类报表。流程模块化低代码开发平台用来实现低代码开发配置快速搭建适用不同园区差异需求的方案。

2. 应用场景情况

冷链园区应用场景可以划分为 6 个维度：安全、环境、设备、能耗、日常运营、全局管理。目前落地的应用有智能视频云平台，冷链 IoT 系统、智慧叉车系统、智慧月台系统、温湿度监控系统、冷链人员通行系统、EAM 设施设备管理系统。

（1）智能视频云平台：园区 100% 视频监控覆盖。智能视频云平台融合 AI，实现存、算、检按需组合，协同任务、算法、算力、数据，助力构筑智慧平台。通过 SD-WAN 技术快速构建企业级 VPN，保证数据传输的安全性、稳定性。

（2）冷链 IoT 系统：对制冷机组及能耗进行实时监控、异常报警、统计分析。目前采集到的数据有：①机组数据：蒸发压力、排气压力、冷凝压力、蒸发温度、排气温度、冷凝温度、机组运行状态等；②库区数据：冷库温度、冷风机运行状态、冷风机化霜状态、冷风机出风温度、冷风机回风温度、冷库门开关状态、冷库门电加热运行状态等；③电气数据：电压数值、电流数值、累计用电量、剩余电流值、电加热系统断路器状态等。

（3）智慧叉车系统：通过为叉车加装智能车载设备和车载管理系统，云端部署智慧叉车系统，来远程管理和监控叉车和操作人员，为管理者提供必要的数据，帮助管理者实现效率最大化，能耗最低化。智慧叉车系统主要功能有合规性管理（叉车点检系统化）、碰撞管理（智能感知叉车高风险碰撞）、作业效率管理（采集叉车不同状态数据进行统计分析）、叉车利用率管理（采集叉车开机数据进行统计分析）、电池管理（采集电池充电数据对过早充电、过度放电、更换为充满电池等异常情况进行管理）、维保管理（提醒并登记叉车维保工作）。

（4）智慧月台系统：通过物联网和视觉识别技术，实现车辆预约、车辆入园、司机交单、月台停靠、装卸作业、车辆出园各环节的线上系统化作业和智能监测分析。首先，从业务流程上打通月台作业和园区车辆调度之间的信息壁垒，实现园区内部人员、车辆和月台全流程的高效结合，提升园区整体的运营效率。同时，通过月台相机对月台作业场景的数据感知，包括车牌号码、开关门状态、车辆装载率、月台占用时长等，通过科学的数据来指导园区的管理、调度、指挥和决策，促进园区管理的数字化和智慧化升级。

（5）温湿度监控系统：温度是冷链的核心，为了更好地管控冷库温度，在冷库不同区域不同高度分别部署温度传感器，安装温湿度监控智能网关通过 LoRa 连接多个温湿度传感器采集冷库环境数据；温湿度监控网关存储分析环境数据，并通过网络上传至系统云平台；园区和总部管理人员通过 Web 段、移动端工具实时监控仓储区域温湿度、接收报警信息、分析历史数据。

（6）冷链人员通行系统：通过在人闸加装人脸识别设备、门岗安装访客机对进入园区的内部工作人员、客户驻场人员、司机、访客进出园区数据进行了自动采集、统计分析、异常报警。

（7）EAM 设施设备管理系统：通过 EAM 系统及其移动端执行工具进行园区资产管理、点巡检管理、维保管理、报修管理。EAM 系统的工单管理功能和其他模块的应用打通，将园区有管理需求的工作通过移动端执行并记录，整理数据形成报表，从而支持园区和总部的管理决策。

四、效益分析预评估

各应用系统工作成效体现如下：

（1）智能视频云平台：为配合疫情管控要求，冷库穿堂设立专门的消杀区域，消杀区域的视频监控直接连接政府相关平台，让政府相关工作人员进行有效监管。通过视频回放功能支持问题溯源。总部远程监控园区安全态势。

（2）冷链 IoT 系统：通过冷链 IoT 系统，总部工程部门可以远程获知管理制冷机组实时工作参数和状态，接收异常报警，出现问题时通过历史数据快速定位故障原因，为园区提供远程专家支持。

（3）智慧叉车系统：为园区减少 30% 以上的叉车高风险碰撞，提高作业效率和叉车利用率，延长叉车电池使用寿命。

（4）智慧月台系统：月台作业现场情况实时查看，拉近管理者的距离。园区管理者可以在平台随时远程查看月台作业现场的实时情况，无须到现场查看，打破了管理者对作业现场查看和管理的空间和时间限制，拉近了管理者和作业现场的距离，提高了人员作业效率、车辆调度效率、月台使用效率以及园区管理水平。

（5）温湿度监控系统：园区省去了之前每天人为 3 次在园区不同区域的测温记录工作，节省人工的同时通过实时监测和报警让园区能够第一时间发现问题、解决问题，有效避免质量问题的发生。

（6）冷链人员通行系统：人员进出的同时进行自动测温并记录，减少了人为操作，提高入园效率的同时保证了冷链园区重点监控场所的人员追溯。

（7）EAM 设施设备管理系统：标准化点巡检和设备维护保养任务，进行统一管理，做到无漏点巡检和设备维护保养，提前预防重大问题发生，透过数据提升园区设施设备管理水平。

五、信息化实施过程中的主要经验

建立“业务+科技”双向驱动的组织架构和工作机制，极大加速智慧园区各项工作的推进，确保智慧园区能够真正“落地”：组织架构上，将之前“由信息部主导、业务部门被动配合”转变为“业务部门主动推动”，组成的“业务部门+科技部门”的跨部门的智慧园区专项团队，由业务部门根据工作职责和自身需求认领智慧园区各产品模块，各产品模块落实清楚业务部门负责人和信息部产品经理，共同对智慧园区各产品模块负责；工作机制上，明确业务部门在业务流程机制设立和业务推动上的职责、信息部在产品方案和产品开发的职责，设立双周会制度，由业务部门和信息部共同汇报业务侧和产品侧的工作进展，确保业务部门和信息部门协同合作。“业务+科技”的模式在以下三个方面体现了显著的成效。

（1）多维度全方位的智慧园区整体规划，打破先前低效的资源浪费型的“烟囱式+分散式”建设工作：行业内首次提出覆盖物业、运营、工程、QA 多维度和高安全、高质量、高效、节能全方位的包含 13 个产品模块的智慧园区整体规划，以整体规划指导各个模块建设工作，打通各部门间、各产品模块间的壁垒，有效解决了典型的行业痛点“烟囱式+分散式”造成的信息孤岛和延伸扩展性差成本高，避免重复建设带来的资源浪费、效率降低等问题。

（2）深度融合管理流程机制的产品建设，领跑行业通用化业务的解决方案：从业务角度出发明确智慧园区各产品模块的目标并制定管理流程机制，将管理流程机制深度融合到产品方案设计中，以保证产品与业务不脱节，产品上线后业务部门能够真正有效使用来提升管理解决问题。相比于和业务割裂的方案和行业通用方案，由于深度融合了业务上的管理流程机制，万纬的智慧园区产品能够为园区运营管理工作建立标准体系，真正为管理赋能，领跑于行业。“业务＋科技”的模式让业务部门和科技部门紧密合作，共同推进产品优化和封装，将于 2022 年完成全面封装。

六、下一步的改进方案、设想

将继续按照智慧园区的整体规划，不断完善 13 个产品模块：智慧安防、智慧消防、EHS 隐患排查、智慧叉车、溯源系统、人员管理、车场管理、智慧月台、冷链 IoT 平台－冷机模块、冷链 IoT 平台－能耗模块、温湿度监控、设施设备管理、穿堂滞留货物监控，始终围绕高安全、高质量、高效能、高节能的角度去打造万纬冷链智慧物流园区。

（资料来源：中国物流与采购联合会，http://www.chinawuliu.com.cn/xsyj/202305/17/606158.shtml）

课后思考题

（1）物联网的总体架构由哪几个部分组成？

（2）物联网的基础技术有哪些？

（3）在智慧物流体系中，物联网能发挥哪些作用？

（4）如何将物联网技术应用到仓储、运输、配送中？

第9章 大数据技术

引导案例

无人车的灵魂之眼

大数据如今已经与人工智能、云计算等成为未来发展的基础性技术。应用的领域也可谓百花齐放，渗透到了我们身边的方方面面。在仓储物流领域，大数据也同样发挥着巨大作用，对于物流的仓库选址、布局、路径规划等辅助了决策的制定。

在智慧时代来临之时，大数据的作用更加重要，应用也更加彻底。当京东在2016年5月13日宣布成立X事业部时，京东智慧物流开放平台也随之正式亮相，该开放平台是建立在物联网、云计算、大数据、人工智能等信息技术上，完成智慧物流向全面开放生态的转型升级。X事业部包含有无人车、无人机、无人仓等一系列的智能物流项目，是一个将大数据、人工智能等技术深刻应用的复杂场景。通过大数据技术的不断发展，也将进一步推动物流技术水平，提升效率、降低成本进而优化用户体验。

2017年6月18日京东配送机器人从中国人民大学送出日常配送运营的第一单。随着日常配送的不断进行，京东也在测试与应用中积累了大量的实验和应用数据。一旦京东配送机器人、巡检机器人达到规模化运营，京东无人车将会成为大数据认知的一个突破口，而大数据也将成为无人车应用的灵魂之眼。目前，京东以整车集成开发为主，适用于不同场景需求，开发搭载核心技术的功能化产品。在不同场景下，大数据也得到了广泛的应用。

未来无人车都会被联网，每一辆行驶在道路上的无人车都将会从其他无人车所学到的驾驶经验中获益。驾驶会变成一个网络行为，驾驶里程数据和驾驶行为数据能够被沉淀和累积，进行分析，并重新将新的驾驶能力分配给每一辆车。在这样的情况下，驾驶将变得更加安全，需要更多的合作，大幅提高无人车运行的效率，而大数据、智能和云平台会以个性化的服务方式更好地服务汽车制造商和保险公司。

（资料来源：李雨倩．大数据——无人车的灵魂之眼——“大数据与智慧物流”连载之六[J].物流技术与应用，2017，22(9):146-147.）

案例解析

大数据是目前信息技术领域中最被人关注的一项技术。无人车通过图像、视频、声音等采集设备获取道路信息以后，通过大数据分析来判断道路状况、其他行人车辆等运动轨迹，当越来越多的无人车被投入运营后，该系统获取的数据也就越多，从而帮助无人车作出更准确的判断。

案例主要知识点

大数据原理。

学习导航

◈ 掌握大数据的技术基础。

教学建议

◈ 备课要点：大数据采集、管理、分析、应用、保护。

◈ 教授方法：案例、讲授、实证、启发式。

◈ 扩展知识领域：物流（供应链系统）中大数据的应用。

9.1 大数据概述

9.1.1 数据

（1）数据的概念

数据是对客观事物的性质、状态以及相互关系等进行记载的物理符号，是可识别的、抽象的。数据和信息是两个不同的概念，信息是较为宏观的概念，它由数据的有序排列组合而成，传达给读者某个概念方法等。而数据则是构成信息的基本单位，离散的数据没有任何实用价值。

数据有很多种类型，比如数字、文字、图像、声音等。随着人类社会信息化进程的加快，在我们日常生产和生活中每天都在不断产生大量的数据。数据已经渗透到当今每一个领域，成为重要的生产要素。对企业而言，从创新到所有决策，数据推动着企业的发展，并使得各级组织的运营更为高效，可以认为，数据将成为每个企业获取核心竞争力的关键因素。数据资源已经和物质资源、人力资源一样，成为国家的重要战略资源，影响着国家和社会的稳定与发展，因此，数据也被称为“未来的石油”。

（2）数据组织形式

计算机系统中的数据组织形式主要有两种，即文件和数据库。

①文件

在计算机系统中，很多数据都是以文件形式存在的，比如文本文件、网页文件、图片文件等。文件的文件名包含主名和扩展名，扩展名用来表示文件的类型，比如文本文档、图片、音频、视频等。在计算机中，文件是由文件系统负责管理的。

②数据库

计算机系统中另一种非常重要的数据组织形式就是数据库，目前数据库已经成为计算机软件开发的基础和核心，数据库在人力资源管理、固定资产管理、制造业管理、电信管理、销售管理、售票管理、银行管理、股市管理、教学管理、图书馆管理、政务管理等领域发挥着至关重要的作用。从 1968 年 IBM 公司推出第一个大型商用数据库管理系统 IMS 至今，人类社会已经历了层次数据库、网状数据库、关系数据库和 NoSQL 数据库等多个数据库发展阶段。关系数据库仍然是目前的主流数据库，大多数商业应用系统都构建在关系数据库基础之上。但是，随着 Web 2.0 的兴起，非结构化数据迅速增加，目前人类社会产生的数字内容中有 90% 是非结构化数据，因此，能够更好地支持非结构化数据管理的 NoSQL 数据库应运而生。

（3）数据生命周期

数据都存在生命周期，数据生命周期是指数据从创建、修改、发布利用到归档或销毁的整个过程。在不同的时期内，数据的利用价值也会不同。为了充分发挥存储设备和数据的价值，需要对数据生命周期进行认真分析，在不同阶段对数据采用不同的数据存储管理方式。

数据生命周期管理工作主要包括以下几个方面。

①对数据进行自动分类，分离出有效的数据，对不同类型数据制定不同的管理策略，并及时清理无用的数据。

②构建分层的存储系统，满足不同类型的数据在不同生命周期阶段的存储要求，对关键数据进行数据备份保护，将处于生命周期末期的数据进行归档并保存到适合长期保存数据的存储设备中。

③根据不同的数据管理策略，实施自动分层数据管理，即自动把不同生命周期阶段的数据存放在最合适的存储设备上，提高数据的可用性和管理效率。

（4）数据的价值

数据的根本价值在于可以为人们找出答案。收集数据往往都是为了某个特定的目的，对于数据收集者而言，数据的价值是显而易见的，且是不断被人发现的。在过去，一旦数据发挥了基本作用，往往就会被删除。一方面是由于过去的存储技术落后，人们需要删除旧数据来存储新数据；另一方面则是由于人们没有认识到数据的潜在价值。例如，在淘宝或者京东搜索一件衣服，当输入性别、颜色、布料、款式等关键词之后，消费者就很容易找到心仪的产品，当购买行为结束之后，这些数据就会被消费者删除。但是，对于这些购物网站，它们会记录和整理这些购买数据，当收集到海量的购买信息后，就可以预测未来流行的产品特征。网络公司可以把这些信息有偿提供给各类生产商，帮助生产商在竞争中脱颖而出，这就是数据价值的再发现。

数据的价值不会因为不断使用而削减，反而会因为不断重组而产生更大的价值。例如，将一个地区的物价、地价走势、高档轿车的销售数量、二手房转手的频率、出租车密度等各种不相关的数据整合到一起，可以更加精准地预测该地区房价走势。这种方式已经被国外很多房地产网站采用。而这些数据，也可以被重新整合。基于数据的价值特性，各类收集来的数据都应当被尽可能长时间地保存下来，同时也应当在一定条件下与全社会分享，并产生价值。因为数据的潜在价值，往往是收集者不可想象的。当今社会，人们已经逐步产生了一种认识，在大数据时代，今天和未来最有价值的商品是数据。目前占有大量数据的谷歌、亚马逊等全球前五大公司，每个季度的利润总和高达数十亿美元，并在继续快速增加，这都是数据价值的最好佐证。因此，要实现大数据时代思维方式的转变，就必须正确认识数据的价值，数据已经具备了资本的属性，可以用来创造经济价值。

9.1.2 大数据的必然性

近年来，随着互联网、云计算、移动通信和物联网的迅速发展，数以亿计的用户使互联网服务时时刻刻都在产生巨量的交互。互联网、移动互联网、物联网、车联网、GPS、医学影像、安全监控、金融等领域都在疯狂产生着数据：全球每秒钟发送 290 万封电子邮件；每天上传到 Youtube 的视频总时长达 28800 个小时；Twitter 上每天发布 5000 万条消息；亚马逊上每天将产生 630 万笔订单；网民每个月在 Facebook 上要花费 7000 亿分钟；Google 上每天需要处理的数据达 24PB（1PB 等于 100 万 GB）。

根据国际数据公司（International Data Corporation，IDC）作出的估测，数据一直都在以每年 50% 的速度增长，也就是说每两年就增长一倍（大数据摩尔定律），并且大量新数据源的出现导致非结构化、半结构化数据爆发式增长，这意味着人类在最近两年产生的数据量相当于之前产生的全部数据量。

随着云计算、物联网和移动互联网、社交媒体等新兴信息技术和应用模式的快速发展，信息技术与人类世界政治、经济、军事、科研、生活等方方面面不断交叉融合，全球数据量急剧增加，推动人类社会迈入大数据（big data）时代。大数据时代的到来迅速引起了科技界和企业界甚至世界各国政府的关注。

最早提出大数据时代到来的是全球知名咨询公司麦肯锡。麦肯锡称：“数据，已经渗透到当今每一个行业和业务职能领域，成为重要的生产因素。”大数据时代的到来，使要处理的数据量巨大且增速极快，而业务需求和竞争压力对数据处理的实时性和有效性又提出了更高要求，传统的常规技术手段根本无法应对。

9.1.3 大数据的概念和基本特征

（1）大数据的概念

大数据是近年来的一个技术热点，历史上，数据库、数据仓库、数据集市等信息管理领域的技术，很大程度上也是为了解决大规模数据的处理问题。2011 年 5 月，在以“云计算相遇大数据”为主题的 EMC World 2011 会议中，EMC 公司提出了大数据概念。

大数据是指大小超出了常用软件工具在运行时间内可以承受的收集、管理和处理数据的能力的数据集。大数据是由于目前常用软件的存储模式与能力、计算模式与能力不能满足存储与处理现有数据集规模而产生的相对概念。

（2）大数据的基本特征

大数据的特征可以用四个“V”来形容。

①规模性（Volume）

于现有的计算和存储能力而言，规模庞大。在大数据刚刚提出的时候，普遍认为PB级的数据就可以称为“大数据”，但这并不绝对。一方面，随着存储和计算技术的进步，以及互联网上用户生成内容和大量传感器实时获取数据的增加，这一判断依据也在变化；另一方面，有些数据集虽没有达到PB级，但在其他特征方面具有很强的大数据集特点。数据量大到一定程度，必然对数据的获取、传输、存储、处理、分析等带来挑战。

②多样性（Variety）

在大数据面对的应用场景中，数据种类多，这一方面体现在面向一类场景的大数据集可能同时覆盖结构化、非结构化、半结构化的数据；另一方面，也体现在同类数据中的结构模式复杂多样。例如，一个城市交通数据的应用，覆盖的数据类型就可能包含结构化的车辆注册数据、驾驶人信息、城市道路信息等，也包含半结构化的各类文档数据，和非结构化的交通路口摄像头数据等。数据类型多样往往导致数据的异构性，进而加大数据处理的复杂性，也对数据处理能力提出了更高的要求。大数据的类型可以包括网络日志、音频、视频、图片、地理位置信息等，具有异构性和多样性的特点，没有明显的模式，也没有连贯的语法和句义，多类型的数据对数据处理能力提出了更高的要求。

③高速性（Velocity）

大数据所刻画的事物状态在频繁、持续地变化。数据来源于对现实世界和人的行为的持续观察。如果希望在数据基础上对客观世界加以研究，就必须保持足够高的采样率，以确保能够刻画现实世界的细节。速度体现在大数据上，就是数据集必须是“活的”，数据集持续、快速更新，体现在大数据集应当具有持续的数据获取和更新能力，不断反映大数据所描述的客观世界和人的行为变化。技术体现在数据生成、采集、存储及处理等必须考虑的时效性要求，实现实时数据的处理。处理速度快，时效性要求高，需要实时分析而非批量式分析，数据的输入、处理和分析连贯地进行，这是大数据分析有别于传统数据挖掘最显著的特征。

④价值密度低（Value）

在大数据中，通过数据分析，在无序数据中建立关联可以获得大量高价值的、非显而易见的隐含知识，从而具有巨大价值。这一价值体现在统计特征、事件检测、关联和假设检验等各个方面。但是，数据的价值并不一定随数据集的大小增加而增加。随着物联网的广泛应用，信息感知无处不在，信息海量，但价值密度较低，存在大量不相关信息。对于一个特定分析问题，大数据中可能包含大量的“无用数据”，有价值的数据会淹没在大量的无用数据中，因而有“价值密度低”的说法。因此，在计算上，需要对未来趋势与模式做可预测分析，利用机器学习、人工智能等进行深度复杂分析。如何度量数据集的价值密度，如何针对应用问题快速定位有价值的数据，并从中挖掘出有价值的数据，是大数据计算的核心问题之一。

规模性、多样性、高速性、价值密度低是大数据的显著特征，或者说，只有具备这些特点的数据，才是大数据。

在此基础上，还有一些学者在大数据的“4V”特征基础上增加了其他提法，形成大数据的所谓“5V”特征。例如，IBM 就从获取的数据质量的角度，将真实性或准确性（Veracity）作为大数据的特征，着重说明大数据面临的数据质量挑战。从互联网或传感器获得的关于真实世界和人类行为的数据中，可能存在各类噪声、误差，甚至是虚假、错误的数据，有些情况下也会有数据缺失。数据的真实性，则强调数据的质量是大数据价值发挥的关键。

其实，无论是“4V”还是“5V”，都是从定性的角度刻画数据集本身的一些特征。这些特征对发现事实，揭示规律并预测未来提出了新的挑战，并将对已有计算模式、理论和方法产生深远的影响。

面对大数据的全新特征，既有的技术架构和路线已经无法高效地处理如此庞大的数据，而对于相关组织来说，如果投入巨大成本采集的信息无法得到及时处理以反馈出有效信息，那将得不偿失。可以说，大数据时代对人类的数据驾驭能力提出了新的挑战，也为人们获得更为深刻、全面的洞察能力提供了前所未有的空间。

（3）大数据计算的特点

针对大数据计算在“变蛮算为巧算”的方面，可以将大数据计算归纳为“近似处理、增量计算、多源归纳”三个计算属性，常称为大数据计算的“3 I”特征，即近似性（Inexact）、增量性（Incremental）和归纳性（Inductive）。

①近似性（Inexact）

网络信息空间大数据计算通常要面对近乎全量的大数据集，传统计算复杂性理论中认为的易解问题在大数据下将成为实际上的难解问题。由于数据本身的异构和噪声，很难按照传统精确处理的思路来进行大数据的挖掘。此外，许多应用需求旨在寻找数据间潜在的关联性和宏观趋势特征，允许解的质量在一定区间内近似。例如，在微博突发事件分析与预警中，突发事件本身会受到普遍而强烈的噪声数据干扰，热点事件及宏观态势的判断也有很强的时效性要求，以时间消耗为代价的精确计算不再适用。因此，从数据层面，需要综合考虑数据的语义特征、结构特征与质量特征，从而对数据的价值分布有更直观的度量和理解；从算法理论层面，需要建立大数据下的算法复杂性理论及近似算法理论，识别数据量对算法质量的关联性；从系统层面，需要设计满足用户需求的非精确计算架构，实现用户需求与计算效能的均衡

②增量性（Incremental）

网络信息空间大数据动态持续产生，不断更新，很难形成大数据的统一视图。此外，许多大数据处理对实时性要求越来越高，全量式的批处理和迭代处理方式在时间上难以满足需要，增量式处理成为一种重要手段。例如，百度智能搜索涉及近万亿的网页，大量网页频繁更新，在构建搜索索引和获取用户查询结果时，很难及时对近 EB（艾字节）的网页数据进行全量计算；再如突发事件预警需要业务用户对数据进行长期、频繁的探索过程，并根据不断更新的结果对数据源、分析方法和计算过程等要素进行优化，以获得更准确、及时的结果。因此，从数据层面，需要量化度量数据的动态复杂性；从算法理论层面，需要考虑数据动态

性及其对解质量的影响，并设计增量式处理算法；从系统层面，需要研究支持增量计算的存储和处理架构及相关机制。

③归纳性（Inductive）

大数据的多源异构特征为网络信息空间数据挖掘提出新的挑战并带来机遇。通过寻找同一实体在多源数据之间的潜在关联性，有助于进一步规避数据中的噪声干扰，并通过多源数据处理的归纳融合，修正非精确数据处理引入的偏差，同时获得较单一数据源更好的处理效果。例如，百度根据用户的搜索日志及其在“百度贴吧”和“百度知道”等不同产品线中提交的数据进行归纳融合，建立用户行为模型，可提供更为准确的个性化搜索结果。因此，从数据层面，一方面要研究多源异构数据的表示、度量与语义理解方法，努力克服多源异构数据带来的难题，另一方面需要关注多源数据间的潜在关联性和融合方法；从算法层面，需要寻找新的多源数据处理和归纳融合算法，并提高算法精度及效率；从系统层面，需要研究多源数据间可迁移学习的数据挖掘新方法，探索融合机器挖掘和人群分析的多种数据处理机制。

9.1.4 大数据与物联网、云计算和人工智能

（1）大数据与云计算、物联网

物联网、云计算和大数据三者互为基础，通过物联网收集产生大数据，大数据分析需要云计算。物联网将物品和互联网连接起来，进行信息交换和通信，以实现智能化识别、定位、跟踪、监控和管理，云计算解决万物互联带来的巨大数据量，所以三者既互为基础，相互发展，又相互促进，可以将它们看作一个整体，见图 9-1 所示。

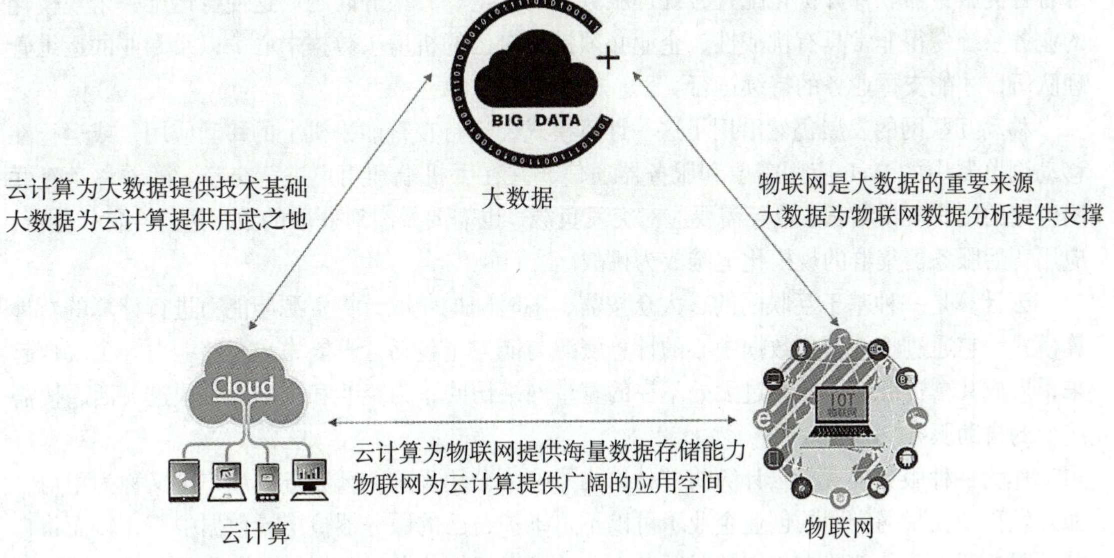

图 9-1 云计算、大数据与物联网之间关系

（2）大数据与云计算、人工智能

大数据和云计算、人工智能是最近被频繁提及的词汇，有的时候，很多文献和报道也会混用这些说法，这为我们认识三者的关系带来了困惑。

大数据由于其中蕴含的巨大价值，已经得到广泛重视。在数据成为战略资源的背景下，云计算为大数据的汇聚和分析提供了计算基础设施，客观上促进了数据资源的集中，以及对数据的存储、管理、分析能力的提升。而通过计算寻找数据中的隐含知识，进而支撑对历史规律的发现、现实状态的感知及未来行为的预测，是机器智能在一些领域取得突破的关键，通过对数据的计算，客观上支撑了一大类人工智能任务的发展。

①云计算是大数据汇聚和分析的计算基础

从计算机诞生以来，先后经历了几次计算模式的变迁。在计算机发展的初期，大型主机极为昂贵，运行环境要求高，操作和维护复杂，用户通过批量作业和字符终端分时使用计算资源，所有数据也集中存储在主机中，这一模式被称为“主机计算”。

20 世纪 80 年代，随着微型计算机的出现，引入了新的计算模式。个人计算机的普及和广泛使用推动了社会各领域信息化的发展，加之计算机网络的成熟，推动了“客户端 / 服务器”（Client/Server，C/S）模式的出现。后来随着全球范围互联网的发展，Web 成为获取服务和应用的主要手段，从而演化出“浏览器 / 服务器”（Browser/Server，B/S）的模式。在这些模式中，任何一个信息系统都需要在个人电脑上配置客户端应用或浏览器，同时需要构造一组能够应对业务负载的服务器集群。一个应用的计算任务会在客户端（或浏览器端）与服务器端进行切分，通常服务器端保存绝大多数的应用数据，并通过客户端（或浏览器端）与用户进行交互。应用的管理员需要自己购买、维护和管理包括终端和服务器在内的所有 IT 资产，部署各类服务器软件并优化配置，处理服务器的安全、容错等问题。这使得运维一个规模化的业务系统变得非常具有挑战性，企业必须拥有自己的机房（数据中心）以及专业的运维管理队伍，才能支撑业务的持续运行。

移动互联网的发展仍然沿用了这一计算模式，运行在智能手机上的移动应用，或运行在移动浏览器中的 Web 应用需要和服务器通信，并在手机端和用户进行交互。随着移动互联网应用的用户规模增长，业务需要应对突发负载，也需要及时对获取的数据进行存储、分析，应用背后服务器集群的规模化运维成为挑战。

云计算是一种基于互联网的、大众按需、随时随地获取计算资源与能力进行计算的新计算模式。它通过将规模化数据中心的计算资源与能力（包括计算能力、存储能力等）聚合起来，形成共享资源池，并通过无处不在的宽带网络访问，为企业和个人提供快速灵活、按需应变的自助服务。

作为一种服务模式，云计算将“计算力”变为公用设施，云服务的用户（又称为租户，如开发移动互联网应用的创业企业）可以不再维护自己的服务器机房或数据中心，转而将自己的服务器端业务部署在租用的云服务上，并可以根据业务量的规模动态调整租用云服务的数量和性能，从而降低企业的综合运营成本。而作为云服务的提供商，则可以通过规模化资源池的运维，按需灵活地配置计算资源，提高资源利用率，并发挥规模效应，降低成本。

大数据应用场景中数据计算量巨大，分布式逐渐取代单机成为大数据处理平台的主流模式。以大数据的计算为例，一次计算请求通常需要多机协作共同完成，不同的计算请求所需的资源种类和数量均可能有所不同。为保障各个计算请求均能得到及时的响应，灵活、高效的资源分配和回收管控必不可少。此外，大数据的一次计算可能耗时较长，在计算期间各计算节点可能出现网络传输延迟、数据损坏甚至节点不可访问等问题，冗余备份、容错等可靠性策略和计算调度策略是确保大数据处理能够快速、准确完成的重要保障机制。云计算在大规模分布式存储、管理和计算上取得的突破，为面向大数据的分析处理提供了计算能力的支撑。云计算技术可以为大数据处理平台提供高效、可靠的资源管控保障，云计算也面向大数据管理和处理提供有针对性的云服务。因此可以说，大数据应用并不一定必须部署在云上，但采用云计算部署大数据应用则可以将许多资源管理、安全运维等任务交给云服务提供商，从而降低大数据应用部署的技术门槛，支撑大数据业务，这也是为什么很多的行业大数据都有对应的行业云的提法。

②对数据的分析支撑了人工智能的发展

人工智能是通过计算机来模拟人的某些思维过程和智能行为（如学习、推理、思考、规划等）。在 1956 年标志人工智能诞生的达特茅斯会议上，后来的图灵奖得主 John McCarthy 就提出人工智能是要“让机器像人一样思考和行动”。此后，人工智能的研究确立了一系列典型的独立任务，包括模拟人的逻辑和推理能力的机器定理证明、模拟自然语言理解的机器翻译、模拟问题求解和知识表达的专家系统、模拟搜索过程的博弈问题、模拟多媒体认知的模式识别、模拟人的学习认知过程的机器学习，以及模拟人对环境的感知与控制的机器人与智能控制等。在人工智能的相关研究和实践的过程中，无论是早期的基于符号逻辑、知识表示还是基于统计学习等，无论是计算机视觉、自然语言处理、机器学习还是认知推理博弈，包括机器人等，数据的获取、存储和分析处理都是实现人工智能的主要途径之一。但受到当时数据获取和计算能力的限制，人工智能在许多典型任务的发展上并不尽如人意，并一度陷入低谷。

近年来，随着各行各业的信息化浪潮以及移动互联网和传感器数据的出现，数据获取和积累取得了长足的进步。与此同时，计算模式的发展和计算技术的进步，也使得对数据的处理成为可能。这使得一些直接依赖于数据的人工智能方法（如统计学习、深度学习等）取得了巨大的突破，成为近年来人工智能研究掀起新热潮的主要推动力。近年来，媒体报道了各类比拼眼力、智商的“人机大战”，如 2015 年图像对象识别 ImageNet 竞赛中计算机算法以 95.16% 的准确率超越人眼的辨识能力，2016 年 AlphaGo 战胜人类棋手，2017 年美国卡内基梅隆大学（Carnegie Mellon University，CMU）开发的人工智能系统 Libratus 在德州扑克大赛中战胜人类玩家，近年来自动驾驶技术在实际道路应用中取得的突破，以及智能工业系统通过数据分析对工业系统优良率的提升、成本的降低等，其中体现出来的强大的“机器智能”都与数据及数据的分析密切相关。

因此，目前人工智能发展已进入一个新阶段，特别是在移动互联网、大数据、超级计算、传感网、脑科学等新理论新技术以及经济社会发展强烈需求的共同驱动下，人工智能快速发展，呈现出深度学习、跨界融合、人机协同、群智开放、自主操控等新特征。大数据驱动知识学习作为其中一个发展重点，为人工智能，特别是“机器智能”的产生提供了重要的支撑。通过对具有“4V”或“5V”特征的大数据集的计算；通过对开放世界的实时大数据的持续获取、管理、分析与处理，寻找数据中蕴含的关联；通过对大规模领域知识和领域相关数据建立关联知识的内在表示，进而形成大量特征的关联关系，体现对事物的复杂认知，支持实时预测和决策，这也是催生机器智能的关键。拥有大规模实时运行数据，及其有效的分析处理能力，是这类人工智能应用的核心竞争力。

9.2 大数据技术基础

9.2.1 大数据采集

大数据的来源多样，如传统的关系数据库、NoSQL 数据库中的数据，也包括直接来源于生产系统的传感器、互联网抓取的数据、运行系统日志数据等。如何获取这些规模大、产生速度快的大数据，并且能够使这些多源异构的大数据得以协同工作，从而有效地支撑大数据分析等应用，是大数据采集阶段的工作，也是大数据的核心技术之一。

来源多样是大数据的一个重要特征，而不同来源的数据有着不同的采集方式，因此在讨论数据采集技术之前，首先讨论大数据的来源，再针对集中、典型的数据来源讨论大数据的采集方法和工具，最后介绍将连续数据转化为离散数据的数据离散化技术。

（1）大数据的来源

世界上本来没有数据，一切数据都是人为的。计算机用 0—1 数据描述现实世界的对象及其关系。获取数据的过程就是计算机中 0—1 数据的生成过程。数据获取主要有三种来源。

①对现实世界的测量，即通过感知设备获得数据

这类数据包括机器产生的海量数据，例如应用服务器日志、传感器数据（如天气、水、智能电网等）、科学仪器产生的数据、摄像头监控数据、医疗影像数据、RFID 和二维码或条码扫描数据。这类数据的特点是：结构化、半结构化和非结构化数据共存，根据产生数据机器的特点，部分数据存在严格的模式；数据规模极大，数据更新极快；由于设备运行不稳定等因素，数据质量参差不齐，如果能够充分理解产生数据机器的机理，则可以明确数据语义，从而帮助改进数据质量；数据价值密度较低。

②人类的记录

外部信息通过人类大脑的识别变成计算机可以识别的信息，由人录入计算机形成数据。这类数据包括关系型数据库中的数据和数据仓库中的数据，如企业中企业资源计划（ERP）系统、客户关系管理（CRM）系统等产生的数据都属于这一类。这类数据的特点是：以结构化形式存在，模式清晰；数据规模通常不大，数据增长速度不快；有专门的管理人员维护，

数据质量较高，数据语义明确，数据价值密度较大。另一类典型的数据来源是人类用户在使用信息系统过程中记录的行为，包括微博、微信、电子商务在线交易日志、呼叫中心评论、留言或者电话投诉等。这类数据的主要特点是：结构化、半结构化和非结构化数据共存，部分数据存在预定的模式，但模式不固定；数据规模较大，数据更新较快；由于缺乏专门数据管理人员以及缺少数据顶层设计，数据质量很低，数据语义不明确，数据价值密度很低。

③计算机生成

计算机通过现实世界模拟等程序生成数据。例如，通过计算机动态模拟城市交通，生成噪声、流量等信息。这类数据的特点是：数据规模和更新速度可控，数据模式固定；因为是由程序自动生成，数据质量很高，数据的语义明确，数据价值密度视模拟程序而定。

（2）多源数据的采集

数据采集是指从真实世界对象中获得原始数据的过程。数据采集的过程要充分考虑其产生主体的物理性质，同时要兼顾数据应用的特点。由于数据采集的过程中可以使用的资源（如网络带宽、传感器节点能量、网站 token 等）有限，需要有效设计数据采集技术从而使得在有限的资源内实现有价值数据最大化，无价值数据最小化。同样由于资源的限制，数据采集过程不可能获取数据描述对象的全部信息，因此需要精心设计数据采集技术，使采集到的数据和现实对象的偏差最小化。由于有些应用对采集数据的数据质量和时效性有明确要求，例如在心脏病预警中，体感传感器采集数据如果时效性或者准确性过低，则无法达到有效预警的效果，对于这样的应用，需要可靠、有时效性保证地采集高质量的数据。

常用的数据采集方法有四种：采集物理世界信息的传感器、采集数字设备运行状态的系统日志、采集互联网信息的网络爬虫以及采集人所了解信息的众包。

①传感器

传感器常用于测量物理环境变量并将其转化为可读的数字信号以待处理，是采集物理世界信息的重要途径。传感器包括声音、振动、化学、电流、天气、压力、温度和距离等类型。传感器是物联网的重要组成部分。通过有线传感器网络或无线传感器网络，信息被传送到数据采集点。

有线传感器网络通过网线收集传感器的信息，这种方式适用于传感器易于部署和管理的场景。例如视频监控系统通常使用非屏蔽双绞线连接摄像头，通过利用媒体压缩、机器学习、媒体过滤技术，面向各类应用进行集中采集，可以获得涉及城市交通、群体行为、公共安全等方面的大量信息，而这仅仅是光学监控领域一个很小的应用示例。在更广义的光学信息获取和处理系统中（如对地观测、深空探测等），通过传感器可获得更大规模的数据。

无线传感器网络利用无线网络作为信息传输的载体，并形成自组网传输采集的数据，如环境监控、水质监控、野生动物监控等。一个无线传感网通常由大量微小的传感器节点构成，微小传感器由电池供电或通过环境供电，被部署在应用指定的地点收集感知数据。当节点部署完成后，基站将发布网络配置、管理或收集命令，不同节点采集和感知的数据将被汇集并转发到基站以待后续处理。

②系统日志

对系统日志进行记录是广泛使用的数据获取方法之一。系统日志由系统运行产生，以特殊的文件格式记录系统的活动。系统日志包含了系统的行为、状态以及用户和系统的交互。与物理传感器相比，系统日志可以看作“软件传感器”。对计算机软硬件系统运行状态的记录、金融应用的股票记账、网络监控的性能测量及流量管理、Web 服务器记录的用户行为等都属于系统日志。

系统日志在诊断系统错误、优化系统运行效率、发现用户行为偏好等方面有着广泛的应用。例如，Web 服务器通常要在访问日志文件中记录网站用户的点击、键盘输入、访问行为以及其他属性，根据这些行为可以有效发现用户的偏好，一方面基于用户行为可以优化网站布局，另一方面可以做有效的用户画像从而实现精准的信息推荐。

③网络爬虫

网络爬虫是指为搜索引擎下载并存储网页的程序。爬虫顺序地访问初始队列中的一组网页链接，并为所有网页链接分配一个优先级。

爬虫从队列中获得具有一定优先级的 URL，下载该网页，随后解析网页中包含的所有 URLs，并添加这些新的 URLs 到队列中。这个过程一直重复，直到爬虫程序停止为止。

网络爬虫是网站应用（如搜索引擎和 Web 缓存）主要的数据采集方式。数据采集过程由选择策略、重访策略、礼貌策略以及并行策略决定。选择策略决定哪个网页将被访问；重访策略决定何时检查网页是否更新；礼貌策略防止过度访问网站；并行策略则用于协调分布式爬虫程序。

网络爬虫的效率直接关系到大数据分析和挖掘的整体效率，当前的优化方法包括爬取策略优化和爬虫结构设计优化。

④众包

“众包”一词最早出现在 2006 年，它描述的是一种现象，即任务外包给“分布式”的一群人“围观”，这些人被普遍认为是非专家，并进一步区别于正式的、有组织的群体，通过网络登录这些众包平台即可接受和完成任务。由在众包平台上创建一个市场的请求者提供任务，由平台上工人接受工作任务。企业用户针对的是那些需要以低廉价格起价外包简单计算任务的公司，而个人用户将通过完成某项工作获得小额的报酬。

众包可以用作数据采集，将收集数据的任务外包给人来完成，通过大量参与的用户来获取恰当数据。特别地，如果以普通用户的移动设备作为基本感知单元，通过网络通信形成感知网络，从而实现感知任务分发与感知数据收集，完成大规模、复杂的社会感知任务，则被称为“群智感知”。比如，要发现某地所有的水果店，可以通过众包平台，让大量的用户使用手机拍摄水果店并发送定位。

9.2.2 大数据管理

大数据时代常用的数据管理技术主要有分布式文件系统、NewSQL 和 NoSQL 数据库。

（1）分布式文件系统

大数据时代必须解决海量数据的高效存储问题，为此，分布式文件系统应运而生。相对于传统的本地文件系统而言，分布式文件系统（Distributed File System，DFS）是一种通过网络实现文件在多台主机上进行分布式存储的文件系统。分布式文件系统的设计一般采用“客户端/服务器”模式，客户端以特定的通信协议通过网络与服务器建立连接，提出文件访问请求，客户端和服务器可以通过设置访问权来限制请求方对底层数据存储块的访问。

谷歌开发了分布式文件系统（Google File system，GFS），通过网络实现文件在多台机器上的分布式存储，较好地满足了大规模数据存储的需求。Hadoop分布式文件系统（Hadoop Distributed File System，HDFS）是针对GFS的开源实现，它是Hadoop两大核心组成部分之一，提供了在廉价服务器集群中进行大规模分布式文件存储的能力。HDFS具有很好的容错能力，并且兼容廉价的硬件设备，因此，可以较低的成本利用现有机器实现大流量和大数据量的读写。

（2）NewSQL和NoSQL数据库

传统的关系数据库可以较好地支持结构化数据存储和管理，它以完善的关系代数理论作为基础，具有严格的标准，借助索引机制可以实现高效的查询。但是，大数据时代的到来，使关系数据库的发展越来越力不从心。在大数据时代，数据类型繁多，包括结构化数据和各种非结构化数据，其中，非结构化数据的比例更是高达90%以上。传统的关系数据库由于数据模型不灵活、水平扩展能力较差等局限性，已经无法满足各种类型的非结构化数据的大规模存储需求。不仅如此，传统关系数据库引以为豪的一些关键特性，如事务机制和支持复杂查询，在Web 2.0时代的很多应用中都成为“鸡肋”。因此，在新的应用需求驱动下，各种新型数据库不断涌现，并逐渐获得市场的青睐，主要包括NewSQL数据库和NoSQL数据库。

① NewSQL数据库

NewSQL是对各种新的可扩展、高性能数据库的简称，这类数据库不仅具有对海量数据的存储管理能力，还保持了传统数据库支持ACID[1]和SQL等特性。不同的NewSQL数据库的内部结构差异很大，但是，它们有两个显著的共同特点：都支持关系数据模型以及都使用SQL作为其主要的接口。目前具有代表性的NewSQL数据库主要包括Spanner、Clustrix、GenieDB、ScalArc、Schooner、VoltDB等，此外，还有一些在云端提供的NewSQL数据库，包括Amazon RDS、Microsoft SQL Azure、Database.com、Xeround和FathomDB等。在众多NewSQL数据库中，Spanner备受瞩目，它是一个可扩展、多版本、全球分布式并且支持同步复制的数据库，是谷歌的第一个可以全球扩展并且支持外部一致性的数据库。Spanner能做到这些，离不开一个用CPS和原子钟实现的时间API。这个API能将数据中心之间的时间同步精确到10ms以内。

一些NewSQL数据库比传统的关系数据库具有明显的性能优势。例如，VoltDB系统使

[1] ACID，是指数据库管理系统在写入或更新资料的过程中，为保证事务是正确可靠的，所必须具备的四个特性：原子性（Atomicity，又称不可分割性）、一致性（Consistency）、隔离性（Isolation，又称独立性）、持久性（Durability）。

用了NewSQL创新的体系架构，释放了主内存运行的数据库中消耗系统资源的缓冲池，在执行交易时可比传统关系数据库快45倍。VoltDB可扩展服务器数量为39个，并可以每秒处理160万个交易（300个CPU核心），而具备同样处理能力的Hadoop则需要更多的服务器。

② NoSQL数据库

NoSQL是一种不同于关系数据库的数据库管理系统设计方式，是对非关系型数据库的统称，它所采用的数据模型并非传统关系数据库的关系模型，而是类似键/值、列族、文档等非关系模型。NoSQL数据库没有固定的表结构，通常也不存在连接操作，也没有严格遵守ACID约束，因此，与关系数据库相比，NoSQL具有灵活的水平可扩展性，可以支持海量数据存储。此外，NoSQL数据库支持MapReduce[1]风格的编程，可以较好地应用于大数据时代的各种数据管理。NoSQL数据库的出现，一方面弥补了关系数据库在当前商业应用中存在的各种缺陷，另一方面也撼动了关系数据库的传统垄断地位。

近些年，NoSQL数据库发展势头非常迅猛。在短短四五年时间内，NoSQL领域就爆炸性地产生了50 ~ 150个新的数据库。据一项网络调查，行业中最需要的开发人员技能前十名依次是HTML5、MongoDB、iOS、Android、手机App、Puppet、Hadoop、jQuery、PaaS和Social Media。其中MongoDB（一种文档数据库，属于NoSQL）的热度甚至位于iOS之前，足以看出NoSQL的受欢迎程度。NoSQL数据库虽然数量众多，但是，归结起来，典型的NoSQL数据库通常包括键/值数据库、列族数据库、文档数据库和图数据库。

9.2.3 大数据分析

数据分析是指用适当的统计分析方法对收集来的大量数据加以汇总和理解。数据分析的目的就是提取有用信息和形成决策依据。大数据分析就是用分布式策略对数据进行分析，相对于小数据分析，大数据分析的处理理念有了3个明显的转变：首先，数据采用全体而不是抽样的；其次，分析要的是效率而不是绝对精度；最后，分析的结果要的是相关性而不是因果性。

（1）数据分析原则

数据分析应该遵循如下三条原则。

①数据分析是为了检验假设的问题，需要提供必要的数据验证。在数据分析中，分析模型构建完成后，需要利用测试数据验证模型的准确性。

②数据分析是为了找到出现问题的深层次原因，比如分析产品销售情况的数据，需要找到销售数据的变动，如促销、节日、卖场宣传、卖场环境、消费心理、价格、对手等，针对可能的原因实施追踪分析。

③不能为了数据分析而去做数据分析

没有明确的问题或者目标，直接去做数据分析往往得不到好的结果。而且因需求不同，分析思路和分析方法会有很大的不同。

---

[1] MapReduce是一种编程模型，用于大规模数据集（大于1TB）的并行运算。包括映射（Map）和归约（Reduce），方便了编程人员在不会分布式并行编程的情况下，将自己的程序运行在分布式系统上。

（2）大数据分析特点

据了解仅有非常小的一部分（约占总数据量的 1%）结构化和半结构化数据得到了深入分析和挖掘。因此，大数据的分析日益成为企业获取利润的必不可少的支撑点。

大数据分析技术的发展需要在两个方面取得突破，一是对体量庞大的结构化和半结构化数据进行高效的深度分析，挖掘隐性知识，如从自然语言构成的文本网页中理解和识别语义、情感、意图等；二是对非结构化数据进行分析，将海量复杂多源的语音、图像和视频数据转化为机器可识别的、具有明确语义的信息，进而从中提取有用的知识。

大数据分析具有如下四个特点。

①可视化分析

大数据使用者既有专家，也有普通用户，但是他们二者对于大数据分析最基本的要求都是数据可视化，因为可视化数据能够直观地呈现大数据的特点，同时能够非常容易被读者所接受，就如同看图说话一样简单明了。

②数据挖掘算法

大数据分析的理论核心是数据挖掘，各种数据挖掘的算法只有基于不同的数据类型和格式才能更加科学地呈现出大数据本身具有的特点，挖掘出公认的价值，更快速地处理大数据。

③预测性分析

大数据分析最重要的应用领域之一是预测，从大数据中发现特点，建立科学的数学模型，之后便可以通过模型代入新的数据预测未来的趋势。

④数据质量和数据管理

高质量的数据和有效的数据管理，无论是在学术研究还是在商业应用领域，都能够保证分析结果的真实性和价值。

（3）大数据分析流程

目前的大数据分析主要有两条技术路线，一是凭借先验知识人工建立数学模型来分析数据；二是通过建立人工智能系统，使用大量样本数据进行训练，让机器代替人工获得从数据中提取知识的能力。由于占大数据主要部分的非结构化数据，往往模式不明且多变，因此难以靠人工建立数学模型去挖掘深藏其中的知识。通过人工智能和机器学习技术分析大数据，被业界认为具有很好的前景。

大数据分析的流程包括数据采集、数据处理、数据建模和数据展示等四个步骤。

①数据采集

数据采集是指从各个渠道获取数据的过程。这些数据可能来自企业内部的数据库、各种设备和传感器、社交媒体等外部平台的多个来源。在进行数据采集时，需要考虑数据来源的可靠性和数据的质量问题。

②数据处理

数据处理是指对采集到的数据进行清洗、去重、筛选等操作，使数据变得可用。在数据处理的过程中，需要使用到各种数据处理工具和算法，比如 Hadoop、Spark 等。

③数据建模

数据建模是指利用统计学和机器学习等技术对处理后的数据进行分析和预测。这个过程主要包括数据建模、模型验证和调整等步骤。在数据建模的过程中，需要使用到各种数据挖掘和分析工具，比如 Python、R 语言、SAS 等。

④数据展示

数据展示是指将数据分析的结果以可视化的形式展现出来，使得决策者能够更好地理解和利用分析结果。这个过程主要包括数据报告和数据可视化等步骤。在数据展示的过程中，需要使用到各种数据可视化工具，比如 Tableau、Power BI 等。

（4）选择适合的数据分析工具

在进行大数据分析的过程中，如何选择适合的数据分析工具是至关重要的，以下是一些选择数据分析工具的建议。

①根据数据类型选择

不同类型的数据需要使用不同的分析工具，比如关系型数据通常使用 SQL，非结构化数据可以使用 Hadoop、Spark 等分布式计算平台。

②根据数据大小选择

如果数据量较小，可以使用 Excel 等常见的办公软件进行分析；如果数据量较大，可以使用 Hadoop、Spark 等分布式计算平台。

③根据数据处理需求选择

如果需要进行复杂的数据建模和分析，可以选择 SAS、R 等统计分析工具；如果需要进行机器学习和深度学习，可以选择 Python 等编程语言。

④根据用户界面选择

对于不擅长编程的用户，可以选择使用一些具有友好的用户界面的工具，比如 Tableau、Power BI 等，这些工具可以帮助用户通过拖放等简单的操作完成数据分析和可视化。

⑤根据预算选择

不同的数据分析工具有不同的价格，企业需要根据自己的预算和需求选择合适的工具。一些免费的开源工具，比如 R、Python 等也是一个不错的选择。

选择适合的数据分析工具需要根据具体的需求和情况进行选择。企业可以结合自身的业务需求和技术实力，选取合适的工具进行数据分析，从而提高企业的竞争力和商业价值。

9.2.4 大数据可视化

数据可视化是指将大型数据集中的数据以图形、图像的形式表示，并利用数据分析和开发工具发现其中未知信息的处理过程。

可视化（Visualization）通过将数据转化为图形、图像提供交互，以帮助用户更有效地完成数据的分析、理解等任务。从生物的基因序列数据到人体全身的成像，从设计高速喷气飞机机翼的多维仿真到宇宙百亿年的演化，从个人的日常生活数据到城市中成千上万居民的运动，可视化可以迅速有效地简化与提炼大量的数据，并从中寻找新的线索，发现和创造新的理论、技术和方法，改善大众的日常生活。

数据可视化技术的基本思想是将数据库中每一个数据项作为单个图元素表示，大量的数据集构成数据图像，同时将数据的各个属性值以多维数据的形式表示，可以从不同的维度观察数据，从而对数据进行更深入的观察和分析。虽然可视化在数据分析领域并非最具技术挑战性的部分，但它是整个数据分析流程中最重要的一个环节。

在大数据时代，数据容量和复杂性的不断增加，限制了用户从大数据中直接获取知识，可视化的需求越来越大，依靠可视化手段进行数据分析必将成为大数据分析流程的主要环节之一。让“茫茫数据”以可视化的方式呈现，让枯燥的数据以简单友好的图表形式展现出来，可以让数据变得更加通俗易懂，有助于用户更加方便快捷地理解数据的深层次含义，有效参与复杂的数据分析过程，提升数据分析效率，改善数据分析效果。

在大数据时代，可视化技术可以支持实现多种不同的目标。

（1）观测、跟踪数据

许多实际应用中的数据量已经远远超出人类大脑可以理解及消化吸收的能力范围，对于处于不断变化中的多个参数值，如果还是以枯燥的数值形式呈现，人们必将茫然无措。利用变化的数据生成实时变化的可视化图表，可以让人们一眼看出各种参数的动态变化过程，有效地跟踪各种参数值。例如，百度地图提供实时路况服务，可以查询包括北京在内的各大城市的实时交通路况信息。

（2）分析数据

利用可视化技术，实时呈现当前分析结果，引导用户参与分析过程，根据用户反馈信息执行后续分析操作，完成用户与分析算法的全程交互，实现数据分析算法与用户领域知识的完美结合。数据首先转化为图像呈现给用户，用户通过视觉系统进行观察分析，同时结合自己的领域背景知识，对可视化图像进行认知，从而理解和分析数据的内涵与特征。随后，用户还可以根据分析结果，通过改变可视化程序系统的设置，来交互式地改变输出的可视化图像，从而可以根据自己的需求从不同角度对数据进行理解。

（3）辅助理解数据

帮助用户更快、更准确地理解数据背后的含义，如用不同的颜色区分不同对象、用动画显示变化过程、用图结构展现对象之间的复杂关系等。例如，微软亚洲研究院设计开发的人立方关系搜索，能从超过10亿的中文网页中自动地抽取出人名、地名、机构名以及中文短语，并通过算法自动计算出它们之间存在关系的可能性，最终以可视化的关系图形式呈现结果。

（4）增强数据吸引力

枯燥的数据被制作成具有强大视觉冲击力和说服力的图像，可以大大增强读者的阅读兴趣。可视化的图表新闻就是一个非常受欢迎的应用。在海量的新闻信息面前，读者的时间和精力都开始显得有些捉襟见肘。传统单调保守的讲述方式已经不能引起读者的兴趣，需要更加直观、高效的信息呈现方式。因此，现在的新闻播报越来越多地使用数据图表，动态、立体化地呈现报道内容，让读者对内容一目了然，能够在短时间内迅速消化和吸收，大大提高了知识理解的效率。

9.2.5 大数据安全与隐私保护

（1）大数据安全技术

数据安全技术种类繁多，主要包括身份认证技术、防火墙技术、访问控制技术、入侵检测技术和加密技术等。

①身份认证技术

在对该项技术进行使用时，会通过对操作者身份信息的认证，确定操作者是否为非法入侵者，进而对网络数据进行保护。该项技术主要用于操作系统间的数据访问保护，是较为常用、高效的数据安全保护技术。

②防火墙技术

防火墙是一种保护计算机网络安全的技术性措施，它通过在网络边界上建立相应的网络通信监控系统来隔离内部和外部网络，以阻挡来自外部的网络入侵。

③访问控制技术

访问控制是指系统对用户身份及其所属的预先定义的策略组限制其使用数据资源能力的手段。通常用于系统管理员控制用户对服务器、目录、文件等网络资源的访问。访问控制是主体依据某些控制策略或权限对客体本身或其资源进行的不同授权访问，它是系统保密性、完整性、可用性和合法使用性的重要基础，是网络安全防范和资源保护的关键策略之一。

④入侵检测技术

该项技术属于主动防御技术中的一种，能够实现对网络病毒的有效防御与拦截，能够对信息数据形成有效保护。入侵检测是集响应计算机误用与检测于一体的技术，包括攻击预测、威慑以及检测等内容。在具体进行检测时，首先会对用户与系统活动展开监测、分析，明确系统弱点与整体构造；其次会对已知攻击实施识别，并在识别后发出预警；最后会对数据文件以及系统完整性进行评估。

⑤加密技术

加密技术包括两个元素：算法和密钥。算法是将普通的文本（或者可以理解的信息）与一串数字（密钥）的结合，产生不可理解的密文的步骤，密钥是用来对数据进行编码和解码的一种算法。在安全保密中，可通过适当的密钥加密技术和管理机制来保证网络的信息安全。

（2）隐私保护技术

在大数据时代的影响之下，隐私安全问题频发，在进行隐私保护相关工作的开展中，需要能够针对隐私暴露的现阶段发展实际情况，有针对性地进行改善。主要可以借助数据水印的合理性应用，明确用户数据使用的实际需要，并且能够将用户的身份信息加以识别，在不影响用户正常使用数据的前提之下，对数据载体使用检测的方法实现融入，数据水印技术的合理应用能够充分保护原创。

在进行用户隐私的保护中，应当能够充分使用保护技术，顺应大数据背景发展的实际需要。用户隐私保护的渠道更加众多，同时能够贯穿数据产生的全过程，主要是针对生产、收购以及加工存储的各项环节，同时能够在数据运输当中实现隐私安全保护体系的构建，在数据的整个生命周期当中，实现对用户信息的保护，并能够使用信息过滤技术以及位置匿名技术等，对个人信息中的敏感部分加以保护，实现用户隐私的合理保护，建立和完善数据信息保护系统。

9.2.6 大数据处理平台

随着数据科学和大数据技术的发展，通过大数据处理的手段分析和解决各类实际问题越来越被人们所重视。在大数据时代，随着互联网的广泛普及和物联网的迅速发展，数据的产生速度得到了极大提升，传统的基于单机模式的数据处理无论在存储容量还是处理效率上都越来越力不从心，分布式的大数据处理平台已逐渐成为业界的主流。

大数据处理平台集数据采集、数据存储与管理、数据分析计算、数据可视化以及数据安全与隐私保护等功能于一体，为人们通过大数据处理的手段分析和解决问题提供技术和平台支撑。数据采集主要负责从不同数据来源获取不同类型的数据；采集到的数据在平台中被存储和组织管理；人们通过数据分析计算揭示其中隐含的内在规律、发掘有用的信息以指导人们进行科学的推断与决策；通过数据可视化进行更直观的数据展示和内容的展现；同时，由于数据中可能包含敏感信息和隐私，因此需要进行数据安全与隐私保护。

数据分析计算是大数据处理平台的核心功能，主要通过分布式计算框架来实现。针对数据分析计算的分布式计算框架不仅要提供高效的计算模型和简单的编程接口，而且要有很好的可扩展性、容错能力和高效可靠的输入输出（I/O），以满足大数据处理的需求。可扩展性是指系统能够通过增加资源来满足不断增加的对性能和功能需求的能力。计算框架的可扩展性决定了其可计算规模和计算并发度等重要指标。容错和自动恢复是指系统考虑底层硬件和软件的不可靠性，支持出现错误后自动恢复的能力。高效可靠的输入输出能够缓解数据访问的瓶颈问题，以提高任务的执行效率和计算资源的利用率。

从技术架构的角度，大数据处理平台可划分为四个层次：数据采集层、数据存储层、数据处理层和服务封装层，如图 9-2 所示。

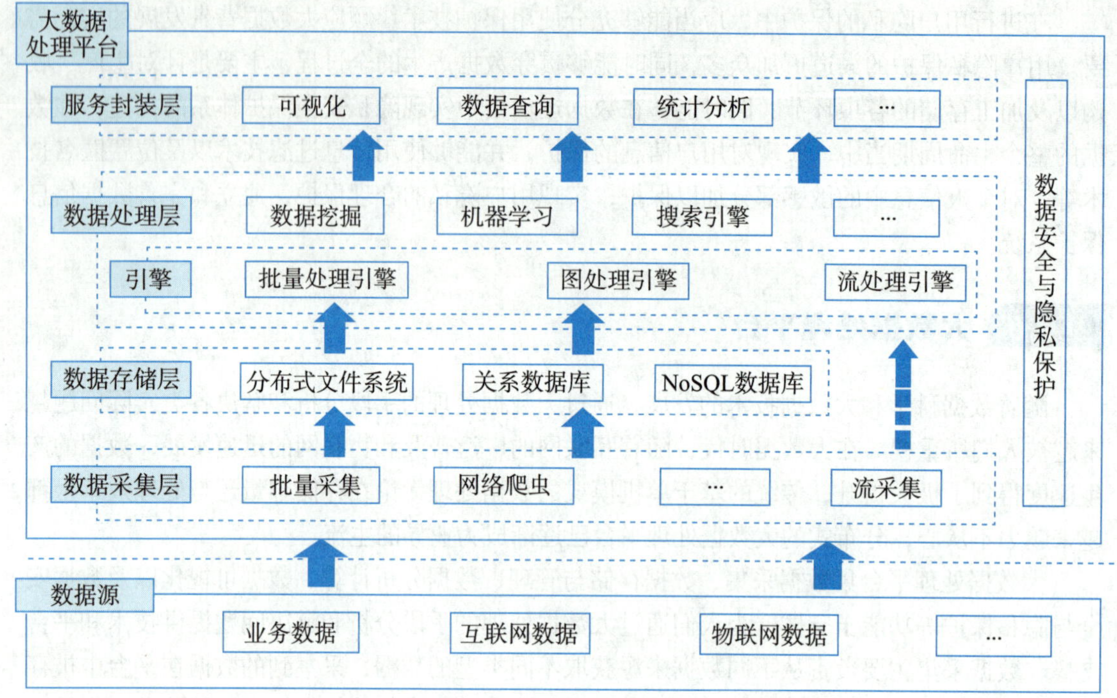

图 9–2　大数据处理平台技术架构

（1）数据采集层

数据采集层主要负责从各种不同的数据源采集数据。常见的数据源包括：业务数据、互联网数据、物联网数据等。对于不同的数据源，通常需要不同的采集方法。对于存储在业务系统中的数据，一般采用批量采集的方法，一次性地导入大数据存储系统中。对于互联网上的数据，一般通过网络爬虫进行爬取。对于物联网产生的实时数据，一般采用流采集的方式，动态地添加到大数据存储系统中或是直接发送到流处理系统进行处理分析。

（2）数据存储层

数据存储层主要负责大数据的存储和管理工作。大数据处理平台中的原始数据通常存放在分布式文件系统（如 HDFS）或是云存储系统（如 Amazon S3、Swift 等）。为了便于对大数据进行访问和处理，大数据处理平台通常会采用一些非关系型（NoSQL）数据库对数据进行组织和管理。针对不同的数据形式和处理要求，可以选用不同类型的非关系型数据库。常见的非关系型数据库有键值对（Kev–Value）数据库（如 Redis）、列族数据库（如 HBase）、文档数据库（如 MongoDB）、图数据库（如 Neo4J）等。

（3）数据处理层

数据处理层主要负责大数据的处理和分析工作。针对不同类型的数据，一般需要不同的处理引擎。对于静态的批量数据，一般采用批量处理引擎（如 MapReduce）。对于动态的流式数据，一般采用流处理引擎（如 Storm）。对于图数据，一般采用图处理引擎（如 Giraph）。大数据处理平台中通常会提供一些用于复杂数据处理和分析的工具，例如：数据挖掘工具、机器学习工具、搜索引擎等。

（4）服务封装层

服务封装层主要负责根据不同的用户需求对各种大数据处理和分析功能进行封装并对外提供服务。常见的大数据相关服务包括：数据的可视化、数据查询分析、数据的统计分析等。

除此之外，大数据处理平台一般还包括数据安全和隐私保护模块，这一模块贯穿大数据处理平台的各个层次。

9.3 大数据在物流领域的应用

物流行业是促进国民经济发展的重要行业，并在电商时代显现出特别重要的地位。在大数据的时代，物流业每天都会涌现出大量的数据，特别是全程物流，包括运输、仓储、搬运、配送、包装等环节，每个环节环环相扣形成一个完整的信息流。如果物流企业不能对这些数据进行及时、准确的处理，那么带给物流企业的将是数据灾难和资源浪费。近年来，国内外一大批专家学者致力于大数据在物流业的应用问题研究，这对于企业灵活适应多变的市场环境、应对激烈的市场竞争具有重大意义，也必将对物流业的战略决策、运营管理、品牌管理、客户关系管理、服务创新等方面产生重大影响。同时，也有助于企业物流资源的优化配置，加速物流产业的升级转型，适应信息化时代的要求。

面对海量数据，物流企业在不断加大对大数据方面投入的同时，不应该仅仅把大数据看作一种数据挖掘、数据分析的信息技术，而且要把大数据看作一项战略资源。物流企业充分利用大数据技术发展的优势主要有以下几点。

（1）信息对接，掌握企业运作信息

在信息化时代，网购呈现出一种不断增长的趋势，规模已经达到了空前巨大的地步，这给网购之后的物流带来了沉重的负担，对每一个节点的信息需求也越来越多。每一个环节产生的数据都非常庞大，过去传统的数据收集、分析处理方式已经不能满足物流企业对每一个节点的信息需求，这就需要通过大数据把信息对接起来，将每个节点的数据收集并且整合，通过数据中心分析、处理，转化为有价值的信息，从而掌握物流企业的整体运作情况。

（2）提供依据，帮助物流企业作出正确的决策

传统的根据市场调研和个人经验来进行决策已经不能适应这个数据化的时代，只有真实的、海量的数据才能真正反映市场的需求变化。通过对市场数据的收集、分析处理，物流企业可以了解到具体的业务运作情况，能够清楚地判断出哪些业务带来的利润率高、增长速度较快等，把主要精力放在真正能够给企业带来高额利润的业务上，避免无端的浪费。同时，通过对数据的实时掌控，物流企业还可以随时对业务进行调整，确保每个业务都可以带来盈利，从而实现高效的运营。

（3）培养客户黏性，避免客户流失

网购人群的急剧膨胀，使得客户越来越重视物流服务的体验，希望物流企业能够提供最好的服务，甚至希望掌控物流过程中商品配送的所有信息。这就需要物流企业以数据中心为

支撑，通过对数据挖掘和分析，合理地运用这些分析成果，进一步巩固和客户之间的关系，增加客户的信赖，培养客户的黏性，避免客户流失。

（4）数据“加工”从而实现数据“增值”

在物流企业运营的每个环节中，只有一小部分结构化数据是可以直接分析利用的，绝大部分非结构化数据必须转化为结构化数据才能储存分析。也就是说，并不是所有的数据都是准确有效的，很大一部分数据都延迟无效，甚至是错误的。物流企业的数据中心必须对这些数据进行“加工”，从而筛选出有价值的信息，实现数据的“增值”。

物流企业正一步一步地进入数据化发展的阶段，物流企业间的竞争逐渐演变成数据间的竞争。大数据让物流企业能够有的放矢，甚至可以做到为每一个客户量身定制符合他们自身需求的服务，从而颠覆整个物流业的运作模式。

目前，大数据在物流企业中的应用主要包括以下几个方面。

（1）市场预测

商品进入市场后，并不会一直保持最高的销量，而是随着时间的推移和消费者行为及需求的变化不断变化。在过去，我们习惯于通过调查问卷和以往经验来寻找客户的来源。而当调查结果总结出来时，结果往往已经过时，延迟、错误的调查结果只会让管理者对市场需求作出错误的估计。而大数据能够帮助企业完全勾勒出其客户的行为和需求信息，通过真实而有效的数据反映市场的需求变化，从而对产品进入市场后的各个阶段作出预测，进而合理地控制物流企业的库存和安排运输方案。

（2）物流中心的选址

物流中心选址问题要求物流企业在充分考虑到自身的经营特点、商品特点和交通状况等因素的基础上，使配送成本和固定成本等之和达到最小。针对这一问题，可以利用大数据中的分类树（Classification Tree）方法来解决。分类树又称决策树（Decision Tree），是一个类似流程图的树形结构。它由两种元素组成：节点和分支。节点又分为内节点和叶节点。在最终生成的决策树中，每一个内节点代表数据集的一个属性，每一个叶节点代表数据集中对象的一种类别（即对象所属的类标号属性值）。决策树是一个预测模型，它代表的是对象属性与对象值之间的一种映射关系。利用分类树模型可以综合考虑以上各个选址因素，找到最小的配送成本和固定成本之和。

（3）优化配送线路

配送线路的优化是一个典型的非线性规划问题，影响着物流企业的配送效率和配送成本。物流企业运用大数据来分析商品的特性和规格、客户的不同需求（时间和金钱）等问题，从而用最快的速度对这些影响配送计划的因素做出反映（比如选择哪种运输方案、哪种运输线路等），制定最合理的配送线路。而且企业还可以通过配送过程中实时产生的数据，快速地分析出配送线路的交通状况，对事故多发路段作出提前预警。精确分析整个配送过程的信息，使物流的配送管理智能化，提高了物流企业的信息化水平和可预见性。

（4）仓库储位优化

合理的安排商品储存位置对于仓库利用率和搬运分拣的效率有着极为重要的意义。对于商品数量多、出货频率快的物流中心，储位优化就意味着工作效率和效益。有些货物放在一起可以提高分拣率，有些货物储存的时间较短。可以通过大数据的关联模式法分析出商品数据间的相互关系来合理地安排仓库位置。

在运用大数据的时候也需要注意一些事项。例如，要建立统一、集成的数据仓库，保证各部门（如财务部门、运营部门、人力资源部门等）看到的是相同的数据，确保各部门使用的数据都是来自唯一的、单独的数据源，这样可以大幅度提升数据质量，实现整个企业标准化的成本管控，从而提升企业的盈利水平。

延伸阅读

让大数据为物流插上腾飞之翼

智慧物流是中国物流产业发展和转型的必由之路,对提高国民经济整体竞争力意义重大。但当前我国智慧物流发展总体还不平衡，还存在诸多痛点。可以说，大数据时代既为智慧物流提供了机遇也带来了挑战。

2022 年 1 月 14 日上午，全国政协“加快智慧物流发展”远程协商会在北京举行，相关领域的委员、专家、业界代表以及部委有关负责人，分别在北京主会场、广东分会场、四川分会场围绕智慧物流进行了一场协商式“头脑风暴”，线上线下共同为促进智慧物流的发展广泛凝聚共识、汇聚发展合力。此前全国政协经济委员会与全国工商联密切配合，围绕加快物流及智慧物流发展，分别赴四川、云南和上海、江苏开展了两次实地调研，委托北京、山东、河南、湖北四省市政协开展了协同调研，并对全国 100 家重点物流企业进行了问卷调查，还邀请专家专题介绍了国外智慧物流发展情况，为会议扎实有效的开展打下基础。

（1）推动数据在规范中开放协同共享

以大数据为基础的信息时代已经到来，智慧物流成为物流业转型升级的一种新兴业态。

全国政协委员，交通运输部科学研究院副院长兼总工程师王先进认为，这些年，我国智慧物流发展较快，但数据确权进程缓慢，权责利关系模糊，部门间、政企间的信息开放、共享严重不足。

留意观察，数据规范与开放共享，正是在协商中大家反复提及的焦点之一。

在王先进看来，数据是智慧物流的基础要素，制约数据有序流动和合理交换的关键因素是确权。但数据确权进程缓慢，带来了数据权利难行使、数据开发难收益等问题，他建议把数据确权作为发展智慧物流的突破口。

2023 年我国快递业务量累计完成 1320.7 亿件，同比增长 19.4%；快递业务收入累计完成 12074 亿元，同比增长 14.3%。

“我身后的大屏是顺丰运营指挥平台，主要对顺丰快递的核心运营情况进行实时、可视化的监控及管理。”顺着顺丰速递总裁王卫手指的方向，委员们可以看到，大屏上显示着揽收、派件、中转、航空等实时营运数据以及对各城市、各地区营运情况的实时监控，“大数据平台实现了对40万快递小哥、近7万干支线车辆及全货机、散航的全周期过程管控，确保了快递的实时送达。”王卫介绍道。

智慧化为传统物流行业带来的便利高效毋庸置疑，在具体实践中不断摸索的王卫，想反映的也是智慧物流的标准化问题。“随着快递业智慧化水平不断提升，加快推动快递业标准体系建设尤为重要。”王卫建议，要加快统一编码标准，规范上下游企业间数据接口标准，统一制定场地自动化软硬件标准，加快建设硬件容器标准，促进行业协同集约发展。

作为一名基层政协委员，满帮集团董事长兼总经理张晖跟王卫应该算“同行”，不同的是满帮更加专注于“数字货运”。

“我们研发的具有自主知识产权的App‘运满满’和‘货车帮’，为货主找车、司机找货提供高效便捷的方案，目前平台注册货车司机超过1000万。”作为智慧物流领域的创业者，张晖坦言自己一直在思考行业的高质量发展问题，其中就包括数据共享，“比如我们平台上一个订单涉及驾驶证、行驶证、轨迹、征信等多维度数据，归属于公安、交管、运管等多个部门，需要不同的方式去查询调取，有的还要收费。”张晖提出，国家在保障数据安全前提下，可以推动政府公共数据开放共享，制定公共物流数据服务清单，提升数据协同使用效率。

（2）加快推进基础设施“智能化”进程

近年来，在新一代信息技术的支持下，我国智慧物流新基建快速发展。

上海市政协常委，上海国际港务（集团）股份有限公司副总裁方怀瑾用一个视频短片，将大家的视线带到了全球最大的自动化码头洋山港四期。

只见港区内的自动导引小车AGV在繁忙的码头现场自如穿梭，另一边操作员在距洋山四期30多公里之外的临港新片区乃至100公里外的上海市中心“隔空”管控设备。

智慧物流新基建场景的扩展是一个漫长的过程，未来还有很多新技术、新应用等待挖掘。“建议完善支持智能运输工具商业化运营的政策法规，加快建设具备数字化专长和熟悉业务的复合型现代物流人才队伍。”方怀瑾补充道，要支持国产智慧物流的科技创新成果，特别是数字化、智能化的成果在全国迅速推广应用。

航空物流作为现代物流业的重要组成部分，同样存在基础设施的智能化改造问题。据全国政协委员、中国东方航空集团有限公司董事长刘绍勇掌握的数据，航空货运量虽仅占全球贸易总量的1%，但运输货物价值高达6万亿美元，占全球贸易总价值的35%，迫切需要与之相匹配的世界级的综合航空货运和物流保障体系。

“未来航空物流将向着更高价值、更快集散、更加智慧化的方式转变。”刘绍勇表示，要加快航空货运专业化整合，加快综合性航空物流信息平台建设和航空物流数字基础设施改造，提升航空货物的地面处理能力和效率，建立更加快捷、更加高效的多式联运体系。

数字信息技术的出现，无疑让智慧物流的“春天”加速到来。但在浙江湖州市政协委员、南方物流集团有限公司董事长官金仙来看，作为物流企业大本营的物流园区智慧化程度却并不亮眼。

“我从事物流行业30年，当前，智慧物流园区建设已成趋势，但总体来看，入驻企业智能系统各自为战，不愿使用物流平台系统，使得园区投入支撑智慧管理体系的软硬件建设运营成本居高不下。”官金仙呼吁，政府有关部门在用人、用地、招商等方面要更加重视支持智慧物流园区建设发展，紧密结合场景，加快建设园区智慧化管理系统，提高物流运转效率，从而降低入园企业实际成本，提高物流企业入园的积极性。

全国政协经济委员会调研组的多地调研以及问卷调查中，不少企业都有着与官金仙类似的感受。

对此，全国政协经济委员会原副主任房爱卿表示，调研组建议将智慧物流纳入财政扶持范畴，多方参与设立引导资金，鼓励开展物流金融服务，推进物流保险发展；推动高速公路、港口码头、铁路场站、航空机场、物流园区等物流枢纽数字化改造，打通多式联运的体制障碍。

在现场热烈的互动交流中，从事农业食品领域已40年的全国政协委员、新希望集团有限公司董事长刘永好介绍了冷链物流智能化的问题，“新希望每年有500万吨左右的肉蛋奶产品必须通过冷链物流车进行配送，目前我们调研的冷链物流智能化的现状是，部分个体户冷链物流车与第三方冷链物流公司数字化体系相互合作的模式，能使冷链物流的损耗率大大降低，提高冷链物流的水平。”刘永好建议，要大力支持冷链物流个体户的发展，在他们进城配送政策上给予一定倾斜支持，对于冷链物流企业则要在规划中针对智慧物流的需求预留一定土地、投资和税收优惠的空间。

（3）“刚柔并济”优化营商环境

一个共识是，相比传统物流，无人机物流具有点对点、低碳排放、地域限制小、节省人力等优势，可有效打通物流运输第一公里和最后一公里，为解决产品下乡和山货出山提供空中通道。

2019年国家批复的13个无人机发展试验区中，有2个无人机物流发展试验区，3个城市无人机物流配送试点区，部分物流企业已在10余个省市开展配送业务。

既然是试点，就意味着需要一个探索的过程。李健通过梳理调研发现的问题，建议有关部门加强顶层设计和扶持力度，加快推动低空空域开放，“建议由工信部、民航局牵头，充分考虑无人机物流的市场需求，平衡商业利益、航行安全、民众隐私保护等多方面关系，建立基于风险分类的适航、人员、运行安全、监管规章标准，构建系统科学的无人机物流法规体系。”李健说。

任何一种新业态的发展，要避免无序化，一定是支持与监管并重。

“随着智慧物流的快速发展，对政府的监管方式也提出了越来越高的要求，但从调研的情况看，政府在监管上还有些‘跟不上趟’。”全国政协委员，南方科技大学代理副校长金李在调研中遇到不少具体事例，“建立国家智慧物流信用平台，为物流公司和货主等市场主体建立统一身份编码，记录物流交易信息，建立物流信用体系，为全程有效监管提供数据来源。”金李提出建议。

谈到智慧物流，离不开乡村振兴这个切切实实的“大场景”。

全国政协委员，西昌学院院长贺盛瑜来自四川凉山彝族自治州，她为大家带来的正是智慧物流赋能乡村电商、助力乡村振兴的“报道”：

“在我的家乡凉山，许多农民成为‘新农人’，手机变成了‘新农具’，直播带货成为

'新农活'。比如去年，泸沽湖边的盐源苹果在拼多多等电商平台同类农产品中排名第一；红军长征经过的会理县石榴通过铁路运输卖到了俄罗斯。"贺盛瑜的喜悦之情溢于言表。

同样地，贺盛瑜也深知，部分乡村尤其是山区的地形地貌、文化差异等对智慧物流的挑战也不小，为了让物流服务精准到"最后一公里"，成为老百姓看得见、体验得到的幸福，她建议，以智慧物流建设为契机，加快弥补乡村物流基础设施短板。"政府应增强前瞻性规划，利用先进的信息技术和网络技术改造传统农产品物流模式，建立覆盖县城、乡镇、乡村的三级配送体系，推动智慧物流与乡村电商协同发展。"贺盛瑜说。

货畅其流，物通天下。在大数据技术的支撑和应用下，智慧物流的腾飞已成发展之势。相信随着"智能化"对物流相关"痛点"的打通，智慧物流一定能成为畅通国内大循环、促进国内国际双循环的重要支撑。

（资料来源：中国人民政治协商会议全国委员会官网，http://www.cppcc.gov.cn/zxww/2022/01/17/ARTI1642387623130422.shtml）

课后思考题

（1）大数据与物联网、云计算和人工智能的区别和联系分别是什么？

（2）在智慧物流领域中，大数据能发挥什么作用？

（3）在每年的"618"和"双十一"中，大数据起了什么作用？

第10章 区块链技术

引导案例

京东物流可信供应链物流服务平台

工业和信息化部办公厅公布2022年曾公布区块链典型应用案例名单，京东物流可信供应链物流服务平台作为“区块链 + 实体经济”的标杆案例入选。

京东物流首创的基于区块链技术实现物流签单返还的供应链运营模式，不仅能够有效降低纸质运单成本，提升运营效率和消费者体验，还将大量减少物流快递行业使用纸质单据带来的碳排放，是供应链物流行业低碳可持续创新过程中重要的“脱碳”技术。

京东物流基于区块链的供应链物流单证服务平台能够解决传统纸质单据签收不及时、易丢失、易篡改，管理成本高的问题。数字签名技术让单据异常及时处理不再是难题，在物流配送过程中发现异常后能及时修正，并实时将修改的数据上链，双方运营结算人员可以及时获取准确的数据，实现单据流与信息流合一，也为监管机构提供了便利。利用联盟链技术和物流供应链核心企业优势，还可以衍生出更多的应用场景，如利用区块链上可信的单据与交易数据，为供应链金融提供保理服务，解决中小企业融资难，融资成本高的问题。

对消费者而言，区块链结合物联网、RFID、LBS等技术能充分确保商品物流状态的真实性、完整性、可靠性，将进一步减少包裹丢失、调包等物流异常问题的发生，大幅提升快递收寄体验。

此外，单据的数字化运营也为物流行业实现“碳中和”提供技术支持。据了解，每少使用1万张纸约等于少砍伐3棵树。国家邮政局公布的数据显示，2022年中国快递业务量完成1105.8亿件，每年千亿的快递量至少会产生千亿张纸质单据，而使用链上签产品实现无纸化运营后，将真正实现“零碳”电子回单，根据《快递业温室气体测算方法》预计可减少超过75万吨碳排放量，同时还能避免回单的二次物流快递碳排放量，有效地保护植被面积，增加森林碳汇。

作为中国领先的技术驱动的一体化供应链物流服务商，京东物流始终聚焦“成本、效率、体验”，协同上下游致力于实现供应链全链路降本增效。同时，将自身积累的新型实体企业发展经验和长期技术投入所带来的数智化能力持续开放，服务实体经济和绿色生态，持续创造社会价值。

（资料来源：《工信部公布2022年区块链典型应用案例，京东物流可信供应链物流服务平台上榜》，央广网，2023年2月16日。）

案例解析

作为数字经济时代的重要底层支撑技术之一，区块链技术在推动数字产业化、健全完善数字经济治理体系、强化数字经济安全体系中发挥着重要作用，这项技术更多地进入了各行各业的复杂场景中，助力多业务主体的可信协作。在供应链物流领域，企业与企业、企业与个人之间的信用签收凭证大部分还采用纸质单据和手写签名的方式，成本高、效率低，还存在监管不及时、破坏生态环境等问题。利用区块链技术的优势，可以很好地解决供应链的许多问题。

案例主要知识点

区块链技术、联盟链。

学习导航

◈ 掌握区块链的基本理论。

教学建议

◈ 备课要点：区块链的基本理论、区块链的架构。

◈ 教授方法：案例、讲授、实证、启发式。

◈ 扩展知识领域：物流（供应链系统）中区块链的应用。

10.1　区块链概述

区块链起源于比特币，2008 年 11 月 1 日，中本聪（Satoshi Nakamoto）发表了《比特币：一种点对点的电子现金系统》一文，阐述了基于 P2P 网络技术、加密技术、时间戳技术、区块链技术等的电子现金系统的构架理念，这标志着比特币的诞生。两个月后，理论步入实践，2009 年 1 月 3 日第一个序号为 0 的创世区块诞生。2009 年 1 月 9 日出现序号为 1 的区块，并与序号为 0 的创世区块相连接形成了链，标志着区块链的诞生。

10.1.1　什么是区块链

区块链包括三个基本概念：交易、区块、链。

（1）交易（Transaction）

一次对账本的操作，导致账本状态的一个改变，如添加或删除一条转账记录、修改转账金额等。

（2）区块（Block）

记录一段时间内发生的所有交易和状态结果，是对当前账本状态的一次共识。

（3）链（Chain）

由区块按照发生顺序串联而成，是整个账本状态变化的日志记录。

如果把区块链看作一个状态机，则每次交易就是试图改变一次状态，而每次共识生成的区块，就是参与者对于区块中交易导致状态改变的结果进行确认。

目前并没有十分准确的区块链定义，从字面意思上看，区块链是一个又一个区块组成的链条。区块链的每一个区块中保存的一定的信息，它们按照各自产生的时间顺序连接成链条。这个链条被保存在所有的服务器中，只要整个系统中有一台服务器可以工作，整条区块链就是安全的。

狭义的区块链是按照时间顺序，将数据区块以顺序相连的方式组合成的链式数据结构，并以密码学方式保证的不可篡改和不可伪造的分布式账本。

广义的区块链技术是利用块链式数据结构验证与存储数据，利用分布式节点共识算法生成和更新数据，利用密码学的方式保证数据传输和访问的安全、利用由自动化脚本代码组成的智能合约，编程和操作数据的全新的分布式基础架构与计算范式。

根据中华人民共和国工业和信息化部指导发布的《中国区块链技术和应用发展白皮书2016》解释：广义来讲，区块链技术是利用块链式数据结构来验证与存储数据、利用分布式节点共识算法来生成和更新数据、利用密码学的方式保证数据传输和访问的安全、利用由自动化脚本代码组成的智能合约来编程和操作数据的一种全新的分布式基础架构与计算范式。

10.1.2 区块链的特征

（1）去中心化

区块链技术不依赖额外的第三方管理机构或硬件设施，没有中心管制，除了自成一体的区块链本身，通过分布式核算和存储，各个节点实现了信息自我验证、传递和管理。去中心化是区块链最突出最本质的特征。

（2）开放性

区块链技术基础是开源的，除了交易各方的私有信息被加密外，区块链的数据对所有人开放，任何人都可以通过公开的接口查询区块链数据和开发相关应用，因此整个系统信息高度透明。

（3）独立性

基于协商一致的规范和协议（类似比特币采用的哈希算法等各种数学算法），整个区块链系统不依赖其他第三方，所有节点能够在系统内自动安全地验证、交换数据，不需要任何人为的干预。

（4）安全性

只要不能掌控全部数据节点的51%，就无法肆意操控修改网络数据，这使区块链本身变得相对安全，避免了主观人为的数据变更。

（5）匿名性

除非有法律规范要求，单从技术上来讲，各区块节点的身份信息不需要公开或验证，信息传递可以匿名进行。

10.1.3 区块链的分类

根据参与者的不同，可以把区块链分为：公有（Public）链、私有（Private）链和联盟（Consortium）链。

（1）公有链

公有链是区块链的重要组成部分，信息完全公开，任何人都可以访问公有链，参与协商过程，决定哪些区块可以添加到区块链中。公有链对所有人开放，任何互联网用户都能够随时加入并任意读取数据，发送交易和参与区块的共识过程。比特币和以太坊等虚拟货币系统就是典型的公有链系统。

公有链主要采用工作量证明机制和权益证明机制等。但是公有链系统的安全性同时伴随着吞吐量低的缺陷，导致数据上传速度、调取智能合约速度显著变慢。

（2）私有链

私有链是专门服务一个组织或某一简单业务的区块链，由集中管理者进行管理限制，只有内部少数人可以使用，信息不公开。私有链有很大的封闭性和排他性，通常在一个较小的范围实施，由于其目标单一，所以构建相对简单。私有链目前还不能完全解决信任问题，各节点之间虽彼此透明但不对外公开，仅限于有信任关系的个体之间使用。与公有链不同的是，只有被授予权限的计算机才能参与私有链网络，交易速度也比公有链快得多。主要采用拜占庭容错机制，典型应用为多链（Multichain）等。

（3）联盟链

联盟链介于公有链和私有链之间，是一个特定的区块链，由若干组织一起合作维护一条区块链，该区块链的使用必须是带有权限的限制访问，相关信息会得到保护。

联盟链拥有维护分布式共享数据库的授权节点。仅由一组具有利益相关的特定区块链服务客户使用，仅有授权节点可接入，接入节点可按照规则参与共识和读写数据的一类区块链部署模型。主要采用拜占庭容错机制和授权证明机制等，与公有链相比，联盟链的承载能力更符合实际，典型应用为超级账本等。

供应链机构或银行联盟通常使用联盟链。

在上述三种区块链中，公有链更容易吸引市场和媒体的眼球，但更多的商业价值会在联盟链和私有链上落地。

详细对比如表 10-1 所示。

表 10-1　区块链类型对比

类　型	公有链	私有链	联盟链
参与者	任何人	个体或者公司内部	联盟成员
共识机制	PoW、PoS、DPoS 等	PBFT 等	PBFT、DPoS 等
记账人	所有参与者	内部自定义	联盟成员协商定义
激励机制	需要	不需要	可选
中心化程度	去中心化	弱中心化	多中心化
承载能力	每秒 3 ~ 20 笔	每秒 1000 ~ 10000 笔	每秒 1000 ~ 10000 笔
应用场景	比特币、以太坊等	多链等	超级账本等

10.1.4 区块链的演变

（1）区块链 1.0

2008 年，中本聪提出了去中心化加密货币——比特币的设计构想。2009 年，比特币系统开始运行，标志着比特币的正式诞生。比特币作为一种新型的数字货币，是区块链技术最成功的应用场景之一。比特币由分布式网络中的每个节点进行管理，各个节点都添加一个工作量证明的共识过程，用来对比验证且记录比特币在网络中的所有交易。比特币在全球范围内是区块链 1.0 时代最典型的一个代表。

（2）区块链 2.0

区块链 2.0 阶段将数字货币和智能合约紧密地结合到一起，优化了更加广阔的信息技术领域的市场和应用。区块链 2.0 定位于智能合约的应用平台，在该平台上可以上传和执行各类智能合约，并且智能合约的签订能得到及时有效的监督和保障。且应用平台可以利用智能合约与其他外部 IT 系统进行交互及信息处理，实现各种业务的应用。

（3）区块链 3.0

随着物联网技术的飞速发展，区块链技术进入 3.0 阶段。区块链网络以服务器分散化架构为基础，彻底改变了现有以服务器集中为中心的网络模式，形成了分散式全分布式结构，提高了整体网络系统的质量和工作效率。区块链 3.0 技术是基于价值的互联网内核。价值互联网是自出现于移动信息互联网之后的一种新兴理论观念，是移动网络在大众中普及以后才出现的一种高级互联网模式。

10.1.5 区块链认识上的误区

目前，由于区块链自身仍是一种相对年轻的技术，不少人对区块链的认识还存在一些误区。下面是需要注意的一些问题。

（1）区块链不等于比特币

虽说区块链的基本思想诞生于比特币的设计中，但发展到今日，比特币和区块链已经俨然成为两个不大相关的技术。前者更侧重从数字货币角度发掘比特币的实验性意义；后者则从技术层面探讨和研究可能带来的商业系统价值，试图在更多的场景下释放智能合约和分布式账本带来的科技潜力。

（2）区块链不等于数据库

虽然区块链也可以用来存储数据，但它要解决的核心问题是多方的互信问题。单纯从存储数据角度看，它的效率可能不高，也不推荐把大量的原始数据放到区块链系统上。当然，现在已有的区块链系统中，数据库相关的技术十分关键，直接决定了区块链系统的吞吐性能。

（3）区块链并非一门万能的颠覆性技术

作为融合多项已有技术时出现的新事物，区块链与现有技术的关系是一脉相承的。它在解决多方合作和可信处理上向前多走了一步，但并不意味着它是万能的，更不会彻底颠覆已有的商业模式。很长一段时间里，区块链所适用的场景仍需不断摸索，并且跟已有系统也必然是长期合作共存的关系。

区块链技术不适用的场景如下。

（1）高性能（毫秒级）交易。

（2）小型组织（无商业网络）。

（3）寻找数据库的替代方案。

（4）寻找消息传递的解决方案。

（5）寻找交易处理的替代方案。

10.2　区块链基本理论

10.2.1　区块链的核心技术

区块链的核心技术包括分布式账本、非对称加密、共识机制和智能合约。

（1）分布式账本

分布式账本是指交易记账由分布在不同地方的多个节点共同完成，而且每一个节点记录的是完整的账目，因此，它们都可以参与监督交易合法性，同时也可以共同为其作证。

跟传统的分布式存储有所不同，区块链的分布式存储的独特性主要体现在两个方面：一是区块链每个节点都按照块链式结构存储完整的数据，传统分布式存储一般是将数据按照一定的规则分成多份进行存储。二是区块链每个节点存储都是独立的、地位等同的，依靠共识机制保证存储的一致性，而传统分布式存储一般是通过中心节点往其他备份节点同步数据。没有任何一个节点可以单独记录账本数据，从而避免了单一记账人被控制或者被贿赂而记假账的可能性。由于记账节点足够多，理论上讲，除非所有的节点被破坏，否则账目就不会丢失，从而保证了账目数据的安全性。

（2）非对称加密

非对称加密算法是一种密钥的保密方法，需要两个密钥：公钥和私钥，公钥与私钥是一对。

如果用公钥对数据进行加密，只有用对应的私钥才能解密，从而获取对应的数据价值；如果用私钥对数据进行签名，那么只有用对应的公钥才能验证签名，验证信息的发出者是私钥持有者。

存储在区块链上的交易信息是公开的，但是账户身份信息是高度加密的，只有在数据拥有者授权的情况下才能访问到，从而保证了数据的安全和个人的隐私。

（3）共识机制

共识机制就是所有记账节点之间怎么达成共识，去认定一个记录的有效性，这既是认定的手段，也是防止篡改的手段。区块链提出了四种不同的共识机制，适用于不同的应用场景，在效率和安全性之间取得平衡。

区块链的共识机制具备“少数服从多数”以及“人人平等”的特点，其中“少数服从多数”并不完全指节点个数，也可以是计算能力、股权数或者其他的计算机可以比较的特征量。“人人平等”是当节点满足条件时，所有节点都有权优先提出共识结果，直接被其他节点认同后并最后有可能成为最终共识结果。以比特币为例，采用的是工作量证明，只有在控制了全网超过 51% 的记账节点的情况下，才有可能伪造出一条不存在的记录。当加入区块链的节点足够多的时候，这基本上不可能，从而杜绝了造假的可能。

（4）智能合约

智能合约是基于可信的不可篡改的数据，可以自动化地执行一些预先定义好的规则和条款。以保险为例，如果说每个人的信息（包括医疗信息和风险发生的信息）都是真实可信的，那就很容易地在一些标准化的保险产品中，去进行自动化的理赔。在保险公司的日常业务中，虽然交易不像银行和证券行业那样频繁，但是对可信数据的依赖是有增无减。因此，笔者认为利用区块链技术，从数据管理的角度切入，能够有效地帮助保险公司提高风险管理能力。具体来讲，主要分投保人风险管理和保险公司的风险监督。

10.2.2 区块链体系架构

目前各类区块链平台所采用的体系架构大同小异，均可从底向上划分为数据层、网络层、共识层、合约层和应用层五个层次，如图 10-1 所示。

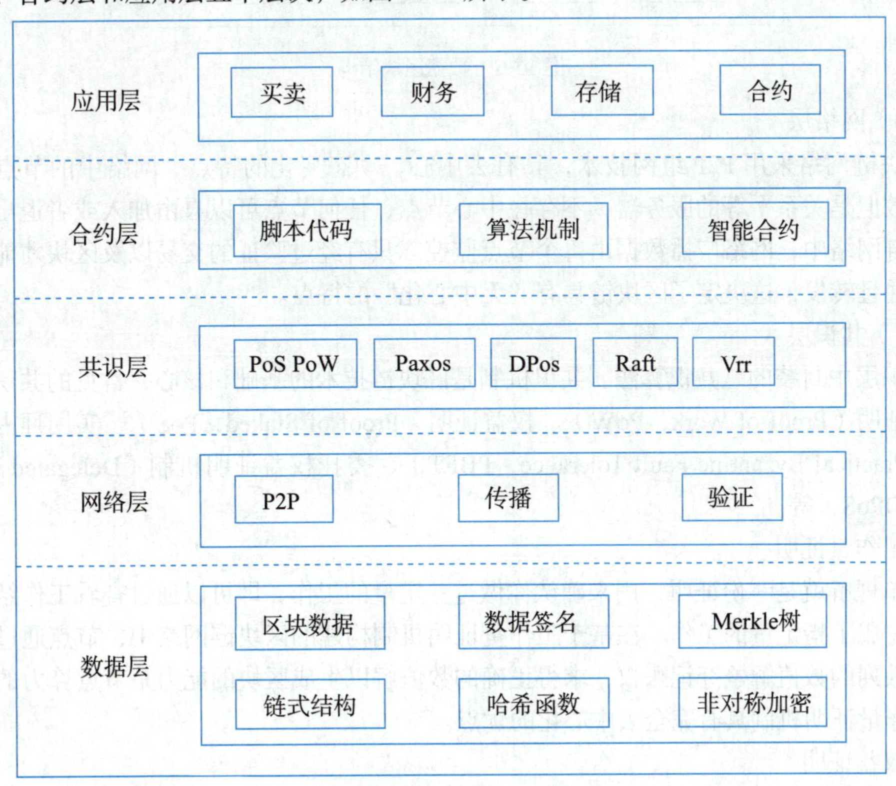

图 10-1 区块链体系架构

（1）数据层

数据层既规定了交易、区块、链式结构在内的狭义区块链的数据结构和存储形式等基本模块，也包括了关于用户身份、地址的密钥管理机制以及区块链所需的其他密码学组件等安全模块，是实现其他五层功能的基础。数据区块由区块头和区块体组成，前一个区块节点生成的哈希值将独立的区块连接在一起，形成了区块链，如图 10–2 所示。

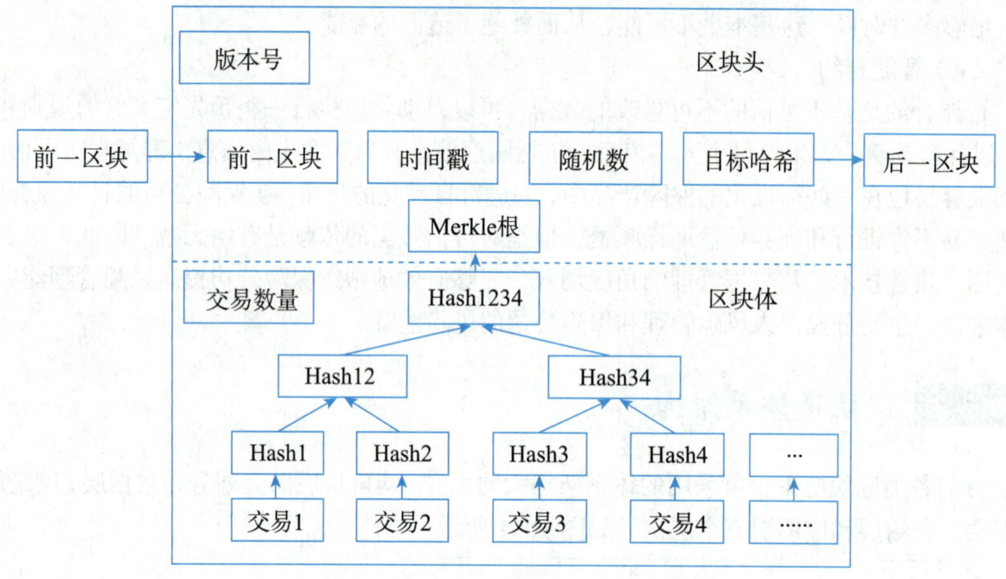

图 10–2　数据区块结构

（2）网络层

区块链网络采用 P2P 组网技术，具有去中心、动态变化的特点。网络中的节点是地理位置分散但是关系平等的服务器，不存在中心节点，任何节点可以自由加入或者退出网络。在区块链网络中，网络广播数据由每个节点监控。只有经过验证的交易以及区块才能够被用户处理并且转发，这决定了区块链具有“无中心化”的特点。

（3）共识层

共识层中封装的是共识算法，共识机制是区块链技术的基础和核心，常见的共识机制有工作量证明（Proof of Work，PoW）、权益证明（Proof of Staked，PoS）、实用拜占庭容错协议（Practical Byzantine Fault Tolerance，PBFT）、委托权益证明机制（Delegated Proof of Stake，DPoS）等。

①工作量证明

简单理解就是一份证明，用来确认你做过一定量的工作，即可以通过查看工作结果就能知道你完成了指定量的工作。在基于工作量证明机制构建的区块链网络中，节点通过计算随机哈希散列的数值解争夺记账权，求得正确的数值解以生成区块的能力是节点算力的具体表现。工作量证明机制具有完全去中心化的优点。

②权益证明

要求证明人提供一定数量加密货币的所有权即可。

③拜占庭容错共识协议

该协议是由“拜占庭将军问题”衍生出来的共识算法。

拜占庭将军问题是 Leslie Lamport 在 10 世纪 80 年代提出的一个假想问题。拜占庭是东罗马帝国的首都，由于当时拜占庭罗马帝国国土辽阔，每支军队的驻地分隔很远，将军们只能靠信使传递消息。发生战争时将军们必须制订统一的行动计划。然而，这些将军中有叛徒，叛徒希望通过影响统一行动计划的制订与传播，破坏忠诚的将军们一致的行动计划。因此，将军们必须有一个预定的方法协议，使所有忠诚的将军够达成一致。而且少数几个叛徒不能使忠诚的将军作出错误的计划。也就是说，拜占庭将军问题的实质就是要寻找一个方法，使得将军们在一个有叛徒的非信任环境中建立对战斗计划的共识。

在分布式系统中，特别是在区块链网络环境中，也和拜占庭将军的环境类似，有运行正常的服务器（类似忠诚的拜占庭将军），还有故障的服务器，有破坏者的服务器（类似叛变的拜占庭将军），即拜占庭错误节点。共识算法的核心是在正常的节点间形成对网络状态的共识。

④委托权益证明

与 PoS 原理相似，区别在于节点选取若干代理人，由代理人验证和记账。比如轮到代理人记账时他们没能完成则会被除名，网络会选出新的节点来取代他们。DPoS 的每个客户端都有权力决定哪些节点可以被信任。

表 10-2 对常见的四种主流共识协议进行了详细的对比和分析，其中，N 表示系统中的总结点数，f 表示允许出现故障的节点数，S 表示每秒交易数。

表 10-2 主流共识协议对比

共识算法	PoW	PoS	PBFT	DPos
应用范围	公有链	公有链	联盟链	联盟链、公有链
应用场景	比特币系统	以太坊、Peercion①	Hyperledger Fabric②	Eos③
拜占庭容错	N>2f+1	N>2f+1	N>3f+1	N>2f+1
带宽要求	低	低	高	低
可拓展性	强（节点数小于十万）	强	弱（节点数低于一百）	弱
去中心化程度	高	高	低	低
能耗	高	低	低	低
吞吐量	S ≤ 10	S>1000	S ≤ 3000	S>100
算力要求	高	高	低	低
商业化程度	低	高	高	高

注①：Peercion，点点币，一种加密电子货币。

②：Hyperledger Fabric 是分布式账本技术的一种实现。

③：Eos：Enterprise Operation System，为商用分布式应用设计的一款区块链操作系统。

（4）合约层

合约层系统封装了每一个代码层的脚本以及其他算法的实现机制，这是如何使整个区块链系统达到编程性的重中之重。智能合约是一种部署在区块链上的数字协议，可以根据规定自动执行。算法和编程共同编制的合同条款可以根据需要进行编码并部署到区块链中，区块链可以由平台自动执行。

（5）应用层

应用层是用来实现区块链系统和应用系统互相交互的接口层。用户不必掌握区块链相关的专业知识，只需要直接调用该层所提供的一个标准接口，就可以正确地使用该应用层预先定义的各类应用。目前市场上较为主流的应用仍然是以数字货币交换为主，同时存在着一些其他的去中心化应用。

10.2.3 区块链的应用

IBM 在 2016 年就推出了一个区块链供应链服务，客户可以在云环境中测试基于区块链的供应链应用来追踪高价值商品，区块链初创企业 Everledger 使用了该项服务来推动钻石供应链实现透明度。在国内 IBM 也与易见股份合作了“易见区块链应用”，用于医药供应链及供应链金融领域。微软推出的区块链供应链项目 Project Manifest 也已经吸引了 13 家合作伙伴，行业涉及汽车零部件、医疗设备等。

国外如 Skuchain 主要开发区块链供应链的解决方案，解决贸易融资当中的痛点，实现无纸化；Everledger 主要开发钻石防伪的区块链应用；Chronicled 利用区块链技术来帮助验证收藏类运动鞋；BlockVerify 主打药品的追踪溯源等。

在国内，众安科技推出了一项基于区块链技术的鸡养殖追踪系统；区块链初创公司食物优提供了一套基于区块链技术的农场供应链客户系统，已对接全球 500 多家农场，在提供验证溯源服务的同时，还会提供基于物联网的农业大数据分析，精准营销获客等服务，以增加服务附加值；唯链（VeChain）开发了一个基于区块链技术的透明供应链平台，与 Chronicled 类似，也是从奢侈品流通溯源入手，已经和 10 多个行业客户展开合作；等等。

（1）区块链技术在供应链管理中的应用

区块链技术可用于供应链全流程的数据存储。在供应链管理中，物流只是其中一个环节，商品从原料到生产销售的过程中，每个主体的信息都分别各自存储，会导致供应链各成员间信息严重不对称，每个环节都有造假的可能性。一旦产品出现问题，无法追溯是在哪个环节出现问题，最终损害消费者的利益，还有可能导致企业和品牌的形象在消费群体的口碑下降，影响产品的最终销售推广，损害企业的利益和发展。

将供应链全流程的数据利用区块链技术进行存储，可实现产品的溯源查询。以家用电器为例，从原材料到产成品销售的过程包括原料的采购、零部件的制造、成品组装、仓库存储、销售和物流运输。在原材料环节给定唯一的身份标识，利用区块链的特性在每个环节都将原始数据及变化数据上链存储，实现产品全流程可追溯。为消费者和上下游企业都提供了产品的防伪追溯途径，使产品生命周期的数据公开透明化。同时产品生命周期数据在区块链上的存储，将供应链上下游企业绑定在一起。每个企业的生产数据均在区块链上有记录，若供应链中某个环节的数据发生问题可通过区块链验证追溯。这种绑定关系可有效地改善企业间的互信程度，在企业之间形成良好的信用基础。为企业的深度合作建立信任的基石，简化企业间业务互通协作流程，提高企业间业务往来的协同效率。

（2）区块链技术在生鲜农产品物流的应用

从生鲜农产品行业视角看，区块链优化其物流的节点表现在以下几个方面。一是运用区块链的交易记账特点促进生鲜农产品物流各个环节的利益公开，便于社会和群众监督。交易记账由多个端点分批进行上传、共同完成，统计内容包括每个环节的账目数据，通过对每一个环节的监督，不仅使所有主体都更加重视信用建设，也可以促使整个生鲜农产品物流利益分配更加合理。二是运用区块链的溯源技术对生鲜农产品从供应商到销售商的运输过程进行溯源。即使是在农产品生产端，农户和生产企业也可以将每日的作业、用料等信息制表上传，由相关机构检测人员抽查，形成可以出具认证的材料，供下一级经销商和广大消费者监督，成为其进行消费选择的重要依据，无形中提升消费者对生鲜农产品的信心。三是运用区块链技术的整编功能，针对生鲜农产品的生产、加工、物流及销售环节，通过发送智能合约寻求合作对象与交易方，从而减少生鲜农产品物流成本，有效解决当前生鲜农产品物流中信息不对称的问题，避免出现好东西运不出来或运行成本较高的冷链物流车辆空载等现象，不断提高物流产业链的经济效益。四是运用区块链信息实时上传共享特点，形成生鲜的农产品物流信息共享机制，实现对资源的有效整合利用，减少生鲜农产品转运、等待时间，并通过提升配送效率，最大限度保障生鲜农产品质量，给消费者以更好的消费体验。

（3）区块链在供应链金融领域的应用

在供应链金融领域，基于区块链账本记录的可追溯和无法篡改性，整合供应链上下游企业的真实背景及贸易信息，有利于提高供应链金融行为的安全审计和行业监管效率，降低监管成本。此外，区块链技术在供应链金融领域的应用能够为企业进行增信，有助于企业降低融资成本。当前，通过业内企业与区块链技术服务企业的合作，一批基于区块链的供应链金融服务平台相继启动或上线，成为我国供应链金融业务创新的重要方向。例如，布比与互联网金融平台钱香合作并共同打造了基于区块链技术的黄金珠宝终端供应链金融平台；点融网和富士康集团旗下的金融平台富金通合作推出了“Chained Finance”区块链金融平台。2018年6月，华夏银行“链通雄安—区块链—供应链”首笔放款成功落地。“链通雄安”以雄安集团信用为基础，以银企直联方式接入雄安集团区块链项目管理平台系统，利用区块链平台数据溯源、行为规范、资金管理等功能，为建设雄安的分包商解决工人工资发放、原材料采购等资金问题。2018年10月，赛迪（青岛）区块链研究院、青岛地铁金控、齐鲁银行青岛分行和青岛闪收付公司联合编写并发布《区块链＋供应链金融白皮书》，将供应链金融，区块链和其他延伸业务有机结合，逐渐延伸至跨境支付、票据、资产证券化、银行征信等领域。2018年11月，全国首家运用于跨境供应链的区块链贸易金融结合运用平台在厦门自贸片区正式上线，标志着厦门自贸片区在供应链创新与应用试点中有了新的突破。

（4）区块链技术在招标采购中的应用

区块链技术可以很好地满足招标采购过程的公信力需求，并把公信力抽象出来作为一个独立的而不是由政府或者第三方组织掌控的存在，形成政府、大众、区块链与公信力相互监督的新格局。其信任是建立在区块链技术上的，而非单个组织掌控，从而公信力可以被对方交叉验证与监督。

在招标领域，可以利用区块链技术的可追溯性有效保障投标文件的原始数据信息不被伪造，通过验证数据区块的时间戳功能，防止信息丢失或是被恶意篡改骗取中标情况，构建安全透明、不可篡改的投标企业体系，被验证的企业体系还可作为招标评标依据，实现自公证、自防伪。区块链系统同时能够监督区块链的发展状态，实现各节点的人人监督，避免招标人与投标人内外勾结等串标行为；通过投标文件在联盟链上的不可篡改验证，还可以防止各投标人之间的内部串标，由此从根本上杜绝各种陪标、串标、围标等行为的发生。

将区块链可溯源技术用在招标领域，既可用于对投标企业进行追踪溯源，像供应链一样追踪到企业信息源头，又可向投标企业共享信息，追踪评标过程，使有权限的人员可以调取相关记录，将评标信息透明化，搭建起政府、招标人与投标企业之间的桥梁。区块链将这些评标记录永远保存在区块链网络上，既无法抹去也不能修改，可以随时溯源调看，成为永远抹不掉的烙印。

当招标项目的中标信息确认后，客户端可以根据招标文件要求与中标人的投标文件响应情况编写区块相关应用程序（智能合约），无须人为干涉与管控的情形下完成复杂交易过程，自动处理项目进展的认证、检验、结算等任务，无须再经过人为的手工操作确认，方便、快捷、高效，且必须按照合同流程操作，提前进场会使区块链的时间戳混乱导致智能合约无法推进，进而暴露招标人与投标人之间的暗箱操作行动。智能合约使得整个操作流程的数据信息真实可信且不可篡改，加强了安全保障，涉及的所有相关交易与合约信息也将会永久保存。

10.3 我国区块链发展分析[1]

10.3.1 我国区块链发展总体现状

（1）政策驱动技术产业应用全面发展

一是顶层设计加快完善，产业发展路线图和时间线愈加明确。2021 年 3 月，《中华人民共和国国民经济和社会发展第十四个五年规划和 2035 年远景目标纲要》将区块链列为数字经济七大重点产业之一。“十四五”规划纲要明确提出，要推动智能合约、共识算法、加密算法、分布式系统等区块链技术创新，以联盟链为重点发展区块链服务平台和金融科技、供应链管理、政府服务等领域应用方案，完善监管机制。2021 年 6 月，为准确把握区块链发展的机遇和挑战、注重区块链产业与国家整体发展战略的协同，工业和信息化部、中央网络安全和信息化委员会办公室发布了《关于加快推动区块链技术应用和产业发展的指导意

[1] 赛迪区块链研究院，《2021 年中国区块链年度发展白皮书》，2022 年。

见》，指导意见提出从标准体系、技术平台、质量品牌、网络安全、知识产权等方面着力提升区块链产业基础能力。进一步明确了赋能实体经济、提升公共服务、夯实产业基础、打造现代产业链、促进融通发展等发展区块链的重要任务。指导意见是国家首次为区块链产业制定明确的发展路线图和时间表。“十四五”规划纲要和指导意见的出台标志着我国区块链产业顶层设计的进一步完善。

二是政策助推行业应用发展，应用推广与技术融合成为布局重点。为积极引导我国区块链技术和应用发展，各部委积极响应国家总体布局规划，积极探索区块链产业发展方向。2021年各部委发布的区块链相关政策共计52项，文件涉及多个部门领域，指导范围不断扩大。自2016年至2021年，我国各部委出台的区块链政策文件数量稳步上升。多个部委积极推动区块链融合应用与发展，以区块链为抓手，探索国家经济社会高质量发展新思路。

三是各地方完善配套细化政策，重点打造名园、名企、名品。各地方政府积极响应扶持和鼓励区块链相关产业的发展，以顶层设计为统领，进一步细化相关配套政策，加快培育区块链名品、名企、名园，夯实区块链发展基础，助推技术应用落地。各地发布的区块链相关政策内容所涉领域更加多样化，涉政务、工业、农业、金融、商贸、社会治理、生物医药等多个领域。同时多项政策强调区块链与物联网、云计算、大数据、人工智能等其他新一代信息技术的融合攻关与应用。“区块链+”逐步成为各地政府推动区块链产业的工作重点。

（2）标准规范成果显著，体系建设有序推进

据全国标准信息公共服务平台、全国团体标准信息平台、企业标准信息公共服务平台以及赛迪区块链研究院不完全统计，截至2021年年底，我国共研究或制定区块链标准超150项，其中包含8项国家标准、3项行业标准、18项地方标准、70项区块链团体标准以及54项企业标准。2021年新增82项区块链相关标准，占现有区块链标准总数的53%。

（3）科研实力持续增强，技术发展稳中有升

一是区块链研究团队持续壮大，基础研究能力不断提升。据统计，截至2021年年底，我国区块链研究机构数量已达114家，其中2021年新增加3家。从研究机构牵头主体方面来看，我国区块链研究机构国家级、省市级、高校、企业参与主体占比分别为10%、23%、30%、37%。对比2020年数据，国家牵头、企业牵头建立的区块链研究机构数量占比略有下降，省市牵头、高校牵头建立的区块链研究机构数量占比略有上升，企业高校依旧是我国区块链研究机构的主体。从研究机构的地域分布来看，当前我国区块链研究机构主要集中在北京、上海、杭州、南京、贵阳、重庆、成都、青岛等地区，2021年新增区块链研究机构集中在北京市与重庆市，以上城市在科研环境、科研领域投入、教育资源、科研创新基础等方面具有较大优势。

二是区块链研发基础不断夯实，研发领域不断拓展。近年来，国内高校积极推动区块链技术研究，加速打造区块链学术和技术攻坚基地。2020年教育部出台《高等学校区块链技术创新行动计划》，要求到2025年，培育汇聚一批区块链技术攻关团队，推动若干高校成为我国区块链技术创新的重要阵地，一大批高校区块链技术成果为产业发展提供动能。

三是专利申请授权数量全球领先，发明专利比重较高，企业成为专利申请的中坚力量。

从专利申请数量看，截至 2021 年年底，中国区块链专利总申请量达 38196 个。从 2021 年全球区块链技术来源地区看，中国区块链申请量达 15985 个，占全球申请总量的 84%，位居世界第一。

（4）产业规模增长强劲，成为数字经济发展新引擎

2021 年在政策与市场的双轮驱动以元宇宙、数字藏品等热门领域的带动下，我国区块链产业加速发展，产业规模不断攀升。我国区块链相关机构大多以提供软件开发信息技术服务为主，围绕着数字资产的发展，衍生出计算芯片、信息系统、网络系统、交易服务、媒体等诸多行业形态，脉络逐步清晰。2021 年，我国区块链产业规模不断扩大，据统计，我国区块链全年产业规模由 2016 年的 1 亿元增加至 2021 年的 65 亿元，增速明显。

（5）行业应用多向拓展，新兴领域活力渐显

在国家和各地区政府的大力支持以及行业市场的需求带动下，2021 年我国区块链应用加速推进。行业应用持续纵深发展，实体经济应用场景加速拓展，工业与农业应用数量显著提升。2021 年，我国区块链已在金融领域、政务领域、物流溯源、司法领域、医疗领域、公益慈善、社区管理、交通出行和征信领域等众多领域落地实施，2021 年全年落地的应用项目数量约 336 个，同比 2020 年稍有下降。从整体上来看，当前我国区块链行业应用仍处于积极探索和推进时期，2021 年以来，区块链应用逐步从全行业大范围扩张向探索适配程度高的具体应用场景转变，由探索区块链技术的可行性向真正业务场景落地转变，部分产业应用已经由试点实验阶段逐渐进入应用推广阶段。

10.3.2 我国区块链发展面临问题

（1）核心技术有所突破，但技术平台发展受限

核心技术自主创新是我国区块链产业发展的最大瓶颈，是制约产业发展的重要因素，现有创新技术的广泛应用是凸显技术经济效益的关键。当前，虽然我国的多项区块链技术已经取得突破，但仍然存在较多问题。一是相关支持技术的性能有待提高。区块链技术的大范围广泛应用，需要高速数据通信网络和超级算力的支持，目前我国的网络传输效率和算力水平远不能支持区块链技术的大规模深层次应用。二是国产区块链底层平台仍需加大创新力度。当前，我国大多数的区块链底层平台仍过多依赖于国外基础技术架构，被核心技术“卡脖子”的风险依然存在，缺少自主研发的区块链软硬件技术体系。三是区块链底层创新平台应用推广有待深入。目前，我国已有长安链等自主创新区块链底层平台，但这些平台产品的进一步应用和推广缺少规划和方向。

（2）解决方案持续更新，但场景推广性较差

区块链与实体经济深度融合是新型基础设施建设时代，是快速实现产业升级与数字经济高质量发展的有效抓手，可以提高实体效率、降低生产融资成本，然而，当前在区块链技术赋能实体经济的过程中仍然存在较多问题。一是各地区块链发展相对独立，易产生区域发展不平衡。当前，各地方政府不断出台区块链专项政策，打造产业发展优势，但相对而来的是，独立发展易带来区域发展不平衡，不利于整体经济社会的发展。二是区块链应用平台技术标

准不统一，不利于区块链技术的推广行业发展。在区块链赋能实体经济的过程中，不同区块链应用平台采用的共识算法、密码算法、账户模型、账本模型、存储类型等技术并不统一，导致不同应用平台之间兼容性、协同性较差。三是工业制造、交通出行、建筑工程等实体经济领域可推广的成功案例较少。根据赛迪区块链研究院数据统计发现，工业制造、交通出行等实体经济领域应用约占比全年区块链技术应用案例总数的15%，相比于金融、政府、司法等应用明显较少，不利于案例的推广应用。

（3）人才培养体系不断完善，但复合型人才依旧不足

区块链技术的发展需要与各项前沿技术深度融合，极易在技术发展的同时引发技术创新和产业变革，因此，对区块链从业人员的技能要求也就更高。当前，我国区块链劳动市场供需不平衡，从业人员远不能满足区块链市场发展的需要。一是区块链基础性应用人才的供给量不足。我国的区块链发展起步较晚，人才存量少，区块链专业基础性人才在院校社会培养速度显著落后于区块链技术与产业发展速度。二是区块链高端人才较少。区块链技术属于战略性前沿技术，其核心研究技术开发岗位对人才的素质要求较高，高端区块链架构工程师、算法工程师、底层开发工程师等高端技术人才缺口较大。三是区块链复合型人才短缺性明显。当前，行业内从业人员的水平褒贬不一，大多数从业人员缺乏专业的知识储备，从行业未来发展看，区块链行业中技术、金融、法律相结合的专业人才的需求将会越来越大，亟须补足区块链复合型人才的缺口。

（4）新模式新业态不断出现，但监管体系尚未形成

目前我国的区块链监管体系仍未实现对区块链技术的规范化、有序化、高效化管理，尚无法较好应对科技进步带来的新问题。一是尚未建成完备的法律体系。数字货币、NFT、元宇宙等基于区块链技术的新模式正处于发展热点阶段，新的业态产业也吸引了大量的资本市场，在此环境下，极易造成隐私泄露等风险。因此，对于这些新业态的监管还须进一步完善法律法规体系。二是监管效率仍需加强。从区块链监管的角度来看，目前国内主要聚焦于“挖矿”“虚拟货币”，对于NFT、元宇宙等新兴业务还缺乏一定监管力度。尤其是对于“混合性、复杂性”元宇宙的监管，需要借助更多的科技力量，创新监管方式的同时，提升监管效率。三是对新业态的风险预判能力有待提高。基于区块链技术炒作“元宇宙”“NFT”等新概念的诈骗、洗钱、盗窃、挖矿犯罪等案件频发，对我国的监管系统的风险预判能力提出了更高的要求。

10.3.3　促进我国区块链健康发展的对策建议

（1）提升基础设施性能，推进创新技术成果落地应用

一是发挥政府推动作用，提高区块链基础设施性能。要坚持各地创新支持政策，加大资金投入，推动协同攻关，提高网络通信技术、算力水平等支撑区块链技术应用推广的基础设施性能。二是全面整合技术创新资源。紧盯前沿技术，加速区块链与人工智能、大数据、5G、云计算的深度融合，引领国产高性能区块链应用平台性能的突破发展，在全国范围内

加快自主研发区块链软硬件技术体系的步伐。三是构建区块链开源社区，加强区块链解决方案的应用交流。支持具有自主核心技术的开源平台和开源项目发展，构建面向具体行业，面向应用场景，拥有组件化开发平台的开源社区，推动相关前沿技术、研究成果和应用经验的共建共享，以实现区块链技术的广泛应用。

（2）加强与实体经济深度融合，促进场景可复制推广

一是鼓励区域联合发展，共建区块链协同发展模式。各地方政府可打破区域限制，强化环渤海经济圈、京津冀地区、长江经济带、粤港澳大湾区等区块链发展合作，建立跨省市行业服务平台，促进全国区块链资源对接，塑造区块链产业创新发展新优势。二是围绕区块链赋能实体经济的路径，统一区块链技术标准。明确区块链技术在实体经济中的应用方向，完善区块链技术标准，推进统一的算法、模型和存储方式。三是持续探索区块链在实体经济领域应用场景落地和案例推广。加快推动区块链技术在工业供应链管理、工业互联网等领域应用，借助高峰论坛、区块链赛事等活动推广成熟应用解决方案，推动区块链＋实体经济解决方案的规模化落地应用。

（3）完善人才培养体系，提高人才培养能力

一是贯彻落实教育部印发的《高等学校区块链技术创新行动计划》，重视区块链基础教育，夯实区块链人才培养的基础。支持高校和职业院校设置与区块链技术应用相关的新兴专业，联合主管部门加快学科体系建设和师资队伍培养。二是注重高端区块链技术人才的培养与引进。通过与国外著名高校、科研机构、知名企业等联合培养区块链硕士、博士等高层次人才，推进中外合作人才培养和引进项目，同时启用区块链人才创新交流中心，在“引”“育”“留”“用”高层次人才的关键环节发力，做实做强人才支撑责任主体。三是执行人社部《关于发布区块链工程技术人员等职业信息的通知》等内容，加快区块链复合型人才的培养转化。依托区块链实验室、人才培训基地等对互联网、金融、法律等行业的从业人员开展区块链技能培训，使之形成对区块链技术的系统化认知，以加快培育具有扎实技术理论知识、丰富行业从业背景的复合型人才，更好满足区块链行业融合发展的岗位需要。

（4）强化安全监管体系，推动区块链健康发展

一是建立健全区块链法律体系。区块链发展新模式的涌现极易诱发资本市场炒作的风险，迫切需要完善相关法律，监管产业市场，严厉打击以区块链为噱头的非法集资、金融诈骗、传销等违法犯罪行为。同时，要以《金融标准化“十四五”发展规划》为依据，完善金融基础设施标准，稳步推进金融科技标准建设。二是引进监管科技，提升监管能力。数字货币、NFT、元宇宙等区块链新兴产业的交易量巨大，增加了人为合法审查、实时监控、记录追踪的难度，迫切需要在传统监管体系中引进科技力量，来不断提高监管效率，降低监管成本，实现人为监管模式向自动化监管模式的转变。三是提高对区块链产业安全风险预判能力。相关部门要密切跟踪区块链产业的发展动态，发掘其发展规律、预判其风险隐患，以引导区块链开发者、运营者和资本市场参与者增强风险防范意识。

延伸阅读

击破行业痛点，区块链赋能智慧物流高速发展

党的十九届五中全会提出加快构建以国内大循环为主体、国内国际双循环相互促进的新发展格局。这一目标的实现离不开物流业高效发展，它是打通供应链、协调产业链、创造价值链、构建新常态下新发展格局的重要支撑和保障。

毫无疑问，物流业是支撑国民经济的基础性、战略性和先导性产业，是实现新旧动能转换、推进传统产业智能化改造方面的支撑型产业。在改革开放大发展的40多年中，物流行业也"旧貌换新颜"，从以人力搬货为主的传统运输进入以大数据、人工智能等高新技术加码的现代化物流发展新时代。

但长期以来物流行业存在着阻碍行业进一步向智慧化、数字化方向发展的三大问题：首先，物流企业普遍存在着小而散、乱且弱的现状，近90%的行业企业都是小微企业；其次，由于行业特点影响，传统物流产业链的参与方较多，如制造方、品牌方、分销方、物流各方、用户等，导致其整体业务链条较长、效率较为低下；最后，从供应链各环节来看，商流、物流、信息流、资金流无法做到四流合一，这样导致了行业企业间协同困难、信用体系缺失，从而进一步造成了企业融资难、融资贵、运营效率低下。

由于在降本增效方面具有显著的支撑作用，作为新一代信息技术代表的区块链被视为赋能传统产业的有力手段。其中，物流产业作为区块链技术最重要的应用场景之一，已经在电子运单、电子仓单、物流发票、物流追踪、物流金融等场景落地。

正是基于区块链技术在物流行业的广阔应用前景，2020年9月，国家发改委等13部门联合发文指出要积极探索和推进区块链、5G等新兴技术在物流信息共享和物流信用体系建设中的应用。

发达经济体则更早地行动了起来。据相关媒体报道，早在2016年，欧洲最大港口鹿特丹港就与荷兰银行、代尔夫特理工大学、荷兰国家应用科学研究院、德斯海姆应用科学大学鲜花交易中心Royal FloraHolland等组成区块链物流研究联盟，探索区块链在物流领域的作用，并与荷兰经济事务部的独立区块链项目合作，为联盟项目开发开源基础设施。这也是世界首个专门针对物流领域搭建的区块链联盟。

作为一种可以改变经济运行方式的新兴技术，区块链所具有的去中心化、开放性、安全性等特性十分适合作用于价值链长、沟通环节复的物流领域。在区块链技术的赋能之下，可以获取资金流、交易流、运输流的真实数据，有效提升物流各环节数据处理的效率，减少反复检验环节，从而缩短业务链，降本增效。

此外，由于区块链技术的运用，物流产业链中各环节的参与者就有可能构建一个公开透明、能够保护各方隐私、开源性的区块链网络。由此便可以解决信息不对称、信息被造假等一直困扰行业发展的难题和痛点，从而实现资源的有效利用，提升整个物流行业的效率。

从技术角度看，区块链并不是一种单一技术，而是多种技术整合的结果，包括区块链的

共识算法、加密算法、分布式账本等核心技术，应用于物流行业中的某些细分领域及环节将具有巨大的创新应用价值。

1. 基础物流场景

区块链就是将数据做成区块，根据哈希算法得出一个唯一的数值，以防止篡改，再用时间戳等方式形成链。由于区块链技术具有去中心化存储的特点，不需要依赖于第三方组织或个人，利用可信的技术手段可以将所有信息公开记录在“公共账本”上，链上的数据具有时间戳且不可篡改。应用区块链技术首先可以确保物流的整个环节是全程可追溯可监控的，如果货物在传递的过程中产生问题，可以及时进行跟进和处理，责任划分清晰明了，有效避免了包裹丢失、假冒认领等情况。

其次，在安全和隐私方面，收件方因为有签收的密钥，所以不会有货物被冒领或者假签收的可能；同时还可确保用户信息的安全性，保护用户个人隐私。同样地，如果发货方担心物流过程会有数据泄密问题，可以把信息加密后存在区块链中，只有发货方的私钥才能查看，从而保护了商业机密。

最后，区块链技术的运用对于物流行业的合约管理及支付管理也有重要意义。例如甲乙双方在谈定商品贸易协议后，交给丙方运输；当在甲乙丙完成合约项目后，根据合约条款，智能完成支付，形成了整个环节的闭环。

2. 国际物流场景

在国际物流运输中，由于结构复杂，涉及部门众多，提高物流效率难上加难。举个例子，如果要从非洲向欧洲运送一些冷冻食品，通常需要通过30多个组织进行200次交换，管理成本以及进出口贸易文件甚至可以达到运输成本的20%，复杂程度可想而知。而区块链技术则可以很好地关联多个组织链，增强物流信息的可信度，帮助海关部门实施综合管理，提高物流效率。

3. 供应链金融、保险场景

正如前文所说，物流行业中的大多数企业是小型、中型或微型企业，企业的信用等级普遍较低，银行或金融机构无法得到足够多的真实数据，评估其真实的信用贷款额度成为行业痛点。这就导致目前我国供应链金融产品较为缺乏，中小物流企业融资难、融资贵。

区块链技术则对信息化商品进行估值并资本化。这是因为记录在区块链技术中固定商品的唯一所有权可以使物流链中的所有商品均可重组、无法伪造和不可篡改，并实现物流商品的资产化。在区块链技术的赋能下，资金可以高效、快速地连接到物流行业，从而改善中小企业的商业环境。

此外，由于物流行业的数据不被信任且有在后台被篡改的可能性，如果将区块链技术应用到保险之中，不仅能够降低用户的保险费用，还能够杜绝骗保的行为。

未来，相信伴随着区块链技术大规模落地到更多物流产业的场景之中，或将深刻地改变中国乃至全球的物流产业链格局和发展方式。但当前，区块链技术想要在物流行业实现更广泛、更深度的应用还存在一些限制因素。

一方面，物流、供应链各业务环节已基于现有平台和流程形成了固化的协同模式，打破固有习惯并非易事；另一方面，产业区块链不仅需要企业的努力，也需要相关部门从政策、立法层面进一步推动。与此同时，区块链技术的应用，也对行业企业，尤其是中小企业的技术能力带来了很大的考验。

（资料来源：击破行业痛点，区块链赋能智慧物流高速发展，搜狐网，https://www.sohu.com/na/463947012_120502021.）

课后思考题

（1）区块链技术的特点有哪些？

（2）区块链可以用于智慧物流的哪些场景？

第11章 人工智能技术

引导案例

人工智能应用助力跨境物流效率提升

随着对人工智能技术应用的日益深入，我国在推动贸易便利化和提高物流通关效率方面效果显著。中云智慧创始人兼CEO李新日前表示，通过对人工智能技术和智能通关、无人驾驶等技术的复合应用，会将物流通关速度和安全性推上更高水平。

“数字化与智能化必然推动国际物流效率提升，智能通关技术结合无人驾驶技术，在陆路口岸国际物流接驳等封闭场景有天然优势，既能够加速物流通关，又能阻挡国外疫情传入的风险，实现货通人不通。”他说。

李新指出，我国5G通信和无人驾驶技术已处于国际较前沿水平，许多无人驾驶技术公司联合中国汽车生产商，在干线运输、港口矿山物流做了很多尝试，这意味着在智慧口岸应用方面我国也有望居世界前列。

“在口岸国际物流领域，我们做了很多开创性工作和研发测试，已经与百度联合开发了新一代智能网联车路协同云控平台，并融合了5G通信、激光制导与视觉识别、北斗导航等技术应用。该平台对接中国国际贸易‘单一窗口’，实现了国内国际数据连接和智能申报。同时，通过车载和路测的RSU智能盒子，与边检、海关系统对接，实现车、路、云、网、仓协同作业，实现无人驾驶重卡运输智能通关，这是国内首创。”他还透露，公司未来还将与“一带一路”周边国家，共同联通国际“单一窗口”相关系统，与相关国际组织共同制定国际标准。

据他介绍，公司今年通过与百度、陕重汽、中兴通讯、中国移动等多方合作，在跨境物流口岸通关已有高质量高效率的方案和实践。“在内蒙古口岸通关排队时间能缩减为1小时左右，通关时间由数小时降为10分钟，国际物流跨境运输效率提升3.5倍以上，口岸疫情防控做到零输入零感染，大大降低国际物流成本。智能调度平台将降低有人驾驶车队排队时间，提高通关效率，若推广应用，将极大促进我国陆路口岸智能、规范、可持续发展，持续提升中国陆路口岸通关疏运能力。”

李新还说，人工智能技术在国际机场同样能助力提升物流运行效率。据他介绍，公司和浦东机场一起推进物流查验业务流程再造，积极利用人工智能、物联网技术支撑信息采集、智能联网等业务应用，中云智慧研发成功的智能审图、同屏比对、异型行李标识与远程查验、大数据研判系统等软件技术，配上先期机检等全套自主研制机场自动化系统，推进机场查验管理系统智能化，压缩旅客通关时间，为机场货运和行李查验提供关键技术支撑。浦东机场采用该人工智能新技术，加上创新的业务流程，能够让旅客通关时间缩减到约35分钟之内。

（资料来源：《经济参考报》，2022年12月14日第8版，http://dz.jjckb.cn/www/pages/webpage2009/html/2022-12/14/node_9.htm.）

案例解析

人工智能技术是当前信息领域中最顶尖的一种技术，在智慧物流的发展过程中，人工智能技术有着相当重要的地位。

案例主要知识点

人工智能、智慧物流。

学习导航

◈ 掌握人工智能的基本概念和关键技术，了解人工智能的基本应用。

教学建议

◈ 备课要点：信息与物流信息的定义与特征、智慧物流的概念与特征、智慧物流的架构、我国智慧物流的发展现状。

◈ 教授方法：案例、讲授、实证、启发式。

◈ 扩展知识领域：智慧物流是如何提高物流效率的。

20世纪70年代以来人工智能被称为世界三大尖端技术之一（空间技术、能源技术、人工智能），也被认为是21世纪三大尖端技术（基因工程、纳米科学、人工智能）之一。这是因为近三十年来它获得了迅速的发展，在很多学科领域都获得了广泛应用，并取得了丰硕的成果，人工智能已逐步成为计算机科学的一个独立的分支，无论在理论和实践上都已自成一个系统。

11.1 人工智能概述

11.1.1 人工智能的概念

人工智能（Artificial Intelligence，AI）是研究、开发用于模拟、延伸和扩展人的智能的理论、方法、技术及应用系统的一门新的技术科学。

人工智能是计算机科学的一个分支，它试图了解智能的实质，并生产出一种新的能以与人类智能相似的方式作出反应的智能机器，该领域的研究包括机器人、语言识别、图像识别、自然语言处理和专家系统等。人工智能从诞生以来，理论和技术日益成熟，应用领域也不断扩大，可以设想，未来人工智能带来的科技产品，将会是人类智慧的“容器”。人工智能不是人的智能，但能像人那样思考、也可能超过人的智能。

人工智能是一门极富挑战性的学科，属于自然科学和社会科学的交叉学科，涉及哲学和认知科学、数学、神经生理学、心理学、计算机科学、信息论、控制论、不定性论等。从事这项工作的人，必须懂得计算机知识、心理学和哲学等。总的来说，人工智能研究的一个主要目标是使机器能够胜任一些通常需要人类智能才能完成的复杂工作。

人工智能是研究使计算机来模拟人的某些思维过程和智能行为（如学习、推理、思考、规划等）的学科，主要包括计算机实现智能的原理、制造类似于人脑智能的计算机，使计算机能实现更高层次的应用。人工智能将涉及计算机科学、心理学、哲学和语言学等学科。可以说几乎是自然科学和社会科学的所有学科，其范围已远远超出了计算机科学的范畴，人工智能与思维科学的关系是实践和理论的关系，人工智能是处于思维科学的技术应用层次，是它的一个应用分支。从思维观点看，人工智能不仅限于逻辑思维，还要考虑形象思维、灵感思维才能促进人工智能的突破性的发展。数学常被认为是多种学科的基础科学，数学也进入语言、思维领域。人工智能学科也必须借用数学工具，数学不仅在标准逻辑、模糊数学等范围发挥作用，还进入人工智能学科，它们将互相促进而更快地发展。

11.1.2 人工智能的起源

“人工智能”一词最初是在 1956 年达特茅斯（Dartmouth）学会上被提出的。1956 年，“人工智能之父”和 LISP 语言的发明人约翰·麦卡锡（John McCarthy）召集了一次会议来讨论人工智能未来的发展方向，从那以后，研究者们发展了众多理论和原理，人工智能的概念也随之扩展。人工智能是一门极富挑战性的科学，从事这项工作的人必须懂得计算机知识、心理学和哲学。人工智能是包括十分广泛的科学，它由不同的领域组成，如机器学习，计算机视觉等等，总的来说，人工智能研究的一个主要目标是使机器能够胜任一些通常需要人类智能才能完成的复杂工作。但不同的时代、不同的人对这种“复杂工作”的理解是不同的。例如繁重的科学和工程计算本来是要人脑来承担的，现在计算机不但能完成这种计算，而且能够比人脑做得更快、更准确，当代人已不再把这种计算看作“需要人类智能才能完成的复杂任务”，可见复杂工作的定义是随着时代的发展和技术的进步而变化的，人工智能这门科学的具体目标也自然随着时代的变化而发展。它一方面不断获得新的进展，另一方面又转向更有意义、更加困难的目标。目前能够用来研究人工智能的主要物质手段以及能够实现人工智能技术的机器就是计算机，人工智能的发展历史是和计算机科学与技术的发展史联系在一起的。除了计算机科学以外，人工智能还涉及信息论、控制论、自动化、仿生学、生物学、心理学、数理逻辑、语言学、医学和哲学等多门学科。

1963年，麻省理工学院受到了美国政府和国防部的支持进行人工智能的研究，美国政府不是为了别的，而是为了在冷战中保持与苏联的均衡，虽然这个目的带点火药味的，但是它的结果却使人工智能得到了巨大的发展。其后发展出的许多程序十分引人注目，SHRD-LUSHRDLU（自然语言书面理解系统，一种自然语言处理系统）是维诺格拉德（T.Winograd）于1972年在美国麻省理工学院建立的一个用自然语言指挥机器人动作的系统。在这个大发展的60年代，STUDENT系统可以解决代数问题，而SIR（Selective Integrated Rail）系统则开始理解简单的英文句子了，SIR的出现导致了新学科的出现：自然语言处理。在70年代出现的专家系统成了一个巨大的进步，他头一次让人知道计算机可以代替人类专家进行一些工作了，由于计算机硬件性能的提高，人工智能得以进行一系列重要的活动，如统计分析数据，参与医疗诊断等，它作为生活的重要方面开始改变人类生活。在理论方面，70年代也是大发展的一个时期，计算机开始有了简单的思维和视觉，而不能不提的是在70年代，另一个人工智能语言Prolog语言诞生了，它和LISP一起几乎成了人工智能工作者不可缺少的工具。

11.1.3 人工智能的研究内容

人工智能的研究是高度技术性和专业的，各分支领域都是深入且各不相通的，因而涉及范围极广。人工智能学科研究的主要内容包括知识表示、自动推理和搜索方法、机器学习和知识获取、知识处理系统、自然语言理解、计算机视觉、智能机器人、自动程序设计等方面。

（1）知识表示

知识表示是人工智能的基本问题之一，推理和搜索都与表示方法密切相关。常用的知识表示方法有逻辑表示法、产生式表示法、语义网络表示法和框架表示法等。

（2）常识

自然为人们所关注，已提出多种方法，如非单调推理、定性推理就是从不同角度来表达常识和处理常识的。

（3）问题求解中的自动推理是知识的使用过程

由于有多种知识表示方法，相应地有多种推理方法。推理过程一般可分为演绎推理和非演绎推理。谓词逻辑是演绎推理的基础。结构化表示下的继承性能推理是非演绎性的。由于知识处理的需要，近年来提出了多种非演绎的推理方法，如连接机制推理、类比推理、基于示例的推理、反绎推理和受限推理等。

（4）搜索是人工智能的一种问题求解方法

搜索策略决定着问题求解的一个推理步骤中知识被使用的优先关系。可分为无信息导引的盲目搜索和利用经验知识导引的启发式搜索。启发式知识常由启发式函数来表示，启发式知识利用得越充分，求解问题的搜索空间就越小。典型的启发式搜索方法有A*、AO*算法等。近年搜索方法研究开始注意那些具有百万节点的超大规模的搜索问题。

（5）机器学习是人工智能的另一重要课题

机器学习是指在一定的知识表示意义下获取新知识的过程，按照学习机制的不同，主要有归纳学习、分析学习、连接机制学习和遗传学习等。

（6）知识处理系统主要由知识库和推理机组成

知识库存储系统所需要的知识，当知识量较大而又有多种表示方法时，知识的合理组织与管理是重要的。推理机在问题求解时，规定使用知识的基本方法和策略，推理过程中为记录结果或通信须设数据库或采用黑板机制。如果在知识库中存储的是某一领域（如医疗诊断）的专家知识，则这样的知识系统称为专家系统。为适应复杂问题的求解需要，单一的专家系统向多主体的分布式人工智能系统发展，这时知识共享、主体间的协作、矛盾的出现和处理将是研究的关键问题。

11.2　人工智能的关键技术

人工智能包含了机器学习、知识图谱、自然语言处理、人机交互、计算机视觉、生物特征识别、AR/VR 七个关键技术。

11.2.1　机器学习

机器学习（Machine Learning）是一门涉及统计学、系统辨识、逼近理论、神经网络、优化理论、计算机科学、脑科学等诸多领域的交叉学科，研究计算机怎样模拟或实现人类的学习行为，以获取新的知识或技能。重新组织已有的知识结构使之不断改善自身的性能，是人工智能技术的核心。基于数据的机器学习是现代智能技术中的重要方法之一，研究从观测数据（样本）出发寻找规律，利用这些规律对未来数据或无法观测的数据进行预测。

机器学习强调三个关键词：算法、经验、性能，其处理过程如图 11-1 所示。在数据的基础上，通过算法构建出模型并对模型进行评估。评估的性能如果达到要求，就用该模型来测试其他的数据；如果达不到要求，就要调整算法来重新建立模型，再次进行评估。如此循环往复，最终获得满意的模型来处理其他数据。机器学习技术和方法已经被成功应用到多个领域，如个性推荐系统、金融反欺诈、语音识别、自然语言处理和机器翻译、模式识别、智能控制等。

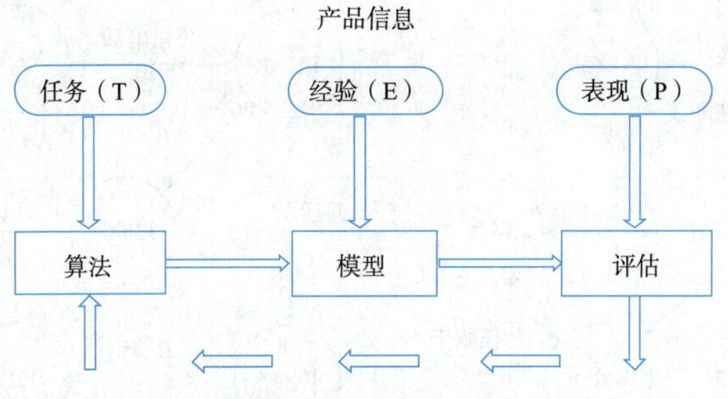

图 11–1　机器学习处理过程

神经网络是机器学习的一种更为复杂的形式，该技术出现在 20 世纪 60 年代，并用于分类型应用程序，例如确定信贷交易是否为欺诈行为。它根据输入、输出、变量权重或将输入与输出关联的“特征”来分析问题。它类似于神经元处理信号的方式，但把它比作大脑就有些牵强了。

最复杂形式的机器学习将涉及深度学习，或通过很多等级的特征和变量来预测结果的神经网络模型。得益于当前计算机架构更快的处理速度，这类模型有能力应对成千上万个特征。

与早期的统计分析形式不同，深度学习模型中的每个特征通常对于人类观察者而言意义不大。这导致的结果就是该模型的使用难度很大或者难以解释。在德勤的调查中只有 34% 的人在使用深度学习技术。

深度学习模型使用一种称为反向传播的技术，通过模型进行预测或对输出进行分类。AI 技术已推动了该领域的许多最新进展，从在围棋大赛中击败人类专家到对互联网图像进行分类，便是使用反向传播的深度学习。在多伦多大学及谷歌任职的杰弗里 · 辛顿（Geoffrey Hinton）通常被称为深度学习之父，部分原因就在于他在反向传播方面的早期研究。

11.2.2　知识图谱

知识图谱（Knowledge Graph）又称为科学知识图谱，在图书情报界称为知识域可视化或知识领域映射地图，是显示知识发展进程与结构关系的一系列不同的图形，用可视化技术描述知识资源及其载体，挖掘、分析、构建、绘制和显示知识及它们之间的相互联系。

现实世界中的很多场景非常适合用知识图谱来表达。比如，如图 11–2 所示，一个社交网络图谱里，既可以有“人”的实体，也可以包含“公司”实体。人和人之间的关系可以是“朋友”，也可以是“同事”关系。人和公司之间的关系可以是“现任职”或者“曾任职”的关系。类似地，一个风控知识图谱可以包含“电话”“公司”的实体，电话和电话之间的关系可以是“通话”关系，而且每个公司也会有固定的电话。

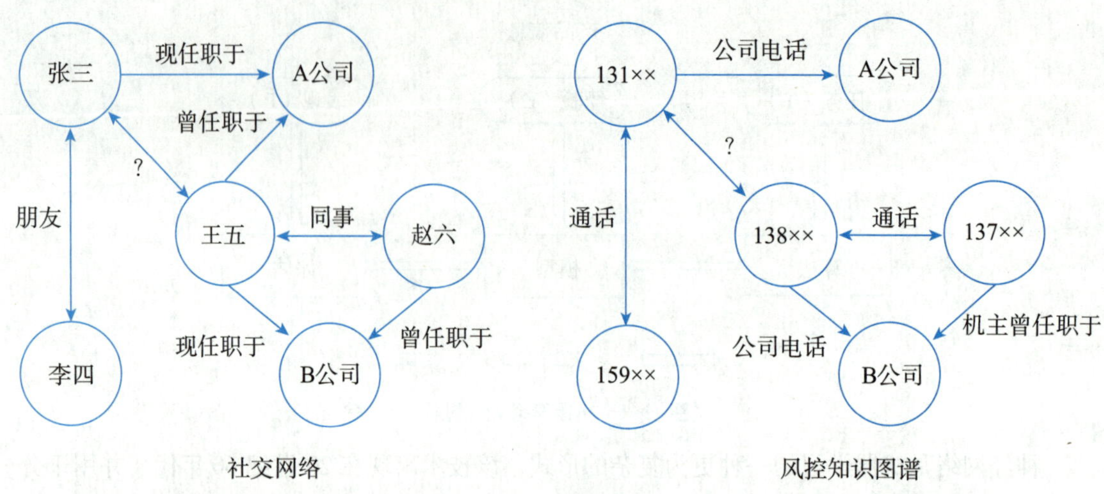

图 11-2 知识图谱案例

知识图谱可用于反欺诈、不一致性验证、组团欺诈等公共安全保障领域，需要用到异常分析、静态分析、动态分析等数据挖掘方法。特别地，知识图谱在搜索引擎、可视化展示和精准营销方面有很大的优势，已成为业界的热门工具。但是，知识图谱的发展还有很大的挑战，如数据的噪声问题，即数据本身有错误或者数据存在冗余。随着知识图谱应用的不断深入，还有一系列关键技术需要突破。

11.2.3 自然语言处理

自然语言处理（Natural Language Processing）是计算机科学领域与人工智能领域中的一个重要方向。它研究能实现人与计算机之间用自然语言进行有效通信的各种理论和方法。自然语言处理是一门集语言学、计算机科学、数学于一体的科学。因此，这一领域的研究会涉及自然语言，即人们日常使用的语言，所以它与语言学的研究有着密切的联系，但又有重要的数据能力和数据伦理区别。自然语言处理并不是一般的研究自然语言，而在于研制能有效地实现自然语言通信的计算机系统，特别是其中的软件系统。

自然语言处理的应用包罗万象，例如机器翻译、手写体和印刷体字符识别、语音识别、信息检索、信息抽取与过滤、文本分类与聚类、舆情分析和观点挖掘等，它涉及与语言处理相关的数据挖掘、机器学习、知识获取、知识工程、人工智能研究和与语言计算相关的语言学研究等。

11.2.4 人机交互

人机交互是一门研究系统与用户之间的交互关系的学科。系统可以是各种各样的机器也可以是计算机化的系统和软件。人机交互界面通常是指用户可见的部分。用户通过人机交互界面与系统交流，并进行操作。人机交互是与认知心理学、人机工程学、多媒体技术、虚拟现实技术等密切相关的综合学科。传统的人与计算机之间的信息交换主要依靠交互设备进行，主要包括键盘、鼠标、操纵杆、数据服装、眼动跟踪器、位置跟踪器、数据手套、压力笔等输入设备，以及打印机、绘图仪、显示器、头盔式显示器、音箱等输出设备。人机交互技术除了传统的基本交互和图形交互外，还包括语音交互、情感交互、体感交互及脑机交互等技术。

人机交互具有广泛的应用场景，比如，日本建成了一栋可应用“人机交互”技术的住宅，人们可以通过该装置，用意念不用手就能自由操控家用电器。该住宅主要是为帮助身体有残疾以及老年人创造便捷的生活环境。用户头部戴着的含有“人机交互”技术的特殊装置，该装置通过读取用户脑部血流的变化以及脑波变动数据实现无线通信。连接网络的计算机通过识别装置发来的无线信号向机器传输指令。目前此装置判断的准确率达 70% ~ 80%，且从人的意识出现开始最短 6.5 秒内机器就可识别。

11.2.5 计算机视觉

计算机视觉（Computer Vision）是一门研究如何使机器“看”的科学，进一步地说，是指用摄影机和计算机代替人眼对目标进行识别、跟踪和测量的机器视觉，并进一步做图像处理成为更适合人眼观察或传送给仪器检测的图像。计算机视觉既是工程领域也是科学领域中的一个富有挑战性的重要研究领域。计算机视觉是一门综合性的学科，它已经吸引了来自各个学科的研究者参加到对它的研究之中，其中包括计算机科学和工程、信号处理、物理学、应用数学和统计学，神经生理学和认知科学等。根据解决的问题，计算机视觉可分为计算成像学、图像理解、三维视觉、动态视觉和视频编解码 5 大类。

计算机视觉研究领域已经衍生出了一大批快速成长的、有实际作用的应用，例如：

人脸识别：Snapchat 和 Facebook 使用人脸检测算法来识别人脸；

图像检索：Google Images 使用基于内容的查询来搜索相关图片，算法分析查询图像中的内容并根据最佳匹配内容返回结果；

游戏和控制：微软 Kinect 是使用立体视觉较为成功的游戏应用产品；

监测：用于监测可疑行为的监视摄像头遍布于各大公共场所中；

智能汽车：计算机视觉仍然是检测交通标志、灯光和其他视觉特征的主要信息来源。

11.2.6 生物特征识别

在当今信息化时代，如何准确鉴定一个人的身份、保护信息安全，已成为一个必须解决的关键社会问题。传统的身份认证由于极易伪造和丢失，越来越难以满足社会的需求，目前最为便捷与安全的解决方案无疑就是生物识别技术。它不但简洁快速，而且利用它进行身份的认定，安全、可靠、准确。同时更易于配合计算机和安全、监控、管理系统整合，实现自动化管理。由于其广阔的应用前景、巨大的社会效益和经济效益，已引起各国的广泛关注和高度重视。生物特征识别技术涉及的内容十分广泛，包括指纹、掌纹、人脸、虹膜、指静脉、声纹、步态等多种生物特征，其识别过程涉及图像处理、计算机视觉、语音识别、机器学习等多项技术。目前生物特征识别作为重要的智能化身份认证技术，在金融公共安全、教育、交通等领域得到广泛的应用。

11.2.7 VR/AR

虚拟现实（Virtual Reality，VR）/ 增强现实（Augment Reality，AR）是以计算机为核心的新型视听技术。结合相关科学技术，在一定范围内生成与真实环境在视觉、听觉、触感等方面高度近似的数字化环境。用户借助必要的装备与数字化环境中的对象进行交互，相互影响，获得近似真实环境的感受和体验，其中会综合运用显示设备、跟踪定位设备、触力觉交互设备、数据获取设备、专用芯片等。

11.3 人工智能技术的应用

11.3.1 人工智能的应用领域

（1）问题求解

人工智能的第一大成就是下棋程序，在下棋程序中应用的某些技术，如向前看几步，把困难的问题分解成一些较容易的子问题，发展成为搜索和问题归纳这样的人工智能基本技术。今天的计算机程序已能够达到下国际象棋和围棋的世界锦标赛水平。但是，尚未解决包括人类棋手具有的但尚不能明确表达的能力。如国际象棋大师们洞察棋局的能力。另一个问题是涉及问题的原概念，在人工智能中被称为“问题表示的选择”，人们常能找到某种思考问题的方法，从而使求解变得更容易而解决该问题。到目前为止，人工智能程序已能知道如何考虑它们要解决的问题，即搜索解答空间，寻找较优解答。

（2）逻辑推理与定理证明

逻辑推理是人工智能研究中最持久的领域之一，其中特别重要的是要找到一些方法，只把注意力集中在一个大型的数据库中的有关事实上，留意可信的证明，并在出现新信息时适时修正这些证明。对数学中臆测的题。定理寻找一个证明或反证，不仅需要有根据假设进行演绎的能力，而且许多非形式的工作，包括医疗诊断和信息检索都可以和定理证明问题一样加以形式化，因此，在人工智能方法的研究中定理证明是一个极其重要的论题。

（3）智能制造

智能制造（Intelligent Manufacturing，IM）是一种由智能机器和人类专家共同组成的人机一体化智能系统，它在制造过程中能进行智能活动，诸如分析、推理、判断、构思和决策等。通过人与智能机器的合作共事，去扩大、延伸和部分取代人类专家在制造过程中的脑力劳动。它把制造自动化的概念更新扩展到柔性化、智能化和高度集成化。

智能制造对人工智能的需求主要表现在以下三个方面：一是智能装备，包括自动识别设备、人机交互系统、工业机器人以及数控机床等具体设备，涉及跨媒体分析推理、自然语言处理、虚拟现实智能建模及自主无人系统等关键技术。二是智能工厂，包括智能设计、智能生产、智能管理以及集成优化等具体内容，涉及跨媒体分析推理、大数据智能、机器学习等关键技术。三是智能服务，包括大规模个性化定制、远程运维以及预测性维护等具体服务模式，涉及跨媒体分析推理、自然语言处理、大数据智能、高级机器学习等关键技术。

（4）智能金融

智能金融即人工智能与金融的全面融合，以人工智能、大数据、云计算、区块链等高新科技为核心要素，全面赋能金融机构，提升金融机构的服务效率，拓展金融服务的广度和深度，使得全社会都能获得平等、高效、专业的金融服务，实现金融服务的智能化、个性化定制化。人工智能技术在金融业中可以用于服务客户，支持授信、各类金融交易和金融分析中的决策，并用于风险防控和监督，将大幅改变金融现有格局，金融服务将会更加个性化与智能化。智能金融对于金融机构的业务部门来说，可以帮助获客，精准服务客户，提高效率；对于金融机构的风控部门来说，可以提高风险控制，增加安全性；对于用户来说，可以实现资产优化配置，体验到金融机构更加完美的服务。人工智能在金融领域的应用主要包括以下几个方面。

①智能获客

依托大数据，对金融用户进行画像，通过需求响应模型，极大地提升获客效率。

②身份识别

以人工智能为内核，通过人脸识别、声纹识别、指静脉识别等生物识别手段，再加上各类票据、身份证、银行卡等证件票据的OCR识别等技术手段，对用户身份进行验证，大幅降低核验成本，有助于提高安全性。

③大数据风控

通过大数据、算力、算法的结合，搭建反欺诈、信用风险等模型，多维度控制金融机构的信用风险和操作风险，同时避免资产损失。

④智能投资顾问

基于大数据和算法能力，对用户与资产信息进行标签化，精准匹配用户与资产。

⑤智能客服

基于自然语言处理能力和语音识别能力，拓展客服领域的深度和广度大幅降低服务成本，提升服务体验。

⑥金融云

依托云计算能力的金融科技，为金融机构提供更安全高效的全套金融解决方案。

（5）专家系统

专家系统是目前人工智能中最活跃、最有成效的一个研究领域，它是一种具有特定领域内大量知识与经验的程序系统。近年来，在“专家系统”或“知识工程”的研究中已出现了成功和有效应用人工智能技术的趋势。人类专家由于具有丰富的知识，所以才能达到优异的解决问题的能力。那么计算机程序如果能体现和应用这些知识，也应该能解决人类专家所解决的问题，而且能帮助人类专家发现推理过程中出现的差错，现在这一点已被证实。例如，在矿物勘测、化学分析、规划和医学诊断方面，专家系统已经达到了人类专家的水平。PROSPECTOR 系统（用于地质学的专家系统）发现了一个钼矿沉积，价值超过 1 亿美元。DENDRL 系统的性能已超过一般专家的水平，可供数百人在化学结构分析方面的使用。MY CIN 系统可以对血液传染病的诊断治疗方案提供咨询意见。经正式鉴定结果，对患有细菌血液病、脑膜炎方面的诊断和提供治疗方案已超过了这方面的专家。

（6）智能交通

智能交通系统（Intelligent Transportation System，ITS）是未来交通系统的发展方向，它是将先进的信息技术、数据通信传输技术、电子传感技术、控制技术及计算机技术等有效地集成运用于整个地面交通管理系统而建立的一种大范围、全方位发挥作用的，实时、准确、高效的综合交通运输管理系统。

例如，通过交通信息采集系统采集道路中的车辆流量、行车速度等信息，信息分析处理系统处理后形成实时路况，决策系统据此调整道路红绿灯时长，调整可变车道或潮汐车道的通行方向等，通过信息发布系统将路况推送到导航软件和广播中，让人们合理规划行驶路线。通过不停车收费系统（ETC），实现对通过 ETC 入口站的车辆身份及信息自动采集、处理、收费和放行，有效提高通行能力、简化收费管理、降低环境污染。

11.3.2 人工智能与智慧物流

人工智能在物流行业的影响主要聚焦在智能搜索、仓储规划、智能运输配送、机器人等领域，人工智能是加速物流行业向智慧物流时代迈进的新引擎。

（1）智慧仓储环节

人工智能技术在智慧仓储环节的具体应用包括以下几个方面。

①选址决策

人工智能技术通过收集与选址任务和目标相关的丰富历史数据，通过大数据技术挖掘对仓储选址决策有指导意义的知识，建立一个基于大数据的人工智能选址决策系统，在系统中输入选址目标与相关参数，人工智能系统便可以直接得到最接近最优目标，且不受人的主观判断与利益纠纷影响的选址结果。

②无人仓

人工智能技术的出现使得无人仓的构想得以实现。得益于机器视觉、进化计算等人工智能技术，自动化仓库中的搬运机器人、货架穿梭车、分拣机器人、堆垛机器人、六轴机器人、无人叉车等一系列物流机器人可以对仓库内的物流作业实现自感知、自学习、自决策、自执行，实现更高程度的自动化。

通过机器视觉技术，不同的摄像头和传感器可以抓取实时数据，继而通过品牌标识、标签和 3D 形态来识别物品，从而可以使拣选机器人对移动传送带上的可回收物品进行分类和挑拣，以替代传统人工仓库中的传送机器、扫描设备、人工处理设备和工作人员一道道的分拣作业，大大提高仓库的运作效率。

③库存管理

人工智能技术基于海量历史消费数据，通过深度学习、宽度学习等算法建立库存需求量预测模型，对以往的数据进行解释并预测未来的数据，形成一个智能仓储需求预测系统，以实现系统基于事实数据自主生成最优的订货方案，实现对库存水平的动态调整。同时，随着订单数据的不断增多，预测结果的灵敏性与准确性能够得到进一步提高，使企业在保持较高物流服务水平的同时，还能持续降低企业的成本库存。

（2）智慧运输环节

使用人工智能技术进行预测性运输网络管理可显著提高物流业务运营能力。以航空运输为例，准时保量运输是空运业务的关键。DHL 开发了一种基于机器学习的工具来预测空运延误状况，以预先采取缓解措施。通过对其内部数据的 58 个不同参数进行分析，机器学习模型能够提前一周对特定航线的日平均通行时间进行预测。

（3）智慧配送环节

随着无人驾驶等技术的成熟，未来的运输将更加快捷和高效。通过实时跟踪交通信息，以及调整运输路径，配送的时间精度将逐步提高。人工智能通过大数据分析能够为车辆的调度机制提供更加实时、可靠的方案。同时，借助各种传感器数据，人工智能还能够系统性地监测车辆的状态，及时警报提醒，降低车辆故障发生率。

①配送机器人

配送机器人根据目的地自动生成合理的配送路线，并在行进途中避让车辆、过减速带、绕开障碍物，到达配送机器人停靠点后，向用户发送短信提醒通知收货，用户可直接通过验证或人脸识别开箱取货。

②无人机快递

利用无线电遥控设备和自备的程序控制装置，操纵无人驾驶的低空飞行器运载包裹到达目的地。无人机快递可以解决偏远地区的配送问题，提高配送效率，减少人力成本。同时，无人机快递也受限于恶劣天气、人为破坏等影响，目前尚未大范围使用。

（4）其他环节

①智能测算

通过对商品数量、体积等基础数据分析，对各环节（如包装、运输车辆等）进行智能调度，如通过测算百万 SKU（库存量单位）商品的体积数据和包装箱尺寸，利用深度学习算法技术，由系统智能地计算并推荐耗材和打包排序，从而合理安排箱型和商品摆放方案。

②图像识别

计算机视觉技术的卷积神经网络可用于手写识别，相比人工识别可有效提高准确率，减少工作量和出错率。另外，计算机视觉技术也可应用于仓内机器人的定位导航，以及无人驾驶中识别远处的车辆位置等。

③决策辅助

利用机器学习等技术来自动识别物流运行场景内的人、物、设备、车的状态，学习优秀的管理和操作人员的指挥调度经验和决策等，逐步实现辅助决策和自动决策。

延伸阅读

菜鸟发布2023年十大物流科技趋势

2023 年 1 月 11 日，菜鸟对外发布 2023 年物流科技的十大趋势。多智能体自主协同技术、智能分拨、无源物联网、下一代智能包装、供应链数字孪生、数字供应链控制塔、交互式 AI、无人卡车、地理大模型、清洁能源解决方案，被认为将引领新一年的物流科技趋势。

物流自动化正朝着智能化的方向升级。室内机器人在复杂物流场景下的应用将实现多智能体自主协同，而目前主流的分拨自动化则逐渐迭代为智能分拣，分拣设备可实现主动控制、自主调节。

随着物联网在物流行业的深入应用，在一些场景中大规模部署受到环境、成本、节能环保等限制，传统供电方式无法满足需求，无源物联网成为有效的解决方案。过去一年，菜鸟自研的 RFID 技术在生产、仓储、运输等多场景实现应用，可以预见 RFID 在物流供应链领域将迎来规模化商用。

下一代智能包装被业界普遍认为是快递物流行业从自动化向数字化升级的基础条件。以 RFID 为基础，菜鸟率先尝试将 RFID 芯片植入包材生产，让每一个包装物实现数字化，从而真正让商品在物流全链路实现数字化流转。

数字供应链已经成为传统企业数字化转型过程中的标配，在此基础上衍生出的供应链控制塔和供应链数字孪生技术，将会进一步推动供应链数字化变革不断进入深水区。包括雀巢、宝洁、联合利华、宝武集团、上汽通用五菱、东方航空等公司，正在与菜鸟合作优化供应链体系，实现资源的高效配置。

交互式 AI 目前在物流行业的应用主要包括聊天机器人、智能语音助手等形式，已成为客户沟通、交流的重要手段。该技术的不断完善，在提高服务质量，提升客户满意度上效果明显，同时也能填补相应的用工缺口，降低物流企业用工成本。

无人卡车在过去一年获得了资本市场的青睐。在最有可能实现规模化落地的物流干线场景中，达摩院和菜鸟已启动公开道路无人物流卡车的定义与研究。去年，浙江省德清县发放国内首批“主驾无人”卡车道路测试牌照，允许无人卡车在指定区域，包括部分高速路段，开展路测。

报告中还提到，随着 ChatGPT、Stable Diffusion 等分别在 NLP、AIGC 上大放异彩，大模型正在成为全球公认的重大技术趋势之一。围绕物流场景，以地理大模型为技术底盘，面向未来将实现“地理 +X（图像、语音、视觉）”多模态统一建模，从感知大模型跨越为学习 & 决策大模型。

报告对能源替代也做了预测，清洁能源尤其是氢能源被认为将逐步替代传统燃油，用以改善物流行业高能耗、高碳排的现状，同时有效降低交通成本。

（资料来源：菜鸟发布2023十大物流科技趋势，央广网，https://tech.cnr.cn/techph/20230111/t20230111_526120608.shtml.）

未来十年，菜鸟将打造怎样的物流科技业务？

2023年6月28日，2023全球智慧物流峰会在杭州菜鸟总部园区举行。在峰会最为重磅的主论坛环节，阿里巴巴集团董事会执行副主席、菜鸟集团董事长蔡崇信回归后首次公开发言，提出菜鸟未来发展方向；菜鸟集团CEO万霖则详细介绍了菜鸟面向下一个十年的物流网络建设目标，并宣布推出主打“时效快、承诺上门、一件揽收、普惠价格”的自营品质快递业务——“菜鸟速递”，成为业界关注的热点话题。

据了解，菜鸟速递历经六年打造，由服务天猫超市的配送业务升级为全国快递网络，主打半日达、当次日达、送货上门和夜间揽收等品质服务，在全国近三百个城市提供晚到、破损必赔、不上门必赔，在途拦截和在途更改目的地五个100%承诺。

菜鸟方面表示，菜鸟速递是适应市场上对高质量快递需要而生，主要聚焦“菜鸟自营、品质快递、好用不贵”，服务上对标行业最优，价格上兼具性价比，并按照时效和重量提供丰富的产品矩阵，覆盖大件、中小件和微小件等全重量级包裹。菜鸟速递是今年菜鸟重点建设的国内物流业务产品。菜鸟还在加快国际快递和海外本地快递的建设。

快递行业专家赵小敏认为，菜鸟速递的推出，实质上是响应市场的需求，菜鸟速递对快递市场来说是一种有益补充，消费市场容量足够大，还有广阔的发展空间，并不会与通达系等经济型快递形成直接竞争关系。

万霖在分享中指出，未来十年智慧物流迎来全新的发展机遇，菜鸟将全力投入建设一张全球领先的智慧物流网络，打造包括国内物流、跨境物流和海外本地物流在内的三大长链物流网络，形成末端驿站、物流地产和物流科技三大短链业务，为消费者、商家、平台和物流公司提供高质量、有竞争力的物流服务。其中，物流科技一直被菜鸟作为其驱动综合服务能力转化为生产力，提供高质量物流服务的一个关键因素。而与此前不同的是，如今的菜鸟不仅借助物流科技提升自身的物流能效并推动全球化布局，还进一步成功实现了物流科技的商业化产品对外输出。

在此次峰会期间，菜鸟自研的“决策参谋”供应链计划、“工业大脑”PLC、“智能制造”科技解决方案等一批物流科技新产品、新方案正式曝光，同时公布的还有菜鸟物流科技深耕制造业的成绩单。

菜鸟集团副总裁、物流科技事业部总经理丁宏伟在演讲中透露，依托于数字化供应链、物联网、自动化等方面积累，菜鸟已为工业制造、汽车、大快消、物流等行业提供数智科技产品。其中，在汽车行业，菜鸟物流科技已与华晨宝马、长安汽车、比亚迪、上汽通用五菱、汇川联合动力、宁波更大集团有限公司等近十家整车厂和零部件制造企业展开共创合作。

据了解，此次菜鸟推出的“供应链计划”产品角色类似于供应链管理中辅助决策的智能参谋，通过将运筹与AI、大数据结合，可自动输出基于销量预测的需求计划、基于全局优化的库存计划、基于智能分拨的补货计划、基于运筹优化的生产计划与排程，让企业在进行供应链管理时实现从“计划有没有”向“计划好不好”转变。

值得一提的是，此次菜鸟发布的自研PLC系列产品实现了该领域的国产化突破。作为一种专门为在工业环境下应用而设计的数字运算操作电子系统，PLC可控制各种类型的机械设备或生产过程。一直以来，在工控核心PLC领域，欧美日占据着主导地位。而此次菜鸟发布的PLC系列产品核心芯片已实现100%国产化，有效避免了“卡脖子”问题，搭载Linux PREEMPT_RT实时系统，可保障产品航天级的稳定性。目前，菜鸟自研PLC整机已获欧盟CE认证，并在超200个自动化项目稳定运行。接下来，菜鸟将向市场推出标准从站、分布式IO模块、通信网关、高性能主站、经济型从站等多款PLC产品。

菜鸟自研PLC系列产品

此外，近期菜鸟物流科技持续发力制造业。其智能制造业科技解决方案也在此次峰会期间亮相。方案显示，通过覆盖采购物流、生产物流、销售物流的科技产品，菜鸟可帮助企业打造智慧工厂。

（资料来源：赵皎云，未来十年，菜鸟将打造怎样的物流科技业务？《物流技术与应用》新媒体，2023年6月29日。）

课后思考题

（1）人工智能的关键技术有哪些？

（2）人工智能会被应用在智慧物流的哪些领域中？

（3）目前广泛被关注的Chat GPT和百度“文心一言”可能对哪些行业产生冲击？

第12章 智慧物流技术应用

12.1 智慧仓储

随着供应链管理的日益复杂，物流成本和效率的问题越来越引起重视。传统的仓储管理方式难以满足企业的存储需求，而智慧仓储可以帮助企业打破信息孤岛，实现全面协同，提高物流效率，为企业节约大量时间和成本，提升竞争力。

12.1.1 智慧仓储的概念

智慧仓储，是指通过先进的信息技术手段和智能化设备，对仓储物流过程进行全面管理和控制。它以智能化技术为基础，通过传感器、物联网、人工智能等技术的应用，实现对仓库库存、物流车辆、人员等的精准掌控，提高仓储运营效率和降低成本，优化物流供应链。

（1）智慧仓储的特点

①仓库管理智能化

智慧仓储是在仓储管理业务流程再造基础上，利用 RFID、网络通信、信息管理系统以及大数据、人工智能等技术，实现入库、出库、盘库、移库管理的信息自动抓取、自动识别、自动预警及智能管理功能，以降低仓储成本、提高仓储效率、提升仓储智慧管理能力。智慧仓储能实现仓储信息的自动抓取、自动识别、自动预警，并以此实现物流仓储环节的智能化管理，提高货物的出库、入库和移库效率。

②仓储运行自动化

仓储运行自动化主要是指仓储运行的硬件部分自动化，例如：自动化立体仓库系统、自动分拣设备、分拣机器人，以及可穿戴设备的应用。自动化立体仓库里面又包括立体存储系统、穿梭车等的应用，分拣机器人主要如关节机器人、机械手等的应用。智慧仓储设备和智能机器人的使用能够提高作业的效率，提高仓储运行的自动化水平。智能控制是在无人干预的情况下能自主地驱动智能机器实现控制目标的自动控制技术。对仓储设备和机器人进行智能控制，使其具有像人一样的感知、决策和执行的能力，设备之间能够进行沟通和协调，设备与人之间也能够更好地交互，可以大大减轻人力劳动的强度，提高操作的效率。自动化与智能控制的研究应用是最终实现智慧仓储系统运作的核心。

③仓储决策智慧化

仓储决策智慧化主要是利用大数据、云计算、AI、深度学习、物联网、机器视觉等技术进行商品的销售和预测，智能库存的调拨，以及对个人消费习惯的发掘，能够实现根据个人的消费习惯进行精准的推荐。目前技术比较成熟的企业，如京东、阿里（菜鸟）等已运用大数据进行预分拣。在仓储管理过程中，各类仓储单据、报表快速生成，问题货物实时预警，特定条件下货物自动提示，通过信息联网与智能管理，形成统一的信息数据库，为供应链整体运作提供可靠依据，是仓储决策智能化的实现目标。

（2）智慧仓储系统的优势

①高效节能

智慧仓储系统可以自动进行货物管理和维护，减少人工干预和浪费，提高效率的同时还能实现能源的节约和环保效益。

②精细管理

智慧仓储系统实现对细节的精细管理，包括仓库存货、运输管控等多维度的数据，从而提高企业的管理效率。

③数据实时化

智慧仓储通过连接各类传感器设备和实时监控，形成实时数据管理和决策报告，可在最短的时间内响应市场变化。

④优化升级

智慧仓储系统可以通过智能化手段和算法，对整个供应链进行优化，不断调整和升级，提高仓储、物流运营水平。

12.1.2 智慧仓储的体系构成

智慧仓储体系由智慧仓储信息系统、智慧仓储技术和智慧仓储管理三个部分组成。

（1）智慧仓储信息系统

常见的智慧仓储信息系统主要是智能仓库管理系统（Warehouse Management System，WMS），见图 12-1。

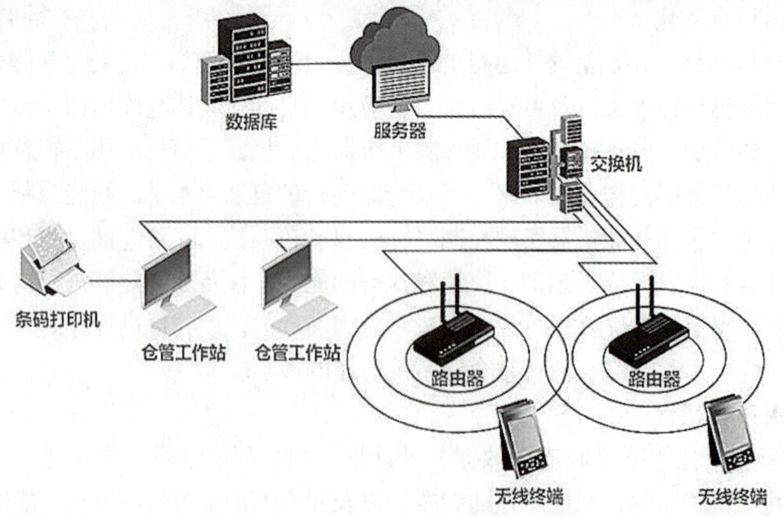

图 12-1　WMS 系统结构

WMS 对批次管理、物料供应、库存盘点、质检管理、虚仓管理和即时库存等仓储业务进行综合管理，可有效控制并跟踪仓库业务的物流和成本管理全过程，实现或完善企业的仓储信息管理。该系统可以独立执行库存操作，也可与其他系统的单据和凭证等结合使用，可为企业提供更为完整的企业物流管理流程和财务管理信息。

WMS 一般具有以下几个功能模块：订单处理及库存控制、基本信息管理、货物管理、信息报表管理、收货管理、拣选管理、盘点管理、移库管理、打印管理和后台服务管理。

WMS 系统可通过后台服务程序实现同一客户不同订单的合并和订单分配，并对基于 PTL（Picking To Light，电子标签拣货系统）、RF、纸箱标签方式的上架、拣选、补货、盘点、移库等操作进行统一调度和下达指令，并实时接收来自 PTL、RF 和终端 PC 的反馈数据。整个软件业务与企业仓库物流管理各环节吻合，实现了对库存商品管理实时有效的控制。

WMS 的基本系统模块包括以下内容。

①基本信息管理

对品名、规格、生产厂家、产品批号、生产日期、有效期和箱包装等商品基本信息进行设置，通过货位管理功能对所有货位进行编码并存储在系统的数据库中，使系统能有效地追踪商品所处位置，便于操作人员根据货位号迅速定位到目标货位在仓库中的物理位置。

②上架管理

自动计算最佳上架货位，提供已存放同品种的货位、剩余空间信息，并根据避免存储空间浪费的原则给出建议的上架货位并按优先度排序，操作人员可以直接确认或人工调整。

③拣选管理

可根据货位布局和确定拣选指导顺序，系统自动在 RF 终端的界面等相关设备中根据任务所涉及的货位给出指导性路径，避免无效穿梭和商品找寻，提高单位时间内的拣选量。

④库存管理

支持自动补货，通过自动补货算法，确保拣选区存货量，也能提高仓储空间利用率，降低货位蜂窝化现象出现的概率：能够对货位进行逻辑细分和动态设置，在不影响自动补货算法的同时，有效提高空间利用率和控制精度。

（2）智慧仓储技术

智慧仓储技术包括：自动化立体仓库、仓储作业机器人、多层穿梭车系统等。

①自动化立体仓库

自动化立体仓库（Automated Storage and Retrieval System，AS/RS）是利用现代高科技的自动控制技术和计算机技术，以机械系统代替人工搬运工作，以光电感应技术、计算机通信技术、自动化控制系统等现代化手段完成货物的存取和转运的仓库。

智能立体仓库与传统仓储相比，具有自动化程度高、作业效率高、存储空间利用率高、单位面积存储量大、作业环节少、运作方式灵活等优势。它将多种现代化技术紧密结合起来，为企业降低了物流费用，提高了管理水平。

自动化立体仓库的主体由货架、巷道式堆垛起重机、入（出）库工作台和自动运进（出）及操作控制系统组成。货架是钢结构或钢筋混凝土结构的建筑物或结构体，货架内是标准尺寸的货位空间，巷道堆垛起重机穿行于货架之间的巷道中，完成存、取货的工作。

②仓储作业机器人

在智慧仓储作业中，各种类型、不同功能的机器人将取代人工成为主角，如自动搬运机器人、码垛机器人、拣选机器人、包装机器人等。就连自动化立体仓库中的穿梭车也可以看作搬运机器人的一种。

这些机器人以极高的效率、昼夜不停地在仓库内作业，完成货物搬运、拣选、包装等作业。如近两年备受关注的 KIVA 机器人（一种外观看起来像冰壶的搬运机器人，见图 12–2），因其自动化程度高、实施周期短、灵活性强等特点成为越来越多无人仓自动化仓储解决方案的选择。KIVA 机器人系统由成百上千个举升搬运货架单元的机器小车组成。货物开箱后放置在货架单元上，通过货架单元底部的条码将货物与货架单元信息绑定，仓库地面布置条码网格，机器小车应用两台摄像机分别读取地面条码和货架单元底部的条码，在编码器、加速计和陀螺仪等传感器的配合下完成货物搬运导航。该系统的核心是控制小车的集中式多智能体调度算法。

图 12–2　KIVA 机器人

③多层穿梭车系统

多层穿梭车应用于立体货架中，解决了自动化存储系统中，不同类型物料的存储及出入库拣选。系统采用立体料箱式货架，实现了货物在仓库内立体空间的存储。入库前，货物经开箱后存入料箱，通过货架巷道前端的提升机将料箱送至某一层，然后由该层内的穿梭小车将货物存放至指定的货格内。当货物出库时，通过穿梭车与提升机的配合实现完成。该系统的核心也在于通过货位分配优化算法和小车调度算法的设计，均衡各巷道之间以及单个巷道内各层之间的任务量，提高设备间并行工作时间，发挥设备的最大工作效率。

④自动输送系统

自动输送系统连通着机器人、自动化立体库等物流系统，实现货物的高效自动搬运。与自动化立体库和机器人系统相比，自动输送系统技术更趋成熟。只不过在智慧仓储系统中，自动输送系统需要跟拣选机器人、码垛机器人等进行有效的配合，同时为了保证作业准确性，输送线也需要配备更多的自动检测、识别、感知技术。例如，目前京东无人仓中，输送线的末端、拣货机器人的前端增加了视觉检测工作站，通过信息的快速扫描和读取，为拣货机器人提供拣货指令。除此之外，还有输送线两侧的开箱、打包机器人等，这些新增加的智能设备都需要与输送系统进行有效衔接和配合。

⑤人工智能算法与自动感知识别技术

人工智能算法与自动感知识别技术是智慧仓储系统的大脑与神经系统。机器人之间、机器人与整个物流系统之间、机器人与工人之间的紧密配合、协同作业，必须依靠功能强大的软件系统操纵与指挥。其中，自动感知技术和人工智能算法可谓重中之重。因为，在智慧仓储模式下，数据将是所有动作产生的依据，数据感知技术如同为机器安装了“眼睛”，通过将所有的商品、设备等信息进行采集和识别，并迅速将这些信息转化为准确有效的数据上传至系统，系统再通过人工智能算法、机器学习等生成决策和指令，指导各种设备自动完成物流作业。其中，基于数据的人工智能算法需要在货物的入库、上架、拣选、补货、出库等各个环节发挥作用，同时还要随着业务量及业务模式的变化不断调整优化作业。因此可以说算法是智慧仓储技术的核心与灵魂所在。

（3）智慧仓储管理

智慧仓储管理包括智能分仓、智能货位布局、仓库动态分区和作业资源匹配与路径规划。

①智能分仓

智能分仓是指通过大数据分析，掌握用户消费需求特点及需求分布，提前将需求物品预置到离用户最近的仓库中，实现智能预测、智能选仓、智能分仓，减少库存及配送压力，给商家提供完全无缝连接的智能补货能力，实现分拣和调拨的有序。

智能分仓的实现过程如下。

a. 基于商品的大小、重量、离消费者的路径调动智能路由，获取相关的展行路由的路径和线路，拿到线路后可能有很多的候选集合。

b. 对履行成本的决策，即基于时效、成本的综合决策来选择最终的调度方案。

c. 通过平台来调度物流资源的服务商。

d. 把所有数据记录下来，输入供应链管理平台，实现对商家需求能力的计划以及供给计划的优化，让商家能够更好地进行销量预测，对仓储选择、品类规划进行优化，把商品推送到离消费者最近的货仓。

②智能货位布局

在仓储物流管理中，要想用有限库容和产能等资源达到高出库效率，需要精心安排商品库存分布和产能调配，仓储货位分布将变得尤为重要。主要依据以下方面进行货位布局。

a. 热销度。应用大数据分析技术，预测商品近期热销程度。将热销商品（出库频次高的商品）存储于距离出库工作台近的位置，降低出库搬运总成本，同时提升出库效率。

b. 相关度。针对海量历史订单进行数据分析。不同商品同步下单的概率存在一定的耦合性，根据这种商品相关度的分析发现商品之间的存储规律，令相关度高的商品存储于相同货架，优化拣货路径，减少搬运次数，从而节省仓储设备资源，提高机器人工作效率。

c. 分散存储。应用运筹优化等技术，追求全仓库存分散程度最大化，将相同或相似商品，在库区进行一定程度的分散存储，从而避免由于某区域暂时拥堵影响包含该商品订单出库，这样可以随时动态调度生产，实时均衡各区生产热度。

将以上原则制定为最优库存存储规则，一旦由于因素变化（如热销度变化、相关度变化）或货架上商品库存变化等，系统会自动调整库存分布图，并对出库、入库、在库作业产生相应的最优决策指导。AGV 小车将自动执行相应搬运指令，将对的货物（库存）送至对的位置，完成库存分布的动态调整。

③仓库动态分区

当订单下传到仓库后，如果没有一个合理的订单分区调度，可能会带来不同区域订单热度不均的问题，这个问题会导致以下两个现象：一是各区产能不均衡，从而导致部分区域产能暂时跟不上；二是部分区域过于拥挤，从而导致部分区域出库混乱且效率较低。

为解决这个问题，需要实时动态分析仓库订单分布，应用分区技术，动态划分逻辑区，从而达到各区产能均衡的目的，使得设备资源利用率达到最大化和避免拥堵，进而提升仓库整体出库效率。

④作业资源匹配与路径规划

当 WMS 从 ERP 接受客户订单时，运用生产调度运筹优化模型，建立仓内货架、拣选设备、出货口等供需最优匹配关系，合理安排作业任务，使全仓整体出库效率达到最大化。

当作业设备接收搬运指令时，要将货物快速准确送达目的地，需要规划合理最优路径。应用大数据等技术，协调规划全仓作业设备整体搬运路线，使全仓作业设备有条不紊地进行，最大程度减少拥堵。

12.2 智慧配送

配送是现代物流的重要功能之一，是直接面向用户的终端物流环节。随着现代信息技术的快速发展，新技术不断被引入配送服务中。

12.2.1 智慧配送概念

智慧配送是以物联网、云计算、大数据等先进信息技术为支撑，在配送各个作业环节实现系统感知、自动运行、全面分析、及时处理和自我调整等功能，具备自动化、智能化、可视化、网络化、柔性化等特征的现代化配送系统。

智慧配送重点关注信息流在配送过程中的作用，充分利用感知识别、网络通信、GIS 等信息化技术及先进的管理方法，实现配货、提货、送货、退货、回收管理等的智能化管理，有效降低配送成本，提高配送效率。智慧配送使配送活动更加便捷、更加高效。因而，智慧物流配送可以看作以现代信息技术为支撑，有效融合了物流与供应链管理技术，使效率、效果和效益持续提升的配送活动。

智慧配送，对于发展柔性制造，促进消费升级，实现精准营销，推动电子商务发展有重要意义，也是今后物流业发展的趋势。

智慧配送具有以下特点。

（1）敏捷性

通过物联网、互联网、车联网、大数据、云服务等技术的运用，配送服务可以对客户的个性化需求作出快速响应，强化了配送体系的反应能力。

（2）协同性

智慧配送是在信息共享的前提下实施的，以需求拉动各环节同步运作。为客户提供优质便捷、快速的服务，必须依靠配送企业的协同合作。

（3）安全性

智慧配送中的物流、信息流和资金流等都是在安全的环境中进行的，配送作业的全流程都在全程监控下完成，确保了配送的安全性。

（4）开放性

智慧配送体系是一个开放的系统，通过开放，推进社会参与，在开放的公共物流配送信息平台上，实现与消费者密切相关的信息共享。

12.2.2 智慧配送的主要节点

智慧配送体系由各种节点、配送线路、供应链网络组成，智慧配送节点则是这个体系中最关键的要素之一。在智慧配送体系中，最重要的节点是物流配送园区、配送中心和末端配送站点，尤其是科学规划布局的智慧配送园区和智慧配送中心。

（1）智慧配送园区

智慧配送园区是一种现代化的特殊物流园区（基地），它承担着为智慧配送体系提供货物集聚和仓储、快递邮品中继分拣、电商平台营建、配送功能孵化、配送技术研发等功能，是智慧配送体系的重要节点。智慧配送物流园区是集中建设的物流配送设施群与众多物流配送业者在地域上的物理集结地，具有智慧配送物流设施集约化、智慧配送物流设施空间布局合理化、智慧配送物流运作共同化的特点。

（2）智慧配送中心

在一般意义上，配送中心是物流、信息流和资金流的综合设施，它在流通领域具有密切关联地位。配送中心作为运输的节点，它把干线运输与支线运输衔接起来，把运输的“线”变成了配送的“面”，把分散的物流节点编制成为密密麻麻的“网”。配送中心把单一的运输、仓储、装卸搬运、包装、流通加工和信息通信有效地结合了起来，使物流各项作业之间协调运作，形成了一个十分精细而科学的运行系统，由原来单一功能的提高变成各项功能的整体发挥，使系统得到了升华。

智慧配送中心是基于互联网+理念，建立在先进的物流技术和信息技术基础之上的，从事配送业务的物流场所或组织，是智慧配送体系的重要节点。它同时满足一般配送中心的基本要件，即：主要为特定的客户服务；中心配送功能健全；拥有完善的信息网络；以配送为主，储存为辅；多品种、小批量；辐射范围小。

（3）智慧配送站点

智慧配送站点是智慧配送体系中最接近最终用户的末端配送服务场所。它是配送企业独立设置或与社区服务机构、具有一定规模的住宅小区、连锁商业网点、大型写字楼、企业营销机构、机关事业单位和大学校园等单位开展广泛合作设立的物流末端配送服务节点，有时还体现为自助电子快递箱、智能快递站等形式。

智慧配送站点要求现代的物流技术相支撑，严格遵循智慧配送流程运作规范，尤其是有自动寄存功能的站点设施，还应具有自动安全监测装置。所有智慧配送站点均应具有全程监控功能。在选址条件上，末端智慧配送（存取）站点选址布局侧重于用户集聚的密度。在服务功能上，智慧配送站点侧重于对最终用户提供存取服务功能。

12.2.3 智慧配送体系结构

智慧配送体系不同于传统配送体系之处，在于运营理念、运营体制和运营技术三个方面的创新。第一，要具备运营理念基础，从企业的管理思想、管理模式和管理文化方面重视信息化改造与智能化升级，统一企业内部各部门间协同化思想。为此，传统配送中心必须向现代配送中心转变，现代化配送要求产品可实现智能追溯、业务环节可视化智能管理、操作流程自动化衔接及监管等，是自上而下的功能再造与业务流程重组。第二，智慧配送系统要以业务运作与管理水平为保障。要从业务流程、组织结构和管理制度等方面为订单信息流的顺畅流动保驾护航。智慧配送系统与高水平的运作管理高度契合，是发挥其协同、协作、协调效应的关键。第三，智慧配送体系的构建要具备技术基础，一方面要提升订单管理、货物出入库管理、分拣配货管理的信息化水平，以便围绕信息流对各项活动作出合理化调度与安排；另一方面要构建围绕业务处理流程的大数据分析体系，通过整合智能识别技术、自动化采集技术、数据挖掘与联机分析处理技术等，实现配送活动的智慧化管理，如作业流程关联度分析、风险感知、绩效评价、智慧创新等，从而能够不断优化配送业务流程，保障运营的稳定性。

图 12-3 是智慧配送体系功能结构图。

（1）数据通信层

数据通信层包括 RFID 分拣系统与感知记忆系统。主要是借助自动识别、传输、监控与定位技术实现对信息的收集、存储、跟踪、传输，从而为其他相关活动提供实时信息与数据。因此，数据通信层是智慧配送体系功能协同的基础。

该层次主要服务于以下业务流程。

①订单处理流程

这是配送活动的第一个环节，对整个配送业务有着至关重要的作用。主要流程包括订单受理、订单数据处理和订单状态管理，完成对订单的分类整理、确认审核等操作，并通过 EDI 系统将订单确认信息传递至关联部门。订单信息被确认之后，要根据订单查询货物的备货情况，然后根据查询结果进行库存分配。应用新传感技术、RFID 技术、视频监控技术等可视化库存存储状态，并实现对目标货物的快速锁定，借助移动计算技术制定拣货单和出货单。依据这些单据进行出库物流作业。订单执行过程可以应用无线网络传输技术、GPS技术等进行实时监控与跟踪，及时反馈订单处理过程中的问题，提供给大数据分析系统加以解决。

②拣货作业流程

配送中心对客户订单进行确认、审核后，会对订单信息进行分类，同时制定出相应的货物配送清单，安排拣货。拣货操作流程借助RFID、条码技术以及传感技术等，实现货柜货物自动提醒、拣选路线智能优化。能够明显提高拣货的效率，降低人工操作的出错率。

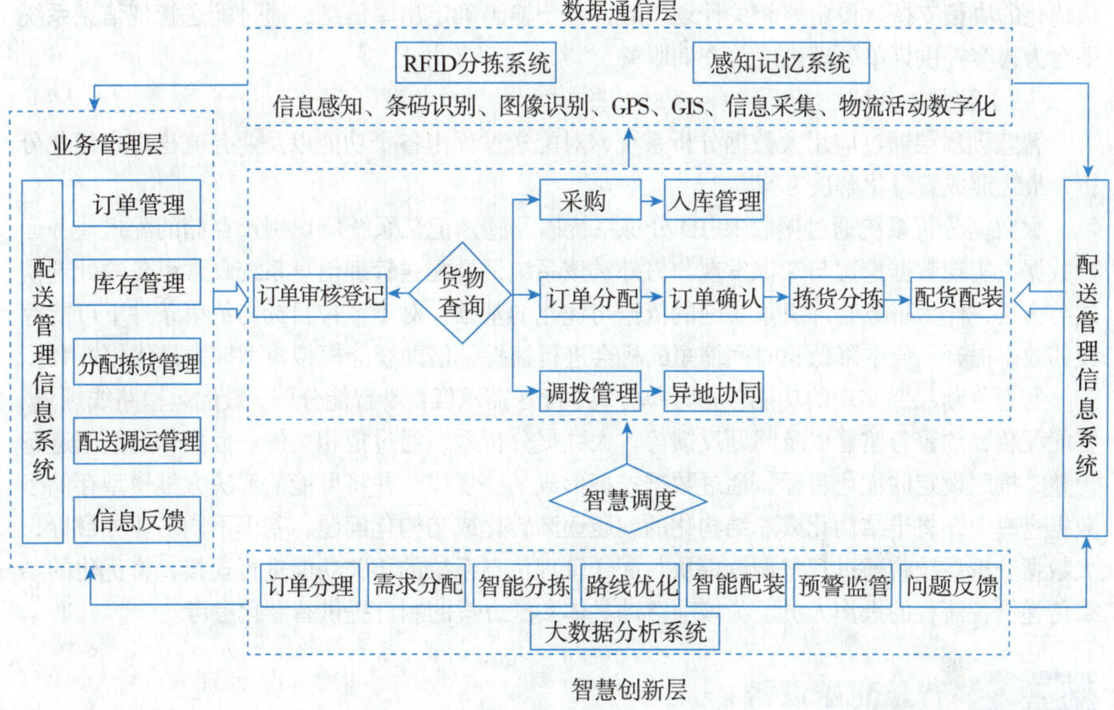

图12-3 智慧配送体系功能结构

③分拣作业流程

在拣货作业完成后，需要检查完成分类后的货物，确保发货数量、质量和规格的正确性。此外，还必须检查分拣的货物与订单的相符程度。自动感知识别技术能够自动识别货物数量、完整程度、质量状态等信息，减少人工操作的环节。在检查分拣的货物与订单相符程度的过程中，通过RFID读取货物的电子标签，检验标签信息与订单货物条码信息的一致性就可以完成此项工作。

④送货流程

在货物送到消费者手中的过程中，通过视频监控技术、GPS、GIS等实时跟踪运输工具的行驶状态、行驶路径等信息，并向用户提供实时的信息查询功能。

（2）业务管理层

业务管理层主要依靠配送管理信息系统来调度日常的配送业务，包括订单管理、库存管理、分拣配货管理、配送调运管理和信息反馈管理。

配送管理信息系统作为与外界客户联系的窗口，接收电子商务系统传递的顾客订单以及连锁零售门店的补货订单。配送中心接收到顾客订单后，先对订单进行审核，审核通过借助库存管理系统查询库存从而决定是否需要外部供应商采购以满足订单需求；依据订单的可执行情况进行仓库的订单分配，如需异地调拨则涉及货物调拨管理。制订好货物出库计划之后，对订单分拣、拣货、配货及配装活动进行管理。

另外，配货及配装活动需要依据顾客的分布地点、送货时间的要求、交通状况、物品冷藏冷冻温度控制的要求、货物体积与重量、车辆体积核载等情况，借助大数据分析系统获得最优化的决策支持。设定好相关计划以后，系统输出确定出库信息，通过配送管理信息系统平台为顾客提供订单处理进度等查询服务。

（3）智慧创新层

智慧创新层通过应用大数据分析系统，对配送过程中各个功能以及业务流程进行优化分析，最终形成智慧化解决方案。

大数据分析系统通过接收 RFID 分拣系统以及感知记忆系统所识别及存储的配送业务运行数据，实现数据挖掘与知识发现。另外，该系统记录配送管理信息系统日常事务的处理模式与方法，作为事务管理决策实施的依据与优化的基础，对于多种目标与约束条件下可能存在的效率提升、成本降低、时间缩短的机会进行捕捉，借助智能模拟模型探索最优化方案。

智慧创新层要实现的功能包括订单分离、配送需求匹配、智能分解、最优运输路线规划、智能配装、预警与监督以及问题反馈等。大数据分析系统通过把相关的业务操作的数据进行规整，按照设定的优化目标，通过数据挖掘形成某些规律，并将可能的解决方案模型存储于数据仓库中，将半结构化或非结构化的问题逐渐转化成结构化问题。基于不同的业务目标，大数据分析系统将通过智慧调度模块与配送管理信息系统的相关功能进行连接，将优化的结果传递给各流程的操作人员，为该项活动具体实施方案的制订提供智慧化参考。

12.2.4 智慧配送设备

智慧配送主要包括智能快递柜、配送机器人、配送无人机等。

（1）智能快递柜

智能快递柜一般存放在公共场合（如小区、写字楼等），可以通过二维码或数字密码完成投递和提取快件的自助服务设备。

智能快递柜提供 24 小时自助式服务。当收件人不在时，派送员可以将快件放在附近的快递箱中，等收件人有空时再去取回。用户通过自助终端，结合动态短信，凭取件码取件，智能快递柜还可以通过微信公众号提醒收件人取件，自动通知快递公司批量处理快件。

智能快递柜的推行使用，使快递行业的配送业务得到了明显的改进，彻底解决了无人在家、重复投递、收件难等问题，方便了消费者和派送员，同时又规避了物业管理处代收快递的风险，解决了困扰物流行业多年的快递投递及代收难题。

（2）配送机器人（无人配送车）

配送机器人是智慧物流体系生态链中的终端，其具备高度的智能化和自主学习能力，面对的配送场景非常复杂，能够应对各类订单配送的现场环境、路面、行人、其他交通工具以及用户的各类场景，进行及时有效的决策并迅速执行。

人工智能配送机器人，具有自主规划路线、规避障碍的能力，可以自如地穿梭在高校的道路上。收货人通过 App、手机短信等方式收到货物送达的消息，在手机短信中直接点击链接或者在配送机器人身上输入提货码，即可打开配送机器人的货仓，取走包裹，同时配送机器人也可以支持刷脸取货以及语音交互，让用户能够感受到科技在智能物流中的应用。

（3）配送无人机

无人机配送是通过利用无线电遥控设备和自备的程序控制装置操纵的无人驾驶的低空飞行器运载包裹，自动送达目的地，其优点主要在于解决偏远地区的配送问题，提高配送效率，同时减少人力成本。缺点主要在于恶劣天气下无人机无法送货。

无人机技术在物流领域的运用，不仅可以提升物流服务的质量和效率，而且能够在解决快件的三大痼疾："延误率""遗失率""损坏率"等问题上有更好的预期效果。同时无人机技术在快递配送领域的应用还可以快速提升物流行业的整体技术水平，为物流公司和客户带来双向的受益。无人机技术在物流配送领域的使用，不仅是物流产业发展的必然趋势，也是物流产业智能化、智慧化的必然结果。

智能快递柜、配送机器人和配送无人机如图 12-4 所示。

图 12-4　智能快递柜、配送机器人和配送无人机

12.3　智慧港口

随着全球贸易的增长和船舶规模的扩大，港口成为全球经济的重要枢纽之一。然而，传统的港口管理方式已经难以满足当今快速发展的数字经济需求，因此，越来越多的港口开始转向港口数字化转型和智慧港口建设。

智慧港口是基于物联网、云计算、大数据、人工智能等现代化信息技术的港口管理模式，它可以帮助港口实现精细化管理、高效运营和优质服务，提升港口的安全性和可持续发展性。

12.3.1 智慧港口的概念

智慧港口是港口建设趋势和发展的方向。智慧港口是利用物联网、云计算、大数据及移动互联网、人工智能等智慧信息技术，在信息全面感知和互联的基础上，使物流供给方和物流需求方共同融入港口集、疏、运一体化系统，实现车、船、货、港、人五大基本要素之间无缝连接与协同联动，以智能监管、智能决策和自动装卸为主要工作模式，并能为现代物流业提供高安全、高效率、高品质服务的现代港口形态。

智慧港口并不是简单地将智慧信息技术应用到传统港口管理中，而是从根本上改变港口业务模式、创新港口发展理念，重构多边界、系统化的港口生态圈，以实现便捷可靠的客户体验、智能化的可靠运营、高效的组织和供应链协作、开放式的业务创新，促进提升港口物流链效率，降低贸易成本和增强可靠性。

智慧港口具备以下几个特点。

（1）自动化

智慧港口通过物联网技术和自动化设备实现了自动化装卸货物，自动化堆场管理和自动化巡检等功能。

（2）数字化

智慧港口通过数字化技术实现了数据共享和交流，提高了港口的管理效率和信息化水平。

（3）智能化

智慧港口利用人工智能技术，实现了智能调度、智能预警和智能优化等功能，提高了港口的安全性和运营效率。

12.3.2 智慧港口的主要功能

智慧港口应当具备自动感知港口各类信息的能力，并具备信息整合和自动处理能力，能够通过实时发布系统实现信息共享和透明。最关键的是应具有基于信息分析和处理的决策能力，能够为港口经营企业、港口服务企业及其他客户提供战略及运作决策支持。

（1）全面感知

全面感知是所有深层次智能化应用的基础，智慧港口的实现必须依赖于全面感知，各相关方通过智慧港口的信息化平台进行互联互通。港口各方根据作业流程需要，利用物联网等技术，全面感知、获取各生产环节及各作业对象的位置信息、状态信息，使现场信息全面数字化，并实现现场物联网、远程传输网络和数据集成管理（包括数据筛选、质量控制、标准化和数据整合等）。例如，在堆场仓储管理过程中，可以通过视频监控、识别传感器等技术的运用，全面了解货物的重量以及装卸的状态，充分保证了港口发展的安全性。同时，互联互通的信息化平台为物流供应链的参与方提供商机和便利的商业环境，帮助物流供应链的参与方提升盈利能力，推动高附加值产业聚集。

（2）智能决策

智慧物流系统的一个主要功能是智能决策，这也是智慧物流与智能物流的重要区别。智能决策是在基础决策信息被感知收集的基础上，明确决策目标和约束条件，对复杂计划、生产调度、应急事件等问题快速作出有效决策，下达管理、操作指令并监控执行。一般来说，智能决策基于数据挖掘的知识发现，包括专家系统的知识库，智能优化的模型库。通过智能系统的应用实现港口快速、高效决策。例如，戴尔公司开发的智慧系统通过建立“明察”（Clear View）系统，建立与地理数据系统的连接，帮助匹配服务派遣任务和零件储存位置，可以把暴风雨、零件运输中的航班延误、交通拥堵事件纳入管理内容，帮助客户及时制定应急处置预案。

（3）自主作业

自主作业是在智能决策基础上，港口相应设备自主识别确定作业对象、作业目的，并安全、高效、自动地完成作业任务。例如，在港口、堆场等闸口控制上，智慧港口将图像识别技术、RFID 识别技术以及 GIS 等技术有机结合，通过对港口集装箱车号、箱号的自动识别，实现过关卡不停车，从而提高港口、堆场检测的高效性；在码头装卸设备的管理控制方面，通过集成大型设备 PLC（Programmable Logic Controller，可编程控制逻辑控制器）的运行，可以实现设备系统的集中性监控，在一定程度上提高设备的安全性控制，并在网络管理的基础上实现港口远程监控以及故障的及时性排除。

以集装箱出口为例，当载运集装箱的卡车以规定速度驶入检查桥时，该处的感知设备自动读取集装箱和集卡的相关信息，并通过无线网络与港口信息管理平台进行信息验证，验证通过后，港口信息管理平台将调度信息发送给相关计划生产的机械，并将路线信息以图形化方式显示在集卡的信息屏上，同时检查桥的电子限行杆自动升起，集卡司机根据信息屏上的路线信息将车辆驶往指定地点。此过程无须人工干预，可实现不停车即通过检查桥的目的。当集卡到达堆场指定地点后，已经接到作业指令的场桥将集装箱吊离载运车辆。场桥感知设备自动读取集装箱信息，信息经验证通过后，计划箱位以图形化方式显示在场桥的信息屏上，场桥司机通过该界面获知集装箱的作业位置。集装箱落位后，感知设备自动读取集装箱和箱位信息，信息经验证通过后，集卡和场桥司机得到下一条作业指令。此外，载箱集卡之间可以实现物与物的信息交互，不需要人为参与，车辆之间可以互相给予安全距离的信息提示，能有效确保交叉路口的行车安全。

（4）全程参与

全程参与，即是通过云计算、移动互联网技术的应用，使港口相关方可以随时随地利用多种终端设备，全面融入统一云平台。通过广泛联系，深入交互，使港口综合信息平台能最大限度优化整合多方需求与供给，使各方需求得到即时响应。例如，通过全程参与，货主可以随时随地通过智能手机掌握货物运到哪里，状态如何，什么时候可以通关，什么时候能装船，装载船舶什么位置，什么时候能送到客户手上等。

（5）持续创新

港口可持续创新是通过港口相关方的广泛参与和深入交互，通过港口管理者与智能信息系统的人机交互，智能信息系统的自主学习，使得港口具备持续创新和自我完善的功能。

持续创新是智慧港口最主要特征之一。智慧港口创新模式包括以用户创新、开放创新、协同创新为主的大众创新以及以自学习、自组织、人机交互为主的系统创新。

12.3.3 智慧港口的功能模块

图 12–5 是智慧港口的功能模块图。

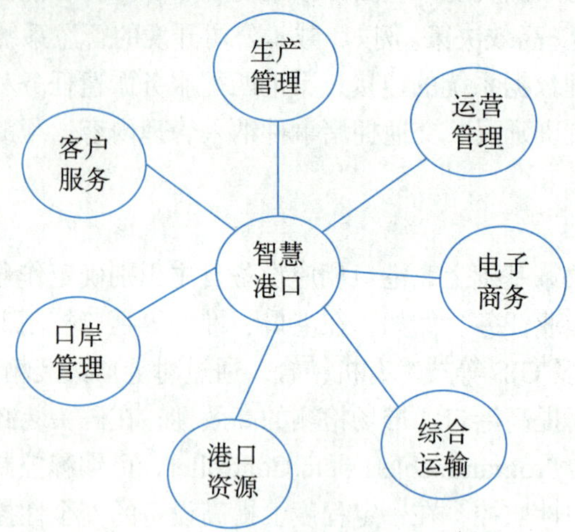

图 12–5 智慧港口功能模块

（1）客户服务系统

客户服务系统通过互联网利用港口物流信息平台，实现与客户的联系和交流，提供港口基本信息资料、客户服务指南、港口业务流程介绍、业务手续申请办理等信息。

（2）生产管理系统

生产管理系统通过内部网络与港口内部各业务管理软件业务数据信息交换，进行生产调度、组织和指挥，并通过视频监控技术对作业过程进行可视化监控。

（3）运营管理系统

运营管理系统进行港口运营管理决策，主要功能包括市场管理、货运管理、配送管理、客户管理、安全管理、财务与结算管理、自动化办公等；对管理流程中的各个关键环节支持短信通知功能；系统支持与考勤系统、安防系统对接，通过电子标签、摄像机等设备为管理提供基础数据；可以通过人脸识别、轨迹跟踪智能分析、视频移动侦测等技术，配合广播、告警器等设备为安全管理提供保障。

（4）电子商务系统

电子商务系统通过互联网方式实现客户开展与港口物流相关的商务活动及办理各项业务。该系统支持与其他电子商务平台、船舶信息系统、拖车信息系统、仓库及物流公司等相关系统对接，实现信息共享。企业通过电子商务系统实施发布和更新业务信息，客户和港口可以根据实际情况需要选取相关服务。

（5）综合运输管理系统

综合运输管理系统通过与其他交通系统业务数据对接，解决水运与公路、铁路、航空等交通方式之间进行多式联运和水运中转的业务管理和决策，减少中转申办手续和环节，实现物流数据共享。

（6）资源管理系统

资源管理系统通过港口内部信息网和港口/航道视频监控、船舶定位导航、GIS地理信息系统等技术，建立港口企业资源管理基础数据库，实现资源智能管理。通过电子地图、视频等方式呈现港口、航道和船舶行驶情况。

（7）口岸管理系统

口岸管理系统通过GPS技术、RFID技术、人脸视频识别、视频移动侦测、轨迹跟踪等技术对进出港口车辆和人员进行管理，实现智能闸口功能。为海关提供统一的口岸物流信息，实现港口物流信息平台与海关通关EDI申报系统信息共享和“大通关”服务一体化，优化或减少港口与海关之间的业务流程手续，提高效率。

12.3.4 智慧港口的系统结构

智慧港口的系统组成要素包括智慧信息综合处理系统以及港口业务系统的感知、收集和整合处理。港口业务系统包括内陆集疏运系统、水路运输系统、码头作业系统、堆场仓储作业系统、口岸监管服务系统等子系统。内陆集疏运系统负责整合公路、铁路及内河水运等信息；水路运输系统负责整合船舶、航道等信息；码头作业系统负责采集和整合港口泊位、生产计划、装卸情况等信息；堆场仓储作业系统负责采集和整合集装箱及进出卡口的车辆信息；口岸监管服务信息系统负责采集和整合海关、国检、边防等口岸服务信息。信息经过分析处理后，通过专用平台发布，实现信息共享。同时，港口企业、航运公司、货主等可以借助经过整合和处理的综合信息，进行战略及营运决策分析（如图12-6所示）。

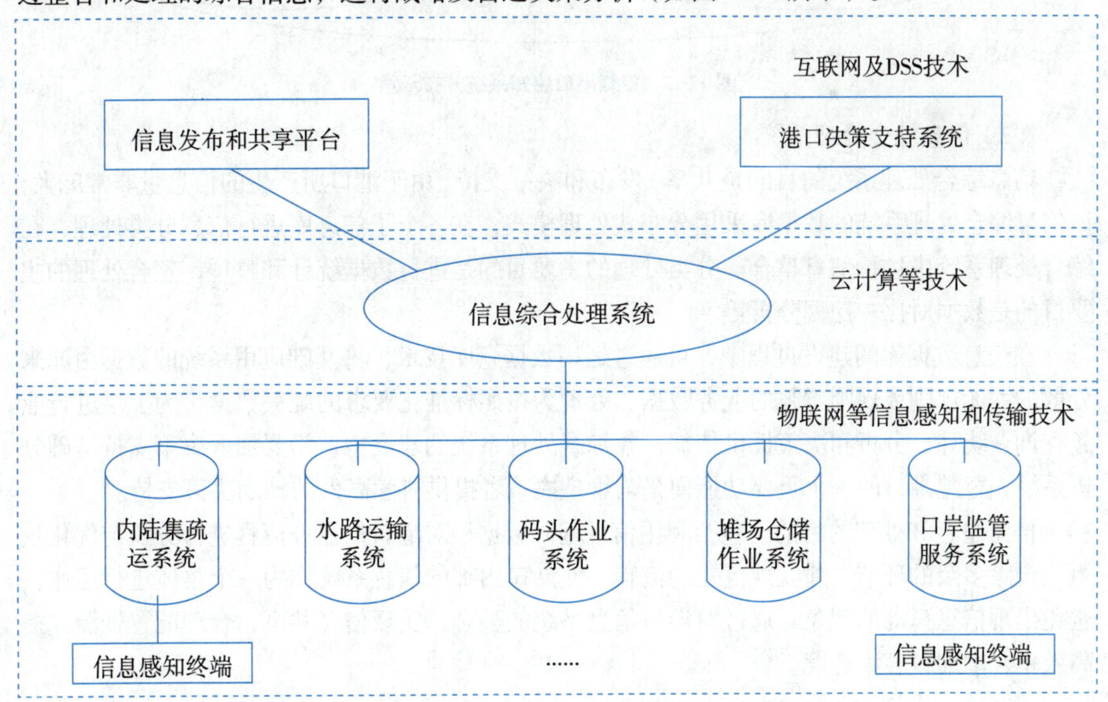

图12-6　某智慧港口的系统结构

（1）信息感知终端

信息感知终端主要依靠物联网技术，由各种传感器以及传感器网关构成，负责识别物体、采集信息。信息感知终端分别安装在港口各个作业现场，诸如码头上的各种机械、堆场卡口、集疏运载运工具等设施上，负责自动感知和采集船舶、货物以及工作状态信息。各个感知终端采集的信息通过港口内联网共享和整合后，可通过互联网在专用的口岸管理信息平台和港口公共信息平台上发布，如图 12-7 所示。

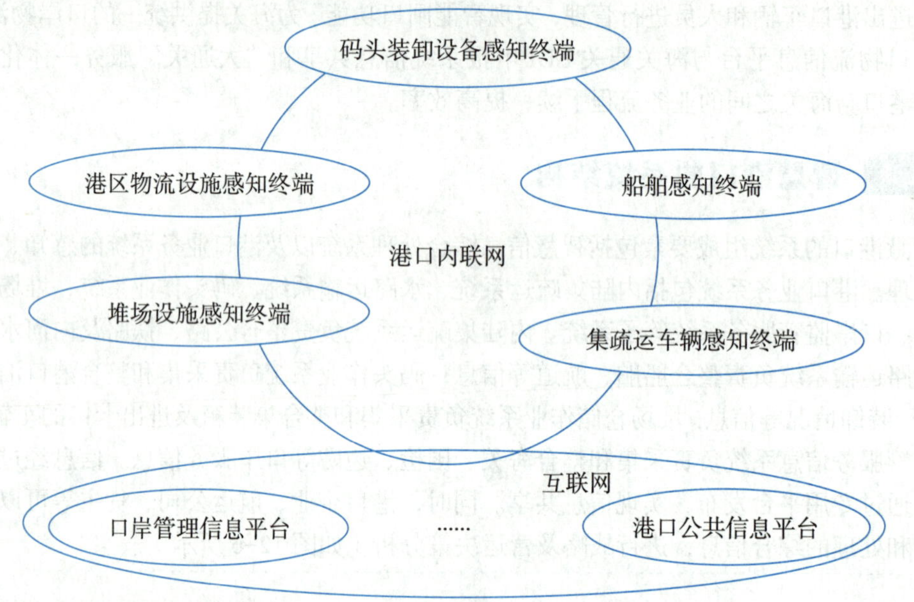

图 12-7　智慧港口感知系统分布示意

（2）信息综合处理系统

信息综合处理系统的目的是共享、发布和决策支持。由于港口所产生的信息量非常庞大，该信息综合处理系统的数据库采用分布式处理模式，在各个子信息库进行信息分类处理，在综合处理系统中进行信息整合。分类处理的主要目的是进行数据统计和整理，整合处理的主要目的是数据对比、挖掘分析等。

在信息数据库的建设过程中，可通过运用数据仓库技术，将基础应用系统的数据由原来分散的、无规则或规则不强的业务数据，处理为按照标准化要求的统一数据，为上层进行业务查询、统计、分析和决策提供依据。在综合处理系统的建设中，需要加入决策支持基础分析系统，智慧港口的一个重要功能便是为管理决策者提供科学高效的辅助决策支持。

信息整合和处理的目的还包括利用信息基础数据，对港口的业务流程进行分析与优化重组，删除多余的环节，建立规范化的流程，使港口内部的信息系统作为一个整体进行运作，避免出现信息孤岛的现象。通过对港口信息系统的整合，实现信息共享，合理配置资源，提高效率，增加顾客满意度。

（3）信息发布和共享平台

信息发布和共享平台包括口岸管理信息平台和港口公共信息平台。口岸管理信息平台连接口岸管理部门（如海关、税收、检验检疫、海事局、外汇管理、交通局等）和相关服务企业（如船公司、船代、货代、货主、码头、场站等），是港口口岸管理的操作平台，港口公共信息平台连接与港口相关的银行和保险金融服务机构、生产企业和贸易企业等。

另外，信息发布和共享平台可以提供信息转换、传递、存储等业务，实现高效的监管和服务，并方便开展标准化、电子化的国际贸易和电子商务，从而达到减少操作流程、提高通关效率、降低交易成本、增加贸易机会、增强港口服务能力的目的。

（4）决策支持系统

港口决策支持系统是在前述数据处理的基础上，通过绩效分析等管理方法建立决策模型，为港口企业管理者提供经营分析和决策支持的工具，帮助港口企业实现经营分析和决策的数字化和科学化。决策分析系统是智慧港口的核心功能之一，可以分为不同的决策层次，包括战略决策、经营决策、操作决策等。

通过该系统跟踪港口企业的经营过程，及时发现问题并发出警示信息，从而引起经营者的关注，以便采取措施，化解经营风险。决策支持系统还可以帮助企业管理者对关键业绩指标进行多维度、多层面的分析，从计划控制的角度来分析企业经营的状况等。

12.4　智慧供应链

智慧供应链是结合物联网技术和现代供应链管理的理论、方法和技术，在企业中和企业间构建的，实现供应链的智能化、网络化和自动化的技术与管理综合集成系统。供应链管理在企业的整个管理流程中起着非常重要的作用，传统的供应链管理模式主要依赖于人工管理，随着企业规模的不断发展，智慧供应链的建设尤为迫切，从而达到仓库管理、设备周转利用、国内外物流与供应链的高效整合，提高企业的核心竞争力。

12.4.1　智慧供应链的概念

智慧供应链是指运用人工智能和数字化技术赋能供应链业务，解决供应链中的成本高、信息不对称、环节不透明、流程不标准、管理不高效等痛点问题，通过提供解决方案和应用场景的创新，实现整个供应链的可见、可控、可信[1]。

智慧供应链的核心是实现供应链中商流、信息流、物流、资金流的无缝对接，也就是实现“四流合一”，尽可能地消除不对称影响因素所带来的影响，借此来提高企业内部以及整个行业供应链的效率与运营质量。

[1] 资料来源：上海海事大学、上海交通大学中美物流研究院、壹沓科技（上海）有限公司、上海虹口数字航运创新中心、上海交大安泰EMBA供应链与物流协会联合发布，《智慧供应链白皮书》，2022年9月。

12.4.2 智慧供应链的特点

智慧供应链与传统供应链相比，具有以下特点。

（1）智慧供应链与传统供应链相比，技术的渗透性更强。在智慧供应链的语境下，供应链管理和运营者会系统地主动吸收包括物联网、互联网、人工智能等在内的各种现代技术，主动将管理过程适应引入新技术带来的变化。

（2）智慧供应链与传统供应链相比，可视化、移动化特征更加明显。智慧供应链更倾向于使用可视化的手段来表现数据，采用移动化的手段来访问数据。

（3）智慧供应链与传统供应链相比，更人性化。在主动吸收物联网、互联网、人工智能等技术的同时，智慧供应链更加系统地考虑问题，考虑人机系统的协调性，实现人性化的技术和管理系统。

12.4.3 数字科技助力供应链管理

数字科技赋能供应链发展，其核心逻辑在于利用数字技术有效串联真实业务数据和构建业务经营模型。通过数字技术将特定场景下的业务模式转化成基础数据要素，然后对数据进行处理、整合和分析，并最终赋能该场景下的业务经营活动。未来随着数字技术与供应链场景的深度融合，企业供应链管理决策将会变得更加智慧、透明、高效，供应链成本也将会进一步降低。

（1）数字技术让国际供应链管理进一步降本增效

随着我国经济结构向高质量发展阶段转变，人口红利不再明显，人工成本逐渐增加。而作为劳动密集型产业，供应链产业受到的波及尤为明显，降本增效已经成为供应链企业不可避免的一项任务。人工智能和自动化等数字技术将成为未来供应链行业降本增效的一项利器。

在无人驾驶领域，数字科技也在发挥着妙用。人工智能为 RGV、AGV 自动导航提供技术基础，助力无人驾驶在仓库、港口的成熟发展，如上海西井科技股份有限公司、上海洋山港“无人驾驶集卡”等，进一步为实现无人码头、无人仓库奠定技术基础。

（2）数字技术让物流运输更加透明化

全球供应链遭遇疫情、战争、冲突、通胀等严重挑战，促使供应链对于货物运输可视化的要求进一步提高。物联网技术可以帮助实现国际货物运输全程可视化。它通过各类传感器装置、识别技术以及通信技术，可以实现对运输工具的实时追踪，以及货物运输状态的实时监控，从而实现物流运输的全程可视化。

当前，例如国际物流领域的物联网应用案例“智能集装箱”。2022 年 4 月，赫伯罗特宣布为旗下集装箱船队约 300 万的集装箱安装物联网跟踪设备，用以为客户提供货物实时跟踪服务。由此不难看出，当前航运物流中所提到的智能集装箱，最核心技术之一就是物联网技术。此外，除了赫伯罗特，其他航运公司（如中远海运、马士基、达飞）也都在布局智能集装箱，以实现集装箱的全程追踪。

此前，物联网技术在国际物流陆地端已经发展得相对成熟，如 RFID 技术、二维码识别技术等。未来，随着海上端的货物追踪的短板被补齐，国际进出口货物运输全流程可视化将逐步实现。通过结合大屏可视化技术，远在千里之外的发货人、承运人和收货人等相关主体能够随时了解货物的实时位置和实时状态，供应链管理将更加透明化。

（3）数字技术让供应链企业决策更加灵活高效

供应链企业因其业务范围广、标准化要求高等特点需要进一步提高决策的智能化水平以及决策的灵活性和高效性，而大数据技术通过对采集到的数据进行综合处理，可以对价格、趋势等进行预测并精准地计算出最优的运输、仓储、配送物流网络布局，从而提高企业的市场感知能力、风险防范能力、资源优化能力和经营判断能力。

例如，首先，通过对数字化订舱中的舱位价格进行预测，帮助企业掌握价格趋势，从而指导企业进行相应的分析决策。其次，大数据技术可以帮助企业利用分析挖掘采集到的相关数据找到用户的消费规律，进而指导企业作出相应的营销决策，提高其市场竞争力。最后，可以对国际供应链系统中的企业进行征信评估，对企业行为进行风险控制等，进而实现对整条供应链进行预测分析和动态优化。

（4）数字技术让供应链信息流协同更稳固

传统供应链行业长链条、多角色、不透明等特点，使得其长期存在上下游信息协同率低、企业间互信难以建立和结算服务自动化程度低等弊端。例如区块链是一种分布式网络、加密技术、共识机制、智能合约等多种技术的组合，具有多中心化、不可篡改、公开透明等特点。它从技术角度为构建供应链上下游企业互信基础提供了解决方案，不仅保证链上数据不被篡改，又兼顾了信息保密等问题，将其应用在国际物流领域可以大大简化操作流程、减少信息差、提高运营效率，强化上下游协同。目前，区块链已经在海运物流无纸化、海事证书无纸化、航运金融与保险等多方面发挥作用，并在 GSBN、TradeLens 等多个平台进行了有效应用。除了助力企业间信息共享外，区块链在合同履约方面也有重要价值。智能合约是区块链发展的第二阶段，它是一种旨在以信息化方式传播、验证或执行合同的计算机协议。当智能合约中的某一条款被触发，算法代替人为操作自动执行合约内容，有效避免出现违约、抵赖行为的产生，提高了链上交易主体的互信程度。

（5）数字技术让供应链管理更加精细化

未来，随着虚拟经济的逐步发展，实物贸易的货量增长将受到抑制，进而导致供应链产业业务规模的滞胀。这实际是在提供一个信号，未来企业的核心竞争力将会是高质量和精细化，粗放式和规模化的生产将会被淘汰。所以，元宇宙是必须要提的一个概念。需要强调的是，元宇宙本身并不是一项技术，它是集虚拟仿真技术（VR、AR、XR）、大数据、区块链和人工智能等众多先进数字技术于一体的系统。元宇宙的提出，不仅带动了各行各业的数字化转型，而且也将促进相关信息产业的大发展。

元宇宙对于供应链的影响主要体现在助力供应链管理精细化上面。首先，它将现实的供应链全过程尽可能全面地反馈到与现实世界对应的虚拟世界中；其次，它对采集到的数字信息组织加工；最后，再反馈到现实的供应链管理中。由此往复，不断迭代，最后使供应链管理达到最优。目前，行业内已经开始探索与元宇宙技术相关的实际应用，例如集装箱码头数字孪生管控系统、AR船舶智能导航系统应用、船舶态势感知系统等。

12.4.4 智慧供应链的体系架构

智慧供应链的体系架构主要包含3个层面，即技术支撑层、功能运行层、管理决策层，如图12-8所示。

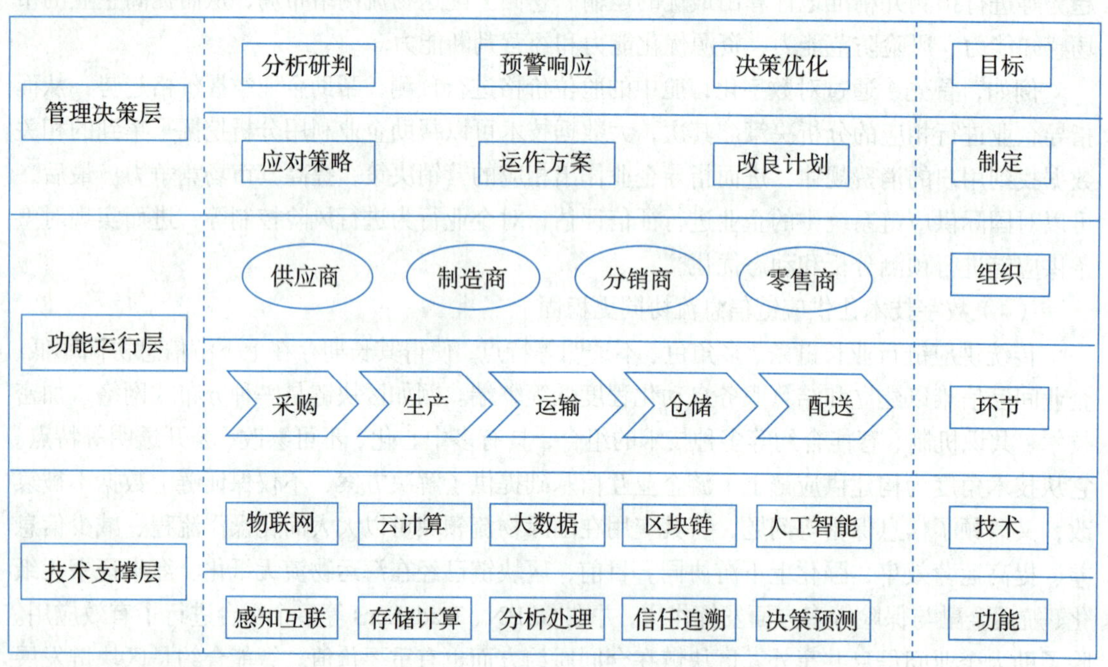

图12-8 智慧供应链的体系架构

（1）技术支撑层

智慧供应链技术支撑层由物联网、云计算、大数据等信息技术构成，其中物联网技术对智慧供应链业务运行涉及的海量数据进行感知捕捉、采集优化、传输交互；云计算技术对所采集数据进行实时存储、高效整合、初步研判、分析计算、灵活调配；大数据技术则对采集、存储的数据进行深入挖掘、关联分析、实时处理；区块链技术将智慧供应链全生命周期数据区块组合成共识、互信、追溯、透明、安全的链式数据结构与分布式账本；人工智能技术通过神经网络、遗传算法、人机互动等进行智能辅助、科学决策和预测判断。同时，五大关键信息技术之间交互作用，促进智慧采购、智能制造、智慧运输、智慧仓储、智慧配送等环节协调配合与高效运转。

（2）功能运行层

智慧供应链功能运行层连接技术支撑层与管理决策层，由技术支撑层保障采购、生产、运输、仓储、配送等业务环节的高效运转，上下游企业协作配合；通过管理决策层提供分析研判、预警响应和决策优化。功能运行层以供需平衡为导向，通过建立智慧供应链的战略伙伴关系，实现成员企业的协调运作、互利共赢。

（3）管理决策层

智慧供应链管理决策层是供应链体系的核心中枢，对技术支撑层的数据处理和功能运行层供应链环节的协作运行情况进行全面了解与实时监测，综合判断供应链运转情况与潜在风险，然后对决策对象进行分类、分级或排序，有针对性地制订应对策略、运作方案和改良计划，实现智慧供应链的高质量管理、低成本优化及快速响应。同时，利用管理决策层预测模型对业务数据进行相关性分析，预测关联事件的发生概率，协助企业经营决策。

课后思考题

（1）智慧仓储体系由哪几个部分组成？主要内容有哪些？

（2）智慧配送的体系结构有哪些？

（3）智慧配送设备包括哪些？

（4）智慧港口的系统结构是怎样的？了解国内有哪些港口实现了智慧港口。

（5）智慧供应链的体系结构包括哪些？如何为企业构造智慧供应链。

参考文献

[1] 中国物品编码中心 . 条码技术与应用 [M]. 北京 : 清华大学出版社，2003.

[2] 中国物品编码中心 . 中国自动识别技术协会 . 自动识别技术导论 [M]. 武汉 : 武汉大学出版社，2007.

[3] 蒋长兵，白丽君 . 物流自动化识别技术 [M]. 北京 : 中国物资出版社，2009.

[4] 卢少平，王林 . 物流信息技术与应用 [M]. 武汉 : 华中科技大学出版社，2009.

[5] 朱长征 . 物流信息技术 [M]. 北京 : 清华大学出版社，2014.

[6] 李勇 . 物流信息技术 [M]. 北京 : 清华大学出版社，2012.

[7] 李慧，丁璐 . 物流信息技术 [M]. 北京 : 中国商业出版社，2022.

[8] 李汉卿，姜彩良 . 大数据时代的智慧物流 [M]. 北京 : 人民交通出版社，2018.

[9] 王喜富 . 大数据与智慧物流 [M]. 北京 : 清华大学出版社，2016.

[10] 张宇 . 智慧物流与供应链 [M]. 北京 : 中国水利水电出版社，2012.

[11] 张翼英，张蕾，西莎，等 . 智能物流 [M]. 北京 : 电子工业出版社，2016.

[12] 王先庆 . 智慧物流——打造智能高效的物流生态系统 [M]. 北京 : 电子工业出版社，2019.

[13] 韩东亚，余玉刚 . 智慧物流 [M]. 北京 : 中国财富出版社，2018.

[14] 王喜富，崔忠付 . 智慧物流与供应链信息平台 [M]. 北京 : 中国财富出版社，2019.

[15] 魏学将，王猛，张庆英 . 智慧物流概论 [M]. 北京 : 机械工业出版社，2020.

[16] 王猛，魏学将，张庆英 . 智慧物流装备与应用 [M]. 北京 : 机械工业出版社，2021.

[17] 黄有方 . 物流信息系统 [M]. 北京 : 高等教育出版社，2010.

[18] 傅莉萍 . 物流信息系统管理 [M]. 北京 : 清华大学出版社，2017.

[19] 修桂华，姜颖 . 物流信息系统 [M]. 北京 : 北京大学出版社，2011.

[20] 林子雨 . 大数据导论——数据思维、数据能力和数据伦理 [M]. 北京 : 高等教育出版社，2020.

[21] 程显毅 . 大数据技术导论 [M]. 北京 : 机械工业出版社，2019.

[22] 张尧学，胡春明 . 大数据导论 [M]. 北京 : 机械工业出版社，2021.

[23] 曹杰，李树青 . 大数据管理与应用导论 [M]. 北京 : 科学出版社，2018.

[24] 杨保华，陈昌 . 区块链原理、设计与应用 [M]. 北京 : 机械工业出版社，2017.

[25] 刁瑞强 . 条码技术在管理信息系统中的运用 [J]. 信息与电脑（理论版），2022（16）:176–178.

[26] 张旭，崔涛 . 基于条码技术的现代仓储管理系统设计 [J]. 数字通信世界，2022（6）: 30–32.

[27] 王晓艺，李慧琳，魏伶伶，等 . 条码技术在鲜花冷链物流中的应用 [J]. 中国自动识别技术，2022（3）: 73–74.

[28] 陈雪萍，马欢，张鹏飞 . 基于 RFID 物联网技术的智能仓库系统设计 [J]. 计算机技术与发展，2023，33（4）:96–101.

[29] 王瑞娜 . 基于 RFID 技术的智能仓储管理系统研究 [J]. 湖南邮电职业技术学院学报，2023，22（1）:29–31，36.

[30] 卢灵秀，向想 . 基于 RFID 技术以及北斗定位技术对智慧公交系统方案的建设研究——以张家界的公交系统为例 [J]. 无线互联科技，2022，19（24）:46–48.

[31] 成志平 . 疫情防控背景下基于 WSN 和 RFID 技术的陕西省冷链物流系统设计 [J]. 湖北农业科学，2022，61（18）:188–190，195.

[32] 吴建荣 . GPS 在船舶定位中的应用 [J]. 船舶物资与市场，2023，31（1）:7–9.

[33] 崔雅静 . 北斗领航 开启智慧航运新时代 [J]. 中国海事，2022（11）:1.

[34] 中华人民共和国国务院新闻办公室 . 新时代的中国北斗 [N]. 人民日报，2022-11-05（002）.

[35] 胡旭瑞 . 地理信息系统在智慧城市中的应用 [J]. 华北自然资源，2023（2）: 84–86.

[36] 朱艳 . 物流信息平台商业模式的国外经验借鉴 [J]. 商业经济研究，2015（20）: 26–28.

[37] 史官清，欧阳天治，杜鑫可 . 城市智慧物流公共信息平台的功能设计研究 [J]. 物流科技，2023，46（1）: 60–63，76.

[38] 张美岩 . 搭建农产品物流信息平台 打造绿色供应链体系 [J]. 全国流通经济，2022（25）:23–26.

[39] 周望德，胡飞 . 智慧物流公共信息平台信用体系下物流企业发展策略研究 [J]. 全国流通经济，2020（31）:33–35.

[40] 邹梦婷 . 共享经济背景下车货匹配型物流信息平台发展研究 [J]. 经济研究导刊，2020（15）:133–134，139.

[41] 王晓平，郑忠义，李文龙，等 . 基于第四方物流信息平台的农产品流通体系构建 [J]. 商业经济研究，2018（23）:111–113.

[42] 王瑾 . 物流公共信息平台运营模式研究 [D]. 长安大学，2013.

[43] 王升 . 凝聚交通智慧 助力经济发展——记国家交通运输物流公共信息平台 [J]. 浙江经济，2017（22）: 20–23.

[44] 林坤林 . 智能物流系统中的新技术应用 [J]. 电子世界，2021（17）:178–179.

[45] 韵力宇 . 物联网及应用探讨 [J]. 信息与电脑（理论版），2017（3）:184–186.

[46] 李中伟，朱永涛 . 物联网中的智能感知 [J]. 价值工程，2011，30（20）:124–125.

[47] 李健 . 物联网关键技术和标准化分析 [J]. 通信管理与技术，2010（3）:17–20.

[48] 谭雪清，付瑞平，高倩 . 物联网 识别是基础 [J]. 中国自动识别技术，2009（6）:

29–34，14.

[49] 张文青 . 物联网的体系结构与相关技术研究 [J]. 电子技术与软件工程，2017(24):38.

[50] 张全升，龚六堂 . 基于物联网技术的智能物流的发展模式研究 [J]. 公路交通科技（应用技术版），2011，7（3）: 250–252.

[51] 朱荣花 . 基于物联网背景的物流经济管理探寻 [J]. 上海商业，2023（2）: 47–49.

[52] 杨存博，宋晓文 . 物联网发展对物流企业竞争力影响研究 [J]. 商业经济研究，2022（23）:100–106.

[53] 杜文雅 . 物联网应用于智能物流管理的策略研究 [J]. 中小企业管理与科技，2022（18）:120–122.

[54] 曹崎宇 . 物联网下智能物流供应链管理研究 [J]. 中国市场，2022（23）:133–135.

[55] 刘志华 . 基于物联网的农产品供应链质量安全系统设计 [J]. 供应链管理，2021，2（3）:64–74.

[56] 周于楠 . 大数据对物流供应链创新发展的影响与应对策略 [J]. 中国商论，2023（8）:96–98.

[57] 刘雪雪，杨志鹏 . 基于大数据背景下我国智慧物流发展路径研究 [J]. 中国储运，2023（4）:110.

[58] 孙悦 . 大数据下 B2C 电子商务物流配送模式与优化策略 [J]. 全国流通经济，2023（5）:29–32.

[59] 刘阳 . 大数据背景下电子商务物流服务模式研究 [J]. 物流工程与管理，2023，45（1）:74–77.

[60] 陆名录 . 大数据时代背景下现代企业物流管理模式创新 [J]. 中国物流与采购，2022（23）:73–74.

[61] 陈晓红，张维东，王傅强 . 产品质量差异下供应链最优区块链平台搭建和加入策略研究 [J/OL]. 中国管理科学 :1–25[2023–06–30].

[62] 李帅，侯瑞春，陶冶 . 基于区块链的服务型制造供应链溯源技术研究 [J]. 制造业自动化，2023，45（4）:196–203.

[63] 唐萌萌 . 区块链技术在供应链管理中的应用 [J]. 中国储运，2023（4）: 204–205.

[64] 梅晚霞 . 基于区块链的制造业供应链质量协同研究综述 [J]. 中国物流与采购，2023（2）:73–74.

[65] 林永民，李嘉良，赵德信 . 区块链技术在集装箱物流中的应用优化及研究 [J]. 物流科技，2022，45（10）:45–48.

[66] 杨松 . 物流公司智慧仓储实施研究 [D]. 北京 : 北京交通大学，2018.

[67] 刘桐妤 . 仓储 AGV 机器人商业开发平台设计规划研究 [D]. 上海 : 东华大学，2018.

[68] 张宇欣 . 洋山深水港四期自动化码头 AGV 项目风险管理研究 [D]. 华东理工大学，2018.

[69] 杜灿舟，杨京帅，马晓悦 . 智慧仓储设施选址及评价研究 [J]. 物流科技，2022，45

（19）:166-169.

[70] 尹军琪．“货到人”拣选技术及其应用 [J]. 物流技术与应用，2015，20（10）:137-140.

[71] 程子璐，曾晓晴．智慧物流背景下电商仓储优化改造应用综述 [J]. 物流工程与管理，2022，44（10）: 64-66.

[72] 孙永武．基于物联网技术基础的智慧仓储系统建设与应用分析 [J]. 数字通信世界，2022（6）:147-149.

[73] 胡雯．智慧配送 让物流更高效——关于物流智慧配送的研究 [J]. 运输经理世界，2012（7）:86-88.

[74] 朱一青．城市智慧配送体系研究 [D]. 武汉 : 武汉理工大学，2017.

[75] 吴爱萍，刘香进，谢媛媛．解决物流最后一公里之智能快递柜 [J]. 物流工程与管理，2018，40（6）:82-84.

[76] 朱一青，朱占峰，朱耿．发达国家智能配送体系管理研究 [J]. 长沙大学学报，2015，29（044）: 28-31.

[77] 于明涛．智慧物流体系中的无人配送技术——“大数据与智慧物流”连载之八 [J]. 物流技术与应用，2017，22（11）: 134-136.

[78] 朱新富．小型无人机在快件收派服务中的应用及系统构建研究 [D]. 上海 : 东华大学，2016.

[79] 王继祥．城市地下的智慧物流配送系统技术与应用 [C]. 第一届中国国际地下物流学术论坛，2017.

[80] 陶德馨．智慧港口发展现状与展望 [J]. 港口装卸，2017（1）: 1-3.

[81] 包雄关．智慧港口的内涵及系统结构 [J]. 中国航海，2013，36（2）: 120-123.

[82] 魏世桥，田维，孙峻峰，等．智慧港口内涵及其对航运企业的影响 [J]. 港口装卸，2017（1）: 4-6.

[83] 刘兴鹏，张澍宁．智慧港口内涵及其关键技术 [J]. 世界海运，2016，39（1）:1-6.

[84] 罗本成．智慧港口 : 探索实践与发展趋势 [J]. 中国远洋海运，2018（6）: 33-36.

[85] 申爱萍．智慧港口 : 港口未来的发展方向 [J]. 人民交通，2018（7）: 40-42.

[86] 张明香．打造智慧港口，加快港口服务模式创新的思考 [J]. 交通与港航，2017，4（6）:59-63.

[87] 赵然，安刚，周永圣．浅谈智慧供应链的发展与构建 [[J]. 中国市场，2015（10）:93-94.

[88] 黄敦高，吴雨婷．浅谈智慧供应链的构建 [J]. 中国市场，2014（10）: 20-21.

[89] 宋华．智慧供应链的核心要素与实现路径 [J]. 物流技术与应用，2015，20（12）: 58-59.

[90] 宋华．新兴技术与“产业供应链 +”——“互联网 +”下的智慧供应链创新 [J]. 人民论坛 · 学术前沿，2015（22）:21-34.

[91] 智睿．现代供应链、造智慧供应链是未来发展方向探究 [J]. 智库时代，2018，142（26）:226-227.

[92] 陶巍 . 基于新一代信息技术的智慧供应链体系构建 [J]. 铁路采购与物流，2022，17（6）：44-47.

[93] 李亚婷，王霄 . 京东智慧供应链发展探究 [J]. 河北企业，2018（5）：85-86.

[94] 朱蕊 . 百世：让供应链更“聪明”[J]. 中国物流与采购，2018（23）：36-37.

[95] 章合杰 . 智慧物流的基本内涵和实施框架研究 [J]. 商场现代化 .2011（21）：30-32.

[96] 何黎明 . 我国智慧物流发展现状及趋势 [J]. 中国国情国力，2017（12）：9-12.

[97] 戴定一 . 物联网与智能物流 [J]. 中国物流与采购，2010（8）：34-36.

[98] 闻学伟，汝宜红 . 智能物流系统设计与应用 [J]. 交通运输系统工程与信息，2002，2（1）：16-19.

[99] 林振强 . 智慧物流园区规划与建设 [J]. 物流技术与应用，2017，22（5）：60-63.

[100] 石荣丽 . 基于大数据的智慧物流园区信息平台建设 [J]. 企业经济，2016（3）：134-138.

[101] 马良 . 面向产业集群的智慧物流园区设计 [J]. 物流技术与应用，2014，19（11）：14-146.

[102] 周伟 . 以智慧交通引领新时代交通运输高质量发展 [N]. 中国交通报，2018-10-25（005）.

[103] 韩直，陈成，贺姣姣，等 . 智慧交通的起源、文化与发展 [J]. 中国交通信息化，2018（12）：27-29.

[104] 郑文超，贲伟，汪德生 . 智慧交通现状与发展 [J]. 指挥信息系统与技术，2018，9（4）：8-16.

[105] 纪红青 . 公路货运行业供给侧改革之“互联网 +”车货匹配 [J]. 中国物流与采购，2016（18）：44-45.

[106] 丰瑞 . O2O 环境下同城配送发展模式的新突破——对我国现阶段众包物流业发展的剖析 [J]. 江苏商论，2016（11）：23-25.

[107] 潘永刚 . 借势“互联网 +”，物流运输管理加速向社区型平台进化 [J]. 交通与港航，2015（2）：14-17.

[108] 胡雯 . 智慧仓储让物流仓储智能化——物流仓储的智慧性研究 [J]. 运输经理世界，2012（8）：79-81.

[109] 任芳 . 无人仓技术及其进展 [J]. 物流技术与应用，2018，23（10）：124-125.

[110] 张可薇，王亚臣，范红岩，等 . 智能仓储研究与应用进展 [J]. 中国市场，2017（8）：166-169.

[111] 北斗卫星导航系统官网，http://www.beidou.gov.cn/.